인텔리전스 랩

Mini Big Ideas: A Little Book of Big Innovations

내 삶을 바꾸는 오늘의 지식 연구소

# 인텔리전스 랩

° INTELLIGENCE LAB °

조니 톰슨 지음 ι 최다인 옮김

윌북

# 추천의 글

궁금한 게 있을 때 스마트폰으로 검색만 하면 온갖 설명이 쏟아지는 시대다. 그런데 아무리 그런 시대에 살고 있다고 해도 애초에 내가 궁금한 게 없다면? 알고 있으면 분명 좋을 지식이 많은데 관심이 없어서 궁금해하지도 못하고 있다면? 조금만 색다른 생각을 해보면 고민하던 문제에 새로운 돌파구가 열릴 수도 있을 텐데, 곁에 새로운 이야기를 해줄 사람이 없다면? 이 책은 바로 그럴 때 집어 들어볼 만한 책이다.

항생제의 원리를 다루는 기술적인 문제부터 표현의 자유에 대한 논의가 어떻게 펼쳐져 왔는지를 돌아보는 사상적인 문제까지, 여러 분야에서 이야깃거리가 될 만한 다양한 지식을 알기 쉽게 풀어준다. "이런 게 세상에 있었네", "이게 이래서 말이 많았구나"라고 계속 감탄하는 가운데 세상의 지식을 넓게 조망할 수 있게 해준다. 유튜브 콘텐츠와 달리 정해진 리듬에 일방적으로 끌려갈 일도 없다. 그저 즐기듯이 빠르게 읽다가도 필요하면 얼마든지 곱씹으며 사색에 잠길 수 있다. 이 책을 통해 글로 전해지는 지식의 가치를 한껏 누려볼 수 있을 것이다.

**곽재식** | SF 작가, 『지구는 괜찮아, 우리가 문제지』 저자

어떻게 이런 책이! 가장 인간다운 사고가 담긴 책이 나왔다. 이성적이면서도 직관적이고, 논리적이면서도 핵심을 정확히 짚는다. 균형 잡힌 과학적 시각과 깊이 있는 인문학적 통찰도 돋보이는 이 책은 단순한 지식을 넘어 더 깊은 이해를 탐구하는 수준과 품격을 갖췄다.

게다가 유머러스하다. 이를테면, 정교분리를 설명하며 "식탁에서 종교 들먹이지 마세요"라고 말하는 재치라니! 신선한 관점도 빛난다. 파시즘을 미래의 징후로, 유토피아를 비현실적 사고로, 인쇄기를 발명한 사람을 기회주의자로 본다는 점에서. 즐겁게 읽고 깊이 사고하며 편하게 이야기 나눌 수 있는 흔치 않은 책이다.

**심용환** | 역사학자, 역사N교육연구소 소장


돌이켜보면 인류는 얼마나 기념비적인 발견을 해왔던지! 우리는 심장과 신경의 작동 속에서 눈을 떠 소셜 미디어를 확인한 뒤 내연기관차를 타고 GPS를 따라 출근하며 이번 달에 나갈 은행 이자를 확인하고 영화를 보며 지친 마음을 달랜다. 이 모든 과정에서 우리가 당연하게 여기는 수많은 것들이 실은 인간의 노력과 연구, 그리고 우연을 통해 발명되거나 발견되었다는 사실을 이 책은 명쾌하게 설명해준다. 핵심을 꿰뚫으면서도 쉽고 재치 있는 설명이 읽는 재미를 더하니, 틈틈이 읽다 보면 어느새 당신도 호기심 가득한 눈으로 세상을 보는 사람이 되어 있을 것이다.

**김겨울** | 작가, 유튜브 채널 '겨울서점' 운영자

돈도, 항생제도 없던 세상은 어땠을까? 오늘날 우리가 당연하게 여기는 개념들 역시 한때는 상상조차 어려운 혁신이었다. 『인텔리전스 랩』은 역사를 뒤흔든 수많은 발견의 순간을 단 한 권에 담아냈다. 짧지만 깊고, 부담 없지만 강렬하다.

　바쁜 일상 속에서 잠깐씩 펼쳐 읽더라도 어느새 사유의 폭이 넓어진다. 과학, 정치, 사회, 종교에 이르기까지, 우리를 둘러싼 세상의 원리를 유쾌하고 친절하게 풀어내기 때문이다. 인류 문명의 거대한 흐름을 한입 크기로 맛보듯 따라가는 여정은 지식이 차곡차곡 쌓이는 즐거운 경험을 선사한다. 그 즐거움을 누리다 보면 세상을 이해한다는 것은 결국 더 나은 질문을 던지는 일임을 깨닫게 될 것이다.

　지적 허기를 채워줄 매력적인 교양서를 찾고 있다면, 이 책을 강력히 추천한다.

**임소미** │ 작가, 유튜브 채널 '쏨작가의 지식사전' 운영자

찰리에게

## 차례

## 생물학

## 화학

## 사회

# 정치

# 기술

## 문화

## 종교와 신앙

# 들어가며

영국 소설가 L. P. 하틀리L. P. Hartley는 이렇게 썼습니다. "과거는 외국이나 마찬가지다. 그곳 사람들은 다르게 살아간다." 그 말이 맞습니다. 옛날 사람들은 괴상한 옷차림을 하고, 우스운 말투를 쓰죠. 하지만 더 중요한 것은 그들이 우리에게는 몹시 낯선 방식으로 세상을 바라본다는 점입니다. 인간은 본능적으로 '지금'을 표준으로 여깁니다. 우리는 현대 기술과 현대 이데올로기에 너무 익숙해졌고, 그 탓에 '옛날 옛적'을 온전히 이해하기는 불가능에 가까울 만큼 어려워지고 말았습니다.

그런데도 저는 여전히 과거를 상상하는 걸 좋아합니다. 아주 먼 옛날, 어딘가에 살던 누군가가 저녁 식사 자리에 나타나서 이렇게 말하는 순간을 말입니다. "어이, 이 '바퀴'라는 아이디어 어떻게 생각해?" 흥미로운 물건이기는 하지만, 인간은 바퀴가 없을 때도 그럭저럭 잘 살아왔습니다. 잠깐 짬이 나거든 '옛날 옛적'을 한번 떠올려보세요. 시계나 그리스도교, 항생제가 없는 세상을 상상하는 거죠. 아니면 플라스틱이나 결혼, 국가가 없는 삶을요.

이 책에 나오는 여러 개념 중 아무거나 하나를 골라서 그 요소가 없는 일상이 어떻게 달라질지 생각해보는 겁니다. 그중 몇몇은 비교적 쉽게 상상할 수 있습니다. 이 책을 읽는 분 중에도 인터넷이 없던 '옛날 옛적'을 기억하는 분이 있을 테니까요. 하지만 훨씬 상상하기 어려운 것도 있습니다. 어떻게 세균의 존재를 아예 모를 수가 있었을까요? 어떻게 원소가 뭔지 모를 수 있었죠? 글자, 돈, 전기 없이 대체 어떻게 살았을까요?

이 책에서 다루는 개념들은 세상에 홀연히 등장한 뒤 영향력이 엄청나게 커져서 해당 시대의 사조를 휩쓸었습니다. 패러다임 전체를 바꾸거나 사회의 기준과 방향성을 바꿔놓은 개념들이죠. 진화론, 내연기관, 은행 같은 개념이 등장한 순간 세상은 예전과는 다른 모습으로 바뀌었습니다. 어떤 개념에 대해 생각하려면, 그게 존재하지 않았던 '예전'의 세계도 함께 생각할 수밖에 없습니다.

우리 세대에도 그런 개념들은 여전히 발견되거나 발명되고 있습니다. 그게 유전자 편집일지, 나노기술일지, 양자역학일지는 몰라도 그 '무언가'가 우리 시대를 정의하게 될 겁니다. 개중에는 파괴적인 아이디어도 있을 테고, 너무 혁신적이어서 처음에는 거부감이 드는 아이디어도 있을 테지요.

저는 이 책이 두 가지 역할을 해내길 바랍니다. 첫째, 평소에 알고 싶었던 것들에 대한 지식을 가벼운 마음으로 재미있게 살펴보는 데 도움이 되었으면 좋겠습니다. 둘째, 이 책에서 희망을 읽었으면 좋겠습니다. 오랫동안 인류는 엄청난 기술 발전과 혁신에 맞닥뜨렸고, 무사히 살아남았습니다. "이러면 상황이 완전히 달라지는데!"라는 순간을 수없이 맞이하면서 적응하고, 맞춰나가고, 어떻게든 살아가게 된다는 것을 깨달았죠. 어쨌거나 사람들이 바퀴라는 개념을 알아내서 슈퍼마켓 카트를 밀고 다니는 요즘이 예전보다 훨씬 살기 편하다는 것은 부정할 수 없는 사실이긴 합니다.

# Biology

# 생물학

생물학은 작디작은 아미노산부터 거대한 대왕고래에
이르는 각종 생물을 연구하는 학문입니다.
덩굴이 치렁치렁한 정글, 조류에 뒤덮인 호수는 물론
면역 체계와 싸우는 박테리아, 포식자와 피식자,
탄생과 죽음도 생물학의 영역이죠.
그렇기에 생물학의 미래는 당연히 인류의 미래입니다.
크리스퍼CRISPR, 유전자 편집, 나노기술이라는 미래를
들여다보려면 훨씬 더 많은 생물학자가 필요해지겠지요.
생물학은 그 무엇보다도 놀랍고 마법 같은 자연 현상,
즉 생명을 다룹니다.

# 생명의 기원
## 진화의 도미노가 시작된 순간

타임머신을 타고 40억 년 전으로 돌아가보기로 하죠. 시간 여행용 슈트를 입고 밖으로 나온 당신은 눈앞에 펼쳐진 지옥도에 기겁합니다. 당신이 알던 지구의 모습과는 전혀 딴판이거든요. 낮은 다섯 시간에 불과하고, 달은 커다랗고, 거대한 화산섬들은 마그마를 토해내죠. 바다는 부글부글 끓어오르고, 운석이 사방을 강타합니다. 그나마 조금 있는 산소는 다른 물질과 결합되어 있어 공기 중에서는 찾아볼 수 없고요. 바로 여기 어딘가에 우리가 찾는 생명의 기원이 숨어 있습니다.

불과 몇십 년 전까지 가장 유력했던 생명 기원설은 '원시 수프pri-mordial soup' 가설이었습니다. 1950년대에 처음 나온 이 가설은 미국 화학자 스탠리 밀러Stanley Miller와 해럴드 유리Harold Urey가 생명이 탄생했으리라고 추측되는 조건을 실험실에서 재현하면서 세상에 알려졌지요. 해당 실험에서 이들은 멸균 플라스크에 물, 메탄, 암모니아, 수소를 넣고 밀봉했습니다. 그런 다음 증발이 일어나게끔 플라스크를 가열했고, 혼합물에 낙뢰를 모방한 전기 충격을 가했습니다. 결과는 놀라웠습니다. 일주일이 지나자, 아미노산(생명의 기본 구성 요소) 다섯 개가 생겨난 것이죠.

하지만 밀러-유리 가설에는 사소한 문제가 있었습니다. 수프 자체가 잘못되었거든요. 35~40억 년 전의 화석 기록을 살펴보니 플라스크에 넣었던 기체는 당시에 존재하지 않았음이 거의 확실해졌습니다. 게다가 플라스크 자체가 결과에 영향을 미쳤을 가능성도 컸습니다. 이제 뭔가 새로운 개념이 필요해졌다는 뜻이었죠.

20년이 지난 뒤 과학자들은 심해에 있는 열수분출공 연구에 착수했습니다. 지열로 데워진 물이 해저의 틈새로 뿜어져 나오는 곳이었죠. 놀랍게도 이토록 가혹한 환경에도 생명체가, 아니 생태계가 존재했습니다. 이렇게 극단적인 환경에 내성을 갖추고 살아가는 생명체들은 '극한성 생물extremophile'이라고 합니다.

이 사실이 중요한 이유는 뭘까요? 이 발견으로 생명의 기원을 이해하는 방식이 달라졌기 때문입니다. 그때까지는 생명의 탄생에 필요한 몇 가지 조건이 있으며, 이런 조건의 범위는 매우 한정적이라고 가정했습니다. 극한성 생물이 이 범위를 대폭 넓힌 것이죠. 극도로 뜨겁거나, 차갑거나, 산성이거나, 염기성인 곳에서도 생명체가 발견되었습니다. 심지어 엄청난 방사선까지 견디는 미생물도 있습니다.

이런 발견은 영국 지질학자 마이클 러셀Michael Russell이 1980년대에 내놓은 이론에 힘을 실어주었습니다. 강력한 열수분출공이 생명 탄생에 필요한 에너지와 기체를 제공했다는 이론이었죠. 이를테면 물속의 산소와 분출공에서 나오는 황화수소가 결합해 당류, 즉 생명에 필요한 에너지가 생겨나면서 유기체가 탄생했을지도 모른다는 겁니다.

지금도 우리는 생명체가 어떻게 생겨났는지 완전히 알지는 못합니다. 하지만 생명의 탄생에 대해서라면 생각만 해도 그 경이로움에 절로 머리가 숙여지죠. 지구에 어느 순간 핵산(아마도 RNA)이 등장해 세상이 뒤바뀌었다는 것이 놀랍습니다. 그렇게 해서 수십억 년이 지난 지금 이 책을 읽는 당신이 존재하게 되었다는 사실도요.

# 순환계
## 20억 번 뛰는 심장

손가락으로 맥을 짚어보세요. 두근두근 맥동하며 몸 전체로 퍼지는 혈액을 느끼며 순환계가 얼마나 대단한지 생각해보세요. 매일 인간의 심장은 2000리터에 달하는 피를 내보냅니다. 동맥을 따라 도는 혈액의 압력은 엄청나게 높아서 당장 동맥 하나에 상처를 낸다면 피가 5미터까지 솟구칠 겁니다. 우리 심장은 평생 20억 번이 넘게 뛴다고 합니다. 남은 횟수가 0이 될 때까지 박동하는 생명 타이머인 셈이죠.

혈액은 인간이라는 생명체를 본질적이고 본능적으로 이해하도록 도와주는 매개이기도 합니다.

아주 먼 옛날부터 사람들은 피가 맥박 치며 온몸을 돈다는 사실을 알고 있었습니다. 손목이나 목에서 박동을 느낄 수 있을뿐더러, 누군가를 칼로 깊이 찌르면(역사적으로 비일비재했던 일이죠) 피가 울컥울컥 흘러나오니까요. 하지만 비교적 최근까지 상당히 엉뚱한 이론이 사람들의 입에 오르내리기도 했습니다.

순환계는 고대 중국 의학(98쪽 참조)에서 처음 언급되었습니다. 동양의학에서는 근육으로 이루어진 펌프가 아니라 우주의 기운, 즉 음양이 우리 몸의 순환을 담당한다고 설명하고 있죠. 3000년 역사를 자랑하는 인도 전통 의학인 아유르베다에서는 소화된 음식이 간에서 혈액으로 바뀐다고 했고요. 이는 기원전 4세기에 히포크라테스가 '발견'했다던 내용과 수상하리만큼 비슷합니다. 히포크라테스는 심장이 폐에서 오는 공기로 피를 식히는 역할을 한다고(46쪽에 나오듯 공기를 산소와 이산화탄소라는 관점에서 파악하게 된 것은 오랜 세월이 지나고 나서였죠) 주장하기도 했습니다.

처음으로 순환계의 모습을 신빙성 있게 제시한 공은 대체로 17세기 초반의 의학자 윌리엄 하비William Harvey에게 돌아갑니다. 하지만 다들 그랬듯 하비 또한 거인의 어깨에 올라탄 셈이었죠. 하비에게 도움이 된 그리스인과 로마인이 한 명씩 있었거든요. 아리스토텔레스는 심장이 인체의 중심 기관이며 다른 모든 장기에 (어떤 식으로든) 연결되어 있다고 설명했습니다. 로마 의학자 갈레노스Galenos는 동맥에 공기가 아닌 혈액이 채워져 있다고 밝혔고요(다만 그는 혈액이 순환하는 것이 아니라 만들어진 다음 몸 안에서 소모된다고 생각했는데, 정말 그랬다면 막대한 양의 혈액이 계속 만들어져야 했겠죠). 7세기경 아유르베다 의서를 공동 집필한 바그바타Vagbhata는 혈관이 점점 가늘어지면서 몸 바깥쪽을 향해 뻗어나간다고 설명했습니다. 13세기 의사 이븐 알 나피스Ibn al-Nafis는 주요('전신을 도는') 순환계와는 별도로 폐(정맥)순환계가 돌아간다는 의견을 내놓았죠.

하지만 퍼즐 전체를 맞춰낸 것은 하비였습니다. 기본적으로 심장은 산소와 영양분이 풍부한 혈액을 몸속 구석구석까지 내보냅니다. 그런 다음 폐순환계는 산소가 적고 이산화탄소가 많은 혈액을 심장으로 되돌려서 폐로 보내는 거죠.

순환계의 작동 원리를 알고 나면 묘한 기분이 들기도 합니다. 많은 양의 피가 뿜어지는 장면을 상상하면 소름이 끼친다는 사람이 많죠. 하지만 인체를 기계로 바라보았던 르네 데카르트가 비웃음을 샀듯이, 심장을 그냥 근육 덩어리로 보는 관점도 왠지 평가절하라는 생각이 듭니다. 어쨌거나 심장은 생명 그 자체니까요.

# 신경계
## 신경이 있는 로봇

재능과 의욕이 넘치는 대규모 오케스트라가 연주를 준비하고 있다고 상상해보죠. 평소대로 음악가들이 부산하게 악기를 만지작거리고, 현을 조율하는 소리가 들려옵니다. 그런데 갑자기 누군가 음악가들에게 무작정 시작하라고 하면 어떻게 될까요? 어떤 안내도, 지시도 없이 말이죠. 결과물은 당연하게도 끔찍하고 귀에 거슬리는 불협화음이겠지요. 연주자 개개인의 기술이나 재능이 아무리 뛰어나다 하더라도 제대로 된 지휘자가 없으면 오케스트라는 엉망진창이 되고 맙니다.

인간의 몸도 이와 다르지 않습니다. 상황을 지휘할 뇌가 없다면 모든 것은 급속도로 난장판이 되고 말죠.

훨씬 단순한 삶, 즉 단세포생물의 삶을 잠깐 살펴봅시다. 단세포생물은 과거를 곱씹지도, 미래를 계획하지도 않습니다. 복잡한 세상을 탐색하고 이해할 필요도 없으며, 그저 존재할 뿐이죠.

하지만 신경계라는 저주를 받은 우리 인간은 환경에 적응하고 반응해야 합니다. 우리는 수용세포(눈이나 손가락 등에 있는)를 통해 자극을 받아들이고, 작동세포(근육이나 분비샘 등)로 그에 걸맞은 반응을 보여야 하죠. 세 번 튀겨 치즈와 바비큐 소스를 듬뿍 바른 감자튀김 냄새가 코를 간지럽히면 침샘에서 타액이 잔뜩 분비됩니다. 자극에는 반응이, 원인에는 결과가 따를지니. 아, 신경계라는 이름의 굴레여.

아직도 인간 신경계가 완벽히 파악되지 못했음을 고려하면 당연한 일이겠지만, 과거에는 온갖 추측이 무성했습니다. 이집트 문화에 영향받았으며 해부를 해본 적 없었던(그리스인들은 이를 금기시했죠) 아리스토텔레스는 심장이 모든 동작과 감각을 통제한다고 믿었습니다. 하지만 칼질에 거리낌 없었던 로마인 갈레노스는 그와 달리 모든 주도권을 쥔 장기로 뇌를 지목했죠(내장 등의 다른 장기에도 그 나름의 주도권이 있을 가능성을 보여주는 몇몇 흥미로운 최신 연구가 있기는 합니다). 갈레노스는 신경이 기다란 관과 같으며, 이 관을 통해 스피리투스spiritus, 즉 모든 생물의 생명력이 흐른다고 생각했습니다. 이후 페르시아 의사 이븐 시나Ibn Sina는 '단순한 막'으로 이루어진 신경이라는 의견을 내놓았습니다. 다양한 해부학적 도해를 스케치하며 그는 주로 신경이 분포하는 위치에 관한 가설을 제시했죠. 이 가설은 신경과학의 시초라 할 수 있습니다.

'신경계'라는 주제가 이 책에 실리게 된 이유는 인체를 일종의 '기계'로 보는 이 해석 방식에 있습니다. 르네 데카르트, 윌리엄 하비(21쪽 참조), 레오나르도 다빈치 같은 르네상스 시대 인물들은 인체가 자동인형과 다를 바 없다고 주장하기 시작했습니다. 이는 인간이 자신을 바라보는 방식에 커다란 영향을 미쳤죠. 신비롭고 종교적이며 특별했던 갈레노스의 '스피리투스'가 훨씬 평범하고 별스럽지 않은 물리적 설명으로 대체된 겁니다.

회로판과 전자 네트워크의 시대에 인간의 몸을 기계와 비교하는 것은 어쩌면 당연할지도 모릅니다. 더 뛰어난 인공지능을 개발하고 인간 신경계를 더 깊이 이해할수록 우리 또한 생물학적 기계일 뿐이라는 생각이 드는 것이죠. 어쨌거나 우리가 하는 모든 행동이 신경계에서 전달된 명령의 결과일 뿐이라면 인간이 정말 로봇과 다르다고 할 수 있을까요?

# 세포 이론
## 가장 작은 생명

    역사는 승자의 손으로 기록되며, 과학의 역사도 다를 바 없습니다. 과학의 발달에 관한 글에는 대개 옳다고 판명된 사람의 이야기만 담기기 마련이죠. 이는 '사후확신편향hindsight bias'에 해당합니다. 이미 결과가 나온 뒤 사전에 예측했다고 여기는 경향이죠. 데모크리토스Demokritos가 원자의 존재를, 베다 경전이 지동설을, 또는 플라톤의 『티마이오스Timaeus』에 나오는 탈레스Thales의 이론이 세포 이론을 예측했다는 말은 사실 기만에 가깝습니다. 사상가들이 쏟아낸 수많은 추측 가운데 몇 가지는 들어맞을 수밖에 없으니까요.

    '몸을 구성하는 세포'의 사례에서도 웃어넘길 수만은 없는 초창기 가설 몇 가지를 어렵잖게 찾아볼 수 있습니다. 예를 들어 고대 그리스인들은 생명체를 구성하는 기본 요소가 있으며, 생명력을 원동력 삼아 움직인다고 생각했습니다. 하지만 현미경이 발명되기 전에 나온 추측은 모두 탁상공론에 지나지 않았죠. 영국 학자 로버트 훅Robert Hooke이 1665년 펴낸 『미크로그라피아Micrographia』덕분에 과학계는 생명체를 구성하는, 눈에 보이지 않을 만큼 미세한 요소를 비로소 눈으로 확인할 수 있게 되었습니다. 각종 결정結晶, 곤충의 몸 구조, 식물 세포 조직 등 세밀화로 가득한 이 책은 현대인의 눈으로 봐도 굉장합니다. 그러니 당시 이 책을 펼쳐본 사람들이 받았을 충격은 상상하기도 어려울 정도겠지요. 지금으로 치면 누군가가 우리 주변에 요정과 유령이 실재한다는 것을 밝혀낸 거나 마찬가지일 겁니다.

훅이 해낸 가장 중요한 발견은 바로 '세포cell(세포의 생김새가 수도사의 독방인 '셀룰라cellula' 같다고 생각해서 그런 이름을 붙였죠)'였습니다. 하지만 훅은 거기서 더 나아갈 생각은 하지 않았죠. 실제로 세포 개념이 확립되기까지 거의 200년 가까이 더 걸렸다는 점은 상당히 특이합니다. 19세기가 되어서야 독일 학자 테오도르 슈반Theodor Schwann과 마티아스 슐라이덴Matthias Schleiden이 두 가지 중요한 사실을 알아냈습니다. 생물을 구성하는 기본 요소는 세포이며, 세포는 기존 세포의 분열로 생겨난다는 사실을요.

지금은 세포가 모든 유기체의 최소 단위이며 각 세포는 독자적으로 기능한다는 사실이 널리 알려졌습니다. 세포는 크게 두 부분으로 이루어집니다. 세포핵과 세포질이죠. DNA가 들어 있는 세포핵은 세포 성장과 기능, 분열을 담당합니다. 세포질 안에는 세포의 기능을 돕는 여러 '소기관'이 담겨 있습니다. 이 중에서 특히 미토콘드리아는 세포의 '동력원' 역할을 하죠. 세포핵이 건축가라면 세포질은 시공자입니다. 상사와 직원, 양치기와 양, 장군과 병사라고도 할 수 있겠네요. 대충 무슨 말인지 아시겠죠.

인체에는 대략 1000억 개의 세포가 있습니다. 이들 세포는 각각 더 큰 목적을 수행하도록 (우리 몸을 위해) 맞춤 설계되었지만, 하나하나가 자급자족하는 존재이기도 합니다. 어떻게 보면 인체는 충성스러운 국민으로 이루어진 연방국(아니면 관점에 따라서는 세포권을 탄압하고 세포들에게 일을 강요하는 잔혹한 독재국가)일지도 모르겠네요. 모든 사람은 복합체라는 뜻입니다.

# 생물 분류법
## 상자에 담아 정리하기

제가 추측하기로 당신은 포유류입니다(혹시 아니라면… 정말 놀라운 일이군요!). 당신 집에는 어쩌면 갯과 동물이나 설치류가 있을지도 모릅니다. 밖을 내다보면 조류와 무척추동물이 보일 테죠. 당신 손에는 박테리아가 우글우글합니다. 모든 생물은 깔끔하게 분류된 자기 자리가 있습니다. 모든 생물체는 자기 상자에 얌전히 담겨 있고, 각 상자에는 큼직한 꼬리표가 달려 있습니다.

이건 모두 아마추어 정원사의 아들이자 스웨덴 학자인 칼 폰 린네 Carl von Linné의 공로입니다.

18세기 이전에 생물은 대체로 지역 관습에 따라 분류되었습니다. 아리스토텔레스는 보편적 규칙을 만들려고 공을 많이 들였고, 영국 박물학자 존 레이John Ray는 '종'이라는 개념을 확립했죠. 하지만 린네가 대학에 입학할 무렵 생물분류학에는 여전히 체계가 없었습니다. 장황한 설명이 붙어 말도 안 되게 긴 이름도 많았고, 지역마다 다른 명칭이나 별칭이 난무했습니다. 이런 상황에서 린네가 등장합니다.

린네는 어릴 적부터 식물에 관심이 많았습니다. 아버지와 함께 몇 시간이고 정원에 머물며 사방을 파헤치고, 식물을 들여다보고, 이름표를 붙였죠. 학교에서는 소중한 식물을 분류하는 데 도움이 될 라틴어만 빼고 거의 모든 과목을 싫어했습니다. 이렇게 공부와 담을 쌓았던 린네는 구두 수선공 도제로 들어갈 뻔하기도 했습니다. 하지만 단 한 사람, 예란 로트만Göran Rothman 박사만이 호기심 많고 원예에 도가 튼 이 소년의 잠재력을 알아보았죠. 박사는 린네를 자기 집에 들여 공짜로 가르쳤습니다. 로트만의 기록을 살펴보면 어린 시절부터 린네는 이미 식물 분류법에 관해 자기만의 확고한 철학이 있었음을 알 수 있습니다.

웁살라대학교 학장인 안데르스 셀시우스Anders Celsius(섭씨온도를 창안해서 유명해졌죠)는 린네의 분류법에서 번뜩이는 가능성을 보았고, 그에게 식물 분류를 주제로 논문을 써보라고 권했습니다. 이 논문에서 린네는 오늘날까지 계속 사용되는 명명 체계, 즉 속屬+종種으로 생물의 이름을 짓는 방식을 제시했죠. 그 덕분에 상황이 한결 깔끔하게 정리되었습니다.

흔히 보이는 들장미는 (라틴어로) '야생 장미, 꽃은 흰색에 붉은 기운이 돌며 잎사귀에 털이 없음'이나 '향기롭고 개 이빨을 닮은 흰 장미'라고 불릴 수도 있었습니다. 린네는 이를 '개장미'로 간단히 정리했죠. '깃털이 없고 전쟁과 아름다움에 열광하는 이족보행 동물' 같은 명칭 대신 호모 사피엔스(지혜로운 사람)가 채택된 것은 조금 독단적인 결정이었는지도 모릅니다. 하지만 린네가 세상 만물을 부르는 방식 자체를 훨씬 간결하게 바꿔준 것은 분명한 사실이죠.

당연하게 받아들여지는 생물 분류 방식은 현실을 바라보는 우리 인식에 막대한 영향을 미칩니다. 생물이 다른 방식, 이를테면 크기나 냄새나 유전체를 기준으로 분류되는 세상을 상상해봅시다. 결국 린네식 분류법 또한 사물을 바라보는 한 가지 방식일 뿐인데, 지금은 유일한 방식이 되고 말았죠. 아빠와 함께 정원 가꾸기를 좋아하던 한 소년의 취향에 따라 모든 생물이 분류된다는 점을 생각하면 뭔가 묘한 기분이 듭니다.

# 다윈주의
## 적자만 살아남는다

　사람들이 아직 세상에 대해 모르는 게 많던 때를 떠올려보세요. 태양이 어떻게 뜨고 지는지 몰라서 마부가 태양을 실은 수레를 끌고 창공을 가로지른다는 이야기가 합리적으로 여겨지던 시대를요. 아니면 질병이 어떻게 퍼지는지 몰라서 신이 노하셔서 전염병이 돈다는 말을 곧이듣던 때를.

　하지만 가장 마음속에 그려보기 어려운 것을 꼽자면 아마 다윈 이전 사람들의 사고방식일 겁니다. 인간이 동물의 후손임을 알지 못한다면 세계를 보는 방식이 얼마나 달라질지 생각해보세요. 그리고 이 이론의 등장이 얼마나 천지개벽할 일이었을지도요. 다윈 이후 인간의 존재 의의는 어떻게 달라졌을까요? 인간은 유일하고 특별하다는 자부심을 갑자기 박탈당한 셈이었는데요.

　19세기는 여전히 매우 종교적인 시대였고, 사람들은 인생에 큰 문제가 생기면 성직자의 조언을 구했습니다. 일례로 수많은 지식인조차 신이 기원전 4004년 10월에 엿새 동안 바쁘게 우주를 창조했다는 신학자 제임스 어셔James Ussher의 계산을 받아들일 정도였죠.

　하지만 그때 찰스 다윈이 등장했습니다. 5년간 영국 해군 측량선인 비글호를 타고 세계 곳곳에서 생태를 연구하던 다윈은 갈라파고스 제도에서 한 영국인 관리를 만났습니다. 이 관리는 등껍질만 봐도 거북이가 어느 섬 출신인지 맞힐 수 있다고 했죠. 소형 조류인 핀치를 관찰한 결과와 맞아떨어지는 주장을 들을 다윈은 깨달음을 얻었고… 이를

20년간 묵혔습니다. '다윈의 망설임'으로도 불린 이 기간은 앨프리드 월리스Alfred Wallace라는 젊은 생물학자가 다윈과 동일한 이론을 내놓으려 한다는 소식과 함께 끝났죠. 1859년 다윈은 마침내 마음을 굳힙니다. 이제 발표해야 할 때라고!

『종의 기원』이 거둔 성공은 엄청나서, 정식 출판 이전에 재고가 동날 정도였습니다. 이 책의 논지를 가장 잘 대변하는 용어는 '적자생존'입니다. 돌연변이로 운 좋게 유리한 특성을 얻은 유기체는 '더 큰 생존 가능성'을 손에 넣습니다. 적합한 자는 오래 살아남아 유전자를 남기고, 느리거나 약한 자는 기회를 얻기 전에 죽고 마는 거죠.

이는 어느 한 특성이 다른 특성보다 '우월하다'는 뜻이 아닙니다. 그저 특정 환경에 가장 적합한 형질이 우세해진다는 뜻이죠. 해당 특성은 날카로운 발톱과 거대한 이빨일 수도, 점액과 낮은 식욕일 수도 있습니다.

현재는 진화가 다윈의 이론만으로는 증명되지 않았다는 것이 정설입니다. 멘델이 콩을 연구해서 유전자와 형질 유전의 개념을 확립하고 프랭클린, 왓슨, 크릭이 DNA를 발견한(33쪽 참조) 뒤에야 다윈이 옳았음이 명확히 밝혀졌죠.

그렇다면 이제 인간이라는 존재의 의의를 다시 생각해볼까요? 우리는 수천 년 동안 이어진 운 좋은 돌연변이와 수많은 성교의 결과물입니다. 혜성같이 등장한 다윈주의는 인간과 동물을 나누는 것이 DNA 몇 가닥뿐이라는 사실을 밝혔고, 인간의 콧대를 꺾은 이 사실은 생물학에 혁명을 일으켰습니다. 그 덕분에 인간은 자기 주제를 명확히 깨달았죠. 우리는 신의 형상대로 빚어진 존재가 아니라, 그저 나무에서 내려오기로 마음먹은 머리 큰 영장류일 뿐입니다.

# 병리학과 세균감염설
## 괴상한 냄새와
## 작디작은 미생물

　의학의 역사를 다룬 책(이 책도 예외는 아니죠)을 읽다 보면 현대의 세균감염설과 과거의 미신적 헛소리를 비교하는 내용이 반드시 등장하죠. 물론 음란한 생각을 해서 천벌을 받았다느니, 노파의 저주라느니 하는 허튼소리는 실제로도 아주 많았습니다. 하지만 사람들이 실생활에서 활용했던 초기 의학 지식 중에는 진실과 상당히 가까운 것도 적지 않습니다.

　먼 옛날부터 사람들은 습지를 좋은 주거지로 여기지 않았습니다. 거기서는 끊임없이 모기떼에 습격당할 뿐 아니라 병에 훨씬 자주 걸리는 게 확실했기 때문이죠. 거의 모든 인간 공동체는 이런(또는 이와 비슷한) 현상을 인식했고, 이를 설명하려고 '미아스마설miasma theory'이라는 이론을 만들어냈습니다. 미아스마, 즉 '나쁜 공기'가 병을 일으킨다는 이 가설에 따르면 더러운 물이나 공기 속에 보이지 않는 독성 인자가 있다고 합니다. 그렇게 우스울 만큼 엉뚱한 얘기도 아니죠? 실제로 로마 학자 바로Varro는 "눈으로는 볼 수 없으며 공기 중에 떠다니다가 입과 코를 통해 몸속으로 들어가서 심각한 병을 일으키는 미세 생물"이 존재한다고 믿었습니다. 현대인인 제가 어린이에게 세균에 대해 설명할 때 하는 말과 거의 똑같네요.

　물론 이제 우리는 세균이 냄새를 풍기지 않으며 악취 나는 공기나 물 안에서 독자적으로 살아가지도 않는다는 사실을 압니다. 세균이란 거의 모든 것에 달라붙어 사는 작디작은 박테리아나 바이러스를 가리

킨다는 것도요. 하지만 이를 확인하려면 필요한 물건이 하나 있죠. 바로 현미경입니다.

19세기에 세균감염설을 '발견'한 사람 한 명을 콕 집어내는 것은 정치적으로 민감한 문제입니다. 답하는 이의 국적에 따라 프랑스인 루이 파스퇴르일 수도, 영국인 조지프 리스터Joseph Lister나 독일인 로베르트 코흐Robert Koch일 수도 있죠. 파스퇴르와 코흐는 서로를 싫어했습니다. 이들은 의학 저널(인류 역사상 이보다 악의 넘치는 공론장은 존재하지 않습니다)을 무대 삼아 서로 비난하고 조롱했죠. 외부 유기체가 질병의 원인이라는 이론을 제시한 것은 파스퇴르가 먼저였을 가능성이 큰 반면, 프랑스인들에게는 아쉽게도 질병을 일으키는 특정 미생물을 확인한 것은 코흐였습니다.

코흐의 아내 에미가 시기적절하게도 남편에게 생일 선물로 현미경을 사준 덕분에 코흐는 생물학 무기가 될 수 있는 탄저균을 관찰하고 배양하는 데 성공했습니다. 몇 년 뒤에는 (현미경 관찰을 위한) 세포 염색이 훨씬 어려워서 탄저균보다 놓치기 쉬웠던 결핵균도 발견했고요. 코흐 이후 세균감염 이론은 빠르게 확립되었고, 세균감염설은 상식이 되었으며 특정 질병을 유발하는 세균 종류를 확인하는 단계에 접어들었습니다.

오늘날 사람들은 손을 씻고 항생제(118쪽 참조)를 먹습니다. 더불어 물을 살균하고(48쪽 참조) 의료 기구를 소독합니다. 세균감염설 덕분에 세상은 훨씬 안전해졌고, 사람들은 개인위생에 신경 쓰게 되었습니다. 이 모든 것은 어쩌면 생일 선물을 잘 고른 에미의 안목 덕인지도 모르겠네요.

# 유전학
## 몸에 핵산이 풍부하시네요

당신은 바나나와는 절반가량, 기니피그와는 85퍼센트의 유전자를 공유하며, 통계적으로 보면(반올림을 좀 하면) 다른 모든 인간과 완전히 똑같은 존재입니다. 인간 게놈이 26만 쪽짜리 책이라고 치면 거기서 당신에 대한 내용은 500쪽뿐이죠. 눈동자 색, 뇌 발달 양상, 체형, 숙취에 시달리는 정도 등등 당신이 자기만의 특징이라 여기는 모든 것은 전체 유전자 중 불과 0.1퍼센트에서 나온다는 뜻입니다. 하지만 작은 숫자에 실망할 필요는 없습니다. 인간 게놈의 0.1퍼센트는 유전자 염기쌍 300만 개로 구성되거든요. 이 정도면 거의 무수한 조합이 가능하죠.

지금 와서 생각하면 초기 유전 이론은 어처구니없을 만큼 어설퍼 보입니다. 예컨대 아리스토텔레스와 피타고라스는 '전성설preformation'을 주장했습니다. 형상을 완전히 갖춘 조그마한 인간이 남성의 정액을 통해 전달되어 여성의 생리혈을 양분 삼아 성장한다는 가설이었죠. 17세기까지는 이것이 보편적으로 받아들여지는 이론이었습니다. 2000년 동안 사람들은 아주 작은 소인인 호문쿨루스가 끔찍한 스펀지 장난감처럼 부풀어 올라 인간이 된다고 믿은 셈입니다.

그러다 19세기에 들어 오스트리아 성직자 그레고어 멘델Gregor Mendel이 콩을 재배하기 시작했습니다. 멘델 이전 사람들은 형질 유전이 액체 혼합과 같다고 여겼습니다. 한쪽 부모가 포도주스, 다른 한쪽이 오렌지주스라면 황갈색 포도-오렌지주스가 나온다는 식이었죠.

멘델은 자기 콩들의 특징을 따로따로 분리했습니다. 그리고 특성이 뒤섞여 전달되는 게 아니라 어느 한쪽 부모의 우세 형질이 자녀 세대에 전달된다는 사실을 알아냈죠. 하지만 세상은 반세기 동안 멘델을 무시했습니다(아무도 콩 따위엔 관심이 없었죠). 그러다 20세기가 되어서야 영국 유전학자 윌리엄 베이트슨William Bateson이 멘델을 재발견했습니다. 베이트슨이 '유전학'이라는 용어를 만들어내면서 새로운 학문이 태어났습니다.

유전학 발전의 역사는 간략히 설명하기에는 너무 방대합니다. 하지만 가장 유명한(그리고 중요한) 기여자를 꼽을 수는 있을 것 같습니다. 미국의 분자생물학자 제임스 왓슨James Watson과 영국의 분자생물학자 프랜시스 크릭Francis Crick, 영국의 생물물리학자 로절린드 프랭클린Rosalind Franklin입니다. 왓슨과 크릭이 우연히 DNA 구조를 알아냈다는 게 세간에 알려진 (대강의) 줄거리죠. 이 이야기의 허점은 왓슨과 크릭이 만든 초기 모델이 길을 잘못 들었다는 데 있습니다. 두 학자를 제 궤도에 올려놓은 것은 프랭클린의 X선 회절 이미지 연구(당시에는 제대로 평가받지 못했던)였죠. 그렇다고 이중나선 구조를 밝혀낸 두 사람의 뛰어난 연구를 평가절하하는 것은 아닙니다. 왓슨은 나중에 프랭클린의 업적을 인정했지만, 슬프게도 프랭클린은 왓슨과 크릭이 1962년 노벨상을 받기 4년 전에 세상을 떠나고 말았습니다.

DNA는 생물학의 최첨단 분야입니다. 유전학은 이미 우리에게 유전자 지문 분석, 범죄 현장 감식, 유전자조작 농산물, 가족끼리 재미로 해볼 만한 'DNA 가계 분석' 키트 등을 선사해주었죠. DNA는 당신이 누구인지 보여주는 청사진이자 생명의 비밀을 담은 설계도입니다.

# 균사체 혁명
이로운 버섯

개들한테 속지 마세요. '인간의 가장 좋은 친구'는 개가 아닙니다. 확실히 귀엽기는 하지만, 인간에게 얼마나 도움이 되는지 따져보면? 어림도 없죠. 인간의 가장 좋은 친구는 효모입니다. 우리에게 맥주와 증류주, 빵과 치즈를 선사하는 게 바로 효모거든요. 이 미생물 친구들은 수천 년 동안 인류가 배를 채우고 술에 취하는 데 큰 도움을 주었죠.

효모는 균류이며, 당을 좋아합니다. 당분을 넉넉히 공급하면 만족스럽게 먹어치운 다음 엄청나게 불어날 뿐 아니라 그 과정에서 매우 유용한 두 가지 '부산물', 즉 이산화탄소와 알코올을 배출하죠. 야생 효모균이 과일에 달라붙으면 그리 보기 좋지는 않으나 알코올 냄새가 나는 액체가 생겨납니다. 신선한 오렌지즙을 밖에 몇 시간 놔두면 알코올 농도가 0.5퍼센트로 올라가기도 합니다.

하지만 더 중요한 것은 효모로 발효된 빵을 만들 수 있다는 거죠. 옛날 사람들은 오랫동안 밀가루에 물을 섞어 발효 과정 없이 굽는 플랫브레드를 만들어 먹었습니다. 휘리릭 굽기만 하면 납작한 피타 빵이 나오는 거죠! 하지만 반죽을 바깥에 잠시 두면 천연 효모가 반죽에 들어가고, 효모는 밀가루 속 당을 소화해서 이산화탄소를 내놓으며 반죽을 부풀립니다. 아침에 만들어놨던 반죽이 갑자기 세 배나 커진 걸 발견한 고대 제빵사는 아마 그냥 어깨를 한 번 으쓱하고는 반죽을 화덕에 던져 넣었겠죠. 오늘날 사람들이 고급 빵을 만들 때 쓰는 '사워도우 천연발효종'은 사실 야생 효모의 한 종일 뿐입니다. 최적의 배합을 찾으려고 이리저리 시험한 끝에 독자적인 천연발효종을 보유하게 된 사람도 있 겠지요.

이렇게 우리 인간은 수천 년에 걸쳐 소와 말을 길들였을 뿐 아니 라 미생물까지 키워왔습니다. 이 오랜 세월 동안 주목할 만한 균류는 거의 효모뿐이었죠. 하지만 이른바 '균사체 혁명'이 일어나며 이런 상 황에 변화가 일어나고 있습니다.

뿌리를 내릴 때 버섯은 균사라고 불리는 가느다란 실을 내보냅니 다. 자라나다가 서로 만난 균사는 힘을 합쳐 그물을 형성해서 바깥으 로 뻗어나갑니다. 숲 주변 수백 킬로미터까지 펼쳐지기도 하는 이 그물 에는 엄청난 능력이 숨어 있습니다. 나무뿌리에 물과 무기염류, 당분을 공급해서 숲을 균사체가 없는 곳보다 훨씬 크고 튼튼하게 키우는 것이 죠. 더불어 토양에 이산화탄소를 더해서 온갖 종류의 동물에게 한결 살 기 좋은 환경을 제공합니다.

현대 과학자들은 이 균사체 그물을 보고 생각했습니다. '이걸로 인간에게 쓸모 있는 물건을 만들 수도 있겠군.' 실제로 균사체로 구조 물을 만든다고 치면 필요한 것은 물뿐이며, 복구도 저절로 이루어질 겁 니다. 균사로 스티로폼이나 플라스틱류(60쪽 참조)를 대체할 수도 있 고요. 의류, 대체육, 심지어 이식 세포 배양용 보형물을 만들 수도 있습 니다.

버섯류는 아주 오랫동안 우리 곁을 지킨 존재입니다. 보아하니 앞 으로도 한동안은 우리 인간을 도와줄 모양이네요.

# 나무의 신비
## 잊히고 만 숲

　로알드 달이 쓴 「소리 포착기」라는 단편소설이 있습니다. 여기 등장하는 남자는 주변 식물들의 주파수를 포착하는 기계를 발명하죠. 기계를 처음 가동한 남자에게 이웃이 가지치기하던 장미가 지르는 비명이 들립니다. 그다음에는 도끼에 잘리는 나무가 내는 낮은 신음이 들려오죠. 끔찍한 기분을 맛본 남자는 기계를 부숴버립니다.

　이건 사실 생각만큼 터무니없는 이야기가 아닐지도 모릅니다.

　수많은 최신 연구에 따르면 나무는 매우 사교적인 생물입니다. 나무는 작은 균류와 결합한, 짧은 머리털 같은 잔뿌리를 이용해 서로 의사소통합니다(35쪽 참조). 이런 잔뿌리는 일종의 인지 체계처럼 작용하며, 나무는 이를 활용해 옆에 있는 나무가 자기와 같은 종인지, 어린 나무인지 아닌지 알아내죠. 나무들이 주변에서 일어나는 일을 끊임없이 확인한다는 뜻입니다.

　여기에는 이유가 있습니다. 나무는 서로 돕는 존재거든요. 가까이 있는 나무가 아프거나 죽어가면 다른 나무들은 그쪽으로 당분 용액과 양분을 보냅니다. 뿌리가 하나로 얽히다 못해 양분을 공유하며 '관계'를 맺는 나무들도 있습니다. 안타깝게도 한쪽 파트너 나무가 죽으면 다른 한쪽도 머지않아 뒤를 따른다고 합니다.

　더욱 놀라운 것은 나무에게도 일종의 '기억'이 있을뿐더러 이를 후손에게 물려주기까지 한다는 사실입니다. 예를 들어 특정한 종의 사과나무는 적당히 따뜻한 날이 며칠 계속되는지 '헤아린' 다음에야 꽃을 피웁니다. 기억력이 전혀 없다면 사과나무는 매일 날짜를 처음부터 세게 되겠죠. 게다가 가혹한 가뭄을 겪은 나무는 물 소비 습관을 바꿉니다. 원리는 알 수 없지만, 이렇게 달라진 습관은 흙을 통해 묘목들에 전달됩니다.

하지만 이는 모두 숲, 특히 사람 손을 타지 않은 원시림에서 일어나는 일입니다. 대다수 사람이 매일 접하는 나무는 보도 가장자리나 공원 둘레를 따라 점점이 흩어져 있죠. 이런 도시 환경은 나무에 어떤 영향을 줄까요?

첫째, 도시나 마을에 있는 나무는 대개 여러 종이 뒤섞인 채 듬성듬성 배치됩니다. 이러면 보기 좋고 알록달록 예쁘기는 하지만, 상호작용의 이점은 모두 사라지고 말죠. 이 나무들은 자신을 도와줄 사회적 관계망을 빼앗긴 셈입니다. 양분과 지혜를 전해줄 부모도 없고요.

둘째, 가로등이 나무의 주기를 흐트러뜨립니다. 이상하게 들릴지 모르지만 나무들도 밤이 되면 가지가 살짝 처지고, 몸통과 뿌리의 수분 함량이 올라가는 등 자기 나름대로 '수면'을 취합니다. 인공조명이 이 자연스러운 리듬을 깨뜨리는 거죠.

인간은 처음부터 나무와 함께 살아왔습니다. 우리는 나무 위에서 살다 내려온 존재니까요. 깊은 숲이나 나무로 뒤덮인 오솔길을 혼자 거닐어본 사람은 모두 입을 모아 숲의 신비를 간증할 겁니다. 이 마법이 사라지는 모습이 가슴 아플 따름이지요.

# 크리스퍼
## DNA의 미래

    1987년 일본 분자생물학자 이시노 요시즈미石野良純는 실험실에서 대장균을 들여다보며 얼굴을 찌푸립니다. 대장균 유전자에서 이상한 점, 즉 똑같은 염기 서열이 다섯 번 반복해서 나타나는 현상을 발견한 거죠. 논리적으로는 가능하지만, 확률적으로는 있을 법하지 않은 일이었습니다. 유감스럽게도 1980년대에 유전학은 아직 크게 발전하지 못했기에 이시노는 그 발견으로 무엇을 해야 할지 몰랐습니다. 하지만 15년 뒤 두 과학자가 쓸모를 알아냈죠. 분자생물학자 프란시스코 모히카Francisco Mojica와 루트 얀센Ruud Jansen은 이 패턴에 크리스퍼CRISPR라는 이름을 붙였습니다. "무리 지어 일정 간격으로 분포하는 짧은 회문구조 반복서열Clustered Regularly Interspaced Short Palindromic Repeats"의 약자죠(다들 약자로만 쓰는 것도 당연한 일입니다). 과학자들은 여기서 그치지 않고 정말 놀라운 발견을 해냈습니다. 이 유전자가(정확히 말하자면 여기 포함된 효소인 카스9Cas9이) DNA를 자를 수 있다는 사실이었죠. 크리스퍼는 DNA 가닥에 달라붙어 원하는 부분을 추려낸 다음 그 부분을 오려냅니다. 말하자면 유전자 가위죠.

    하지만 이건 수수께끼의 시작에 불과했습니다.

    DNA를 잘라 편집할 수 있는 이 유전자들은 대체 왜 존재할까요? 여기에는 어떤 진화상의 이유가 있을까요? 2008년 러시아 출신의 미국 생물학자 유진 쿠닌Eugene Koonin은 크리스퍼의 회문구조 사이에 있는 유전자가 놀라울 정도로 바이러스 유전자와 닮았음을 알아냈습니다. 쿠닌은 박테리아가 크리스퍼를 활용해 바이러스 DNA에서 유전자 일부를 잘라낸 다음 그 부분을 자기 '면역 체계' 유전체에 붙여넣었다는 가설을 세웠죠. 간단히 말해 박테리아가 스스로 백신(104쪽 참조)을 만들었다는 뜻입니다.

이 책에 나오는 다른 여러 항목과 마찬가지로 이 발견의 중대성 또한 한동안 묻혀 있었습니다. 마침내 크리스퍼의 엄청난 잠재력을 활용할 방법을 찾아낸(그러면서 겸사겸사 노벨상도 받은) 것은 미국 생화학자 제니퍼 다우드나Jennifer Doudna와 프랑스 미생물학자 에마뉘엘 샤르팡티에Emmanuelle Charpentier였습니다.

크리스퍼의 작용 방식을 이해하려면 크리스퍼가 바이러스 DNA를 잘라내고 복사할 뿐 아니라 (일종의 백신으로서) 나중에 그 바이러스가 다시 나타나면 이 지식을 활용해서 물리친다는 사실을 알아둘 필요가 있습니다. 크리스퍼는 면역 체계라는 경찰서에서 '현상수배' 포스터를 붙이는 경찰서장과도 같습니다. 해당 바이러스가 나타나면 면역 체계 소속 경찰들은 바이러스를 체포하겠죠. 다우드나와 샤르팡티에는 직접 '현상수배' 포스터를 만들 수만 있다면 크리스퍼가 해당 DNA 서열을 추적해서 잘라낼 것이라는 사실을 깨달았습니다.

크리스퍼는 광활하고 희망이 넘치지만 아직은 미지의 영역인 신세계를 열어주었습니다. 이 기술이 앞으로 농업을 발전시키고, 질병을 치료하고, 어쩌면 털북숭이 매머드를 되살려줄지도 모르는 일입니다. 하지만 어두운 면도 존재합니다. 크리스퍼가 등장하며 맞춤형 아기와 인간 돌연변이의 출현도 현실로 다가왔으니까요. 이 책이 전하고자 하는 교훈이 하나 있다면, 기술이 언제까지나 이롭고 순수하게 유지되리라고 무턱대고 믿어서는 안 된다는 것입니다.

# Chemistry

# 화학

화학은 '과학의 중심'이라 불립니다. 수학, 물리학, 생물학,
의학, 지질학, 환경과학의 교차점에 존재하기 때문이죠.
화학의 핵심은 각종 물질의 반응과 특성, 그리고
화학물질의 작용 방식입니다. 어떤 약품이 병을 치료하는지,
어떤 연료가 가장 큰 에너지를 내는지, 어떤 화약을 써야
불꽃놀이가 가장 화려해지는지 알려주는 것도 화학입니다.
화학은 화학물질의 효능뿐 아니라 이를 우리 생활에
적용할 방법을 연구하는 학문이기도 합니다.

# 연금술
## 손쉽게 부자 되기

'손쉽게 부자 되기'가 목표라고요? 새로울 게 조금도 없네요. 인간 역사를 통틀어 쉽게 떼돈을 벌 가능성이 조금이라도 있는 방법은 누군가가 이미 시도했으리라고 장담할 수 있거든요. 과거 한동안은 그 방법이 연금술이었습니다. 연금술은 한 가지 물질을 다른 물질(대개는 금)로 바꾸려는 것이지만, 동시에 세계관이자 철학이기도 합니다. 그 나름의 교리와 신도가 있는 유사종교인 셈이죠.

연금술은 늘 과학과 신비주의의 경계에 존재해왔습니다. 도교 (288쪽 참조)를 생각해보세요. 지금은 도교라고 하면 사람들은 대개 음양과 태극, 알쏭달쏭한 우화 등을 떠올리죠. 하지만 역사를 살펴보면 실생활에 활용될 무렵의 도교에는 연금술과 관련된 요소가 매우 많았습니다. 도를 연구하는 이들은 끊임없이 불로장생약인 '선단仙丹', 또는 이른바 '현자의 돌'을 찾으려고 애썼습니다. 이는 여러 문화권에서 비슷하게 나타나는 연금술의 목표입니다.

아이작 뉴턴에게 연금술은 풀어야 할 수수께끼였습니다. 1660년대에 과학계가 자기 연구를 비판한 일로 한동안 몹시 언짢았던 뉴턴은 연금술의 수수께끼를 푸는 데 강박적으로 매달리며 세월을 보냈죠. 뉴턴이 태어나고 얼마 되지 않아서 연금술 연구는 불법이 되었으므로 비밀스럽고 남의 눈에 띄지 않게 진행된 뉴턴의 연구는 세간에 발표되지 않았습니다.

대개 우리는 '연금술'이란 한 원소를 다른 원소로 바꾸려는 유사

과학, 또는 원시과학적인 시도라고 생각합니다. 철이 붉은색, 구리가 녹색으로 변하고 소금이 물에 녹는 것처럼 자연계에서 물질이 모습을 바꾸는 현상은 흔히 볼 수 있습니다. 그러니 옛날 사람들이 인공적으로 특정 금속이나 광물을 다른 것으로 변환할 수 있으리라 추측한 것도 무리는 아니죠. 로마의 명의 파라켈수스Paracelsus, 아라비아 학자 자비르 이븐 하이얀Jābir ibn Hayyān, 중세 영국 학자 로저 베이컨Roger Bacon 등 위대한 과학자들조차 연금술에 집착했습니다. 이들은 다양한 물질을 화약으로 터뜨리고, 산으로 녹였습니다. 액체를 얼리고 고체를 태웠으며, 납을 배설물에 파묻거나 철을 혈액에 담그기도 했고요. 하지만 모든 것이 허사였죠. 유사과학 신봉자들이 대개 그렇듯 연금술사들도 줄곧 조금만 더 하면 답을 얻을 수 있다고 믿었습니다. 어쩌면 손에 닿을 듯 닿지 않는 목표가 필요했을 뿐인지도 모르겠네요.

하지만 이 모든 노력이 헛수고는 아니었습니다. 목표가 좀 잘못되기는 했어도 연금술사들은 과학적 방법론을 발전시킨 초보 화학자들이었고, 연구 과정에서 대단한 발견을 잔뜩 해냈거든요. 이들은 인류에게 증류(덕분에 위스키를 마실 수 있게 됐죠), 도금, 소변 분석 기술(당시에는 맛보기와 냄새 맡기 수준에 그쳤지만요)을 선사했습니다. 아연, 인, 비소, 화약도 연금술의 산물이고요.

지금은 어떤 원소를 다른 원소로 바꾸는 것이 불가능하다는(최소한 핵반응 없이는) 사실이 밝혀졌습니다. 주기율표와 현대 물리학에 대한 지식이 있는 우리 현대인은 연금술사가 무지하거나 돌팔이였다고 여기죠. 사실 당시에도 그런 시선은 있었습니다. 사기꾼, 광신도, 약장수들이 종종 사람들을 구슬려서 연금술에 투자하게 하려고 했으니까요. 그래서인지 다음과 같은 18세기 속담이 지금까지 전해 내려오기도 합니다. "저축만 한 연금술은 없다."

# 물질 보존법칙

## 우리는 결코
## 사라지지 않아요

우리는 사라지지 않습니다. 제 아내가 아무리 애를 써도 세상에서 저를 제거할 방법은 없습니다. 당신과 저는 영원히 존재하지만, 아마도 우리가 원하는 모습대로는 아니겠죠…. 이는 물질 보존법칙과 관련 있습니다. 물질은 사라지거나 생성되지 않으며, 구성과 배치가 바뀔 뿐이라는 개념이죠. 생명체란 단순히 에너지 교환의 한 형태일 뿐입니다. 우주 자체도 무수한 입자가 다양하게 배치된 결과물일 뿐이고요. 지금 우리 손이나 뇌를 구성하는 작은 조각들은 절대 '죽지' 않습니다. 다만 재가 되어 바람에 날리겠죠. 우리는 절대 '사라지지' 않으며, 벌레의 식량이 될 뿐입니다.

잠시 혁명 이전의 프랑스로 이동해봅시다. 1774년 한 실험실에 딱 달라붙는 멋쟁이 바지를 입고 염소 털 가발을 쓴 화학자 앙투안 라부아지에Antoine Lavoisier가 앉아 있습니다. 유리병 안에서 뭔가를 태우는 중이죠. 현재 우리가 산소(46쪽 참조)라고 부르는 특정 기체를 분리하려고 애쓰던 라부아지에는 실험 과정에서 산소의 존재만큼이나 놀라운 사실을 깨닫습니다. 밀봉된 용기 안에서 가열된 주석은 타올라서 기체가 되었다가 다시 굳어지는데, 신기한 것은 어느 시점에서도 유리병의 전체 질량에 변화가 없다는 점이죠.

당시에나 지금이나 이는 선뜻 받아들이기 어려운 현상입니다. 과학적 사고방식이 몸에 배지 않은 사람들이 보기에 기체는 무게가 전혀 없거든요. 눈에 보이지 않으면 없다고 여기는 겁니다. 하지만 폐쇄된 환경에서 질량은 절대 변하지 않는다는 사실을 라부아지에가 증명했죠. 만약 제가 당신을 방에 가둬 밀봉한다면 500만 년 뒤에도 방 전체의 무게는 똑같을 겁니다(썩 좋은 모습은 아니겠지만요). 물론 진공 상태에서 살지 않는 우리는 항상 숨을 쉬고, 땀을 흘리고, 노폐물을 배출하죠. 그러니 당신이 남의 집을 방문할 때는 그 집에 질량을 더해주는 셈입니다(물론 거기서 비스킷을 얻어먹었다면 주고받은 게 되겠죠).

이러한 우주관, 즉 여러 원자가 일시적으로 모여 이런저런 사물을 구성한다는 개념은 '물질의 상태'와도 밀접한 관련이 있습니다. 우리 주변의 모든 사물은 고체, 액체, 기체 또는 플라스마(이 책에서는 '에너지'로 취급되기도 하는) 상태입니다. 각 상태의 차이점은 물질을 구성하는 입자의 밀도뿐이죠.

다양한 물질로 이루어진 세계에서 '상태 전환'의 열쇠는 열입니다. 열을 충분히 가하면 입자의 간격이 벌어집니다. 초콜릿(맛있음)이 걸쭉한 초콜릿 음료(더 맛있음!)로, 결국에는 초콜릿 증기(너무 갔음)로 변하는 것이죠. 하지만 온도가 높아지면 액체 상태를 건너뛰고 바로 고체에서 기체로 변하는 물질도 상당히 많으며, 이 과정은 '승화'라고 불립니다.

그러니 '나'라고 부르는 일시적 입자 배치 상태를 한껏 즐기길 바랍니다. 어느 날 이 입자들은 산산이 흩어지고 다시 우주에 합류하게 됩니다. 그러다 시간이 지나면 아름다운 별똥별이나 아침 이슬, 봄꽃이 될 수도 있겠지요. 아, 물론 소똥이 돼버릴지도 모르지만요.

# 산소
## 폭발이냐 호흡이냐

현대적 사고방식에 지나치게 익숙해진 우리는 종종 과거의 세계관을 상상하는 데 애를 먹곤 합니다. 이를테면 간이 끊임없이 혈액을 만들어낸다거나 세상이 네 가지 '원소(흙, 바람, 물, 불)'로 이루어졌다고 생각하기는 어렵죠. 이렇게 선뜻 받아들이기 어려운 옛 가설 중에는 물질이 탈 때 특별한 물질인 '플로지스톤phlogiston'을 내뿜는다는 이론도 있습니다. 모든 반응은 플로지스톤이 오가면서 일어나며, 주변에 플로지스톤이 너무 많으면 공기가 오염되어 탁하고 위험해진다고 여겨졌죠.

이런 세계관에 반기를 든 것은 역사상 가장 위대하다고 손꼽힐 만한 두 화학자 조지프 프리스틀리Joseph Priestley와 앙투안 라부아지에였습니다.

프리스틀리는 학자 가문 출신이 아니었습니다. 형제는 여섯이나 됐고, 아버지는 방직업에 종사했습니다. 가족이 영국 국교회에 반대하는 개신교 일파에 속했던 탓에 프리스틀리는 정식 대학 교육도 받지 못했습니다. 하지만 주머니 속 송곳은 어떻게든 뚫고 나오기 마련이죠. 양조장 바로 옆에 살던 프리스틀리는 술통에서 나오는 기체가 불꽃을 꺼뜨린다는 사실을 알아냈습니다. 약간의 뚝심과 가정용 실험기구만으로 그는 이산화탄소(물론 당시에는 그렇게 불리지 않았지만요)를 연구하기 시작했죠. 친구와 후원자들에게 정식으로 화학을 공부해보라고 격려받은 뒤에는 탄산수를 제조해 판매하며 명성을 얻기도 했습니다. '탈脫플로지스톤화 공기', 즉 지금 우리가 산소라고 부르는 기체가 생명체에 필수적이라는 것을 먼저 지적한 것은 프리스틀리였습니다. 이 기체가 담긴 병에 가둬둔 생쥐가 더 활발해진다는(즉, 더 생기 넘친다는) 것이 근거였죠. 불을 타오르게 하는 것도 이 기체였고요. 물론 탈플로지스톤화라는 개념은 옳지 않았지만요. 자기 시대의 과학을 뛰어넘을 능력까지는 없었기에 프리스틀리는 중요한 점 하나를 놓친 겁니다. 여기서 라부아지에가 등장합니다.

라부아지에는 프리스틀리와 시작부터 달랐습니다. 부유하고 좋은 교육을 받았으며 프랑스 최고의 화학 실험실을 갖춘 라부아지에는 플로지스톤이 공기를 탁하게 하는 것이 아니라 특정 기체(그가 '산소'라고 명명한)가 있어야 생명체가 호흡할 수 있다는 사실을 밝혀냈죠. 그는 인을 유리병 안에 넣고 태워서 산소의 존재를 증명했습니다. 인의 질량이 연소 이후에 원래보다 증가했음을 확인한 것이죠. 라부아지에는 공기 중의 산소가 인에 더해졌다는 가설을 세웠습니다. 이 이론은 정확했고요.

주기율표와 사람 미치게 하는 원소 노래(유튜브에 있긴 한데, 찾아보고 제 탓은 하지 마세요)를 배운 우리는 기체 원소라는 개념을 당연하게 받아들입니다. 하지만 수소, 산소, 질소 같은 기체의 존재를 암시하는 단서가 눈에 보이지는 않죠. 그런데도 그런 개념을 상정하고 증명까지 해냈다는 것은 매우 놀라운 업적입니다. 산소에 얽힌 이야기는 18세기 과학의 탁월함을 보여주는 증거입니다.

# 정수
## 깨끗한 물과 건강

　새벽 3시에 일어나서 잠이 덜 깬 채로 충혈된 눈을 비비며 수도꼭지를 틀면 콸콸 나오는, 신선하고 맑으며 적당히 시원한 물은 현대문명의 기적입니다. 몸에 좋고 깨끗한 물, 마셔도 되고 요리와 목욕에 쓸 수 있는 물 말이죠. 우리 발밑을 통과해 신선하고 안전한 물이 흘러 들어오고 반대쪽으로는 악취 나는 오수가 흘러 나간다는 것은 공학과 과학이 부리는 마법입니다. 현대 이전에는 상상도 할 수 없었던 사치죠.

　정수는 크게 두 가지로 나뉩니다. 청징화清澄化와 미생물 소독이죠. 청징화란 더러운 찌꺼기를 전부 제거해서 물만 남기는 과정을 가리킵니다. 예로부터 사람들은 천으로 물을 걸러 알갱이를 분리하는 단순한 방법을 비롯해 다양한 여과 기술을 활용했습니다. 흙탕물을 장시간 가만히 두면 무거운 알갱이는 바닥에 가라앉고(침전) 위쪽에는 물만 남는다는 사실은 누구나 쉽게 알 수 있죠. 로마인들은 이 점에 주목했습니다. 여기서 진흙이 섞이거나 탁해진 물을 일정 기간 '침전지'라는 인공 저수지에 두었다가 수로를 통해 시민에게 공급한다는 발상이 나왔죠. 물론 비가 오거나 바람이 거세게 불면 침전이 제대로 이루어지지 않았습니다. 그래서 수로에는 큰 찌꺼기나마 걸러지도록 철망이나 쇠 격자가 설치되었습니다.

　하지만 오늘날 밝혀졌듯 흙탕물이라고 꼭 위험하고 맑은 물이라고 꼭 안전한 것은 아닙니다. 두어 세기 이전만 해도 사람들은 물에 든 박테리아의 존재를 전혀 몰랐죠. 그렇기에 '정수'란 물리적·화학적 방식으로 단순히 물이 맑아 보이게 하거나 잡맛을 없애는 과정을 가리켰습니다. 고대 그리스 군대는 물을 끓여 마시면(근처에 신선한 물을 구할 곳이 없을 때) 배탈이 나는 병사가 적다는 사실은 알았지만, 왜 그런지는 알지 못했죠.

'왜'에 얽힌 이야기는 영국 빅토리아시대의 의사 존 스노John Snow로 이어집니다. 1854년 런던에는 콜레라로 인한 설사가 손쓸 수 없을 만큼 퍼졌습니다. 당대의 내로라하는 의사들은 그게 다 더러운 공기와 그 속의 병원체(30쪽 참조) 탓이라고 여겼죠. 하지만 스노는 물속에 세균이 있다고 의심했습니다. 그래서 환자가 특히 많은 지역을 지도에 표시해보았고, 이런 지역이 특정 수원지에 집중된다는 사실을 알아냈죠. 그중 하나가 유명한 브로드 스트리트Broad Street 우물이었습니다. 물을 퍼내지 못하도록 우물 펌프 손잡이를 제거한 뒤 콜레라 발병은 급감했습니다. 스노는 물속 병원균의 존재를 증명하지는 못했을지언정 통계와 감염학의 관점에서 반론의 여지가 없는 결과를 보여준 셈입니다.

오늘날 우리는 스노가 옳았음을 알기에 박테리아나 다른 세균을 없애려고 물에 염소 같은 화학물질을 첨가합니다. 정수처리장에서는 화학물질 대신 자외선으로 물을 소독하기도 하죠. 새벽 3시에 졸린 눈을 비비며 멍한 상태로 물을 끓이고 거르지 않아도 된다니 얼마나 다행스러운 일인가요?

# 주기율표
표에 담긴 우주

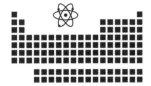

대단한 업적 중에는 꿈에서 '발견'된 것도 매우 많습니다. 메리 셸리Mary Shelley는 악몽에서 『프랑켄슈타인』의 영감을 받았고, 폴 매카트니는 〈렛잇비〉의 멜로디를, 래리 페이지는 구글 검색엔진이라는 아이디어를 꿈에서 얻었다고 하죠. 제 꿈에는 엉터리 스페인 억양으로 TV 프로그램 이야기를 하는 돼지들이 나옵니다. 제 무의식에 실망을 금할 수 없더군요. 어쨌거나 과학 역사상 최고로 중요한 꿈은 1869년 2월 어느 날 드미트리 멘델레예프Dmitri Mendeleev가 주기율표의 영감을 받은 꿈이 아닐까 합니다. 멘델레예프의 꿈에 나왔던 내용은 이제 전 세계 교실 벽에 떡하니 걸려 있죠.

지금 우리 주변에 보이는 사물은 모두 자연 발생한 92개 원소가 이리저리 결합한 결과입니다. 원소가 글자와 같다고 치면 우주는 그 글자로 쓰인 커다란 책이죠. 멘델레예프가 우리에게 준 것은 알파벳에 해당합니다. 다시 말해 씻을 때 쓰는 물, 책상 위에 놓인 식물, 발끝에 달린 발톱을 구성하는 모든 원소를 체계적으로 인식할 방법이죠. 한정된 원소 목록이 생겨나면서 우리가 세상을 바라보는 관점에 패러다임의 변화가 일어났습니다. 화학 원소 개념이 도입되기 전 우주를 구성하는 기본 요소를 규정하는 건 종교나 미신, 또는 괴짜 형이상학자들의 영역이었죠.

주기율표는 일곱 줄로 구성됩니다. 맨 아래쪽 두 줄은 공간 절약을 위해 거기 놓였을 뿐, 원래는 여섯 번째와 일곱 번째 줄에 속하는 원소죠. 1번에서 92번까지의 모든 원소는 극미량이라도 지구상에 자연적으로 존재합니다. 93번 이후의 원소는 모두 인공적으로, 즉 핵반응이나 입자가속기, 아니면 닥터 스트레인지의 손을 거쳐 만들어진 것들입니다.

주기율표의 기본 개념은 표를 좌에서 우로 읽어나가면 각 원소의 원자핵에 있는 양성자가 이전보다 하나씩 많아진다는 것(이것이 원자번호입니다)입니다. 그렇다면 왜 '주기'율표라고 불리는 걸까요? 그건 주기율표의 가로줄을 주기라고 부르기 때문이죠(제가 멘델레예프의 홍보담당자였다면 '원자'율표라고 부르자고 했을 겁니다).

전 세계 화학자와 교사들이 주기율표를 그토록 중시하는 데는 이유가 있습니다. 주기율표를 보면 각 원소가 왜 그런 특성을 보이는지 설명하고 원소가 어떤 특징을 보일지 예측할 수 있거든요. 예를 들어 소듐(나트륨)과 포타슘(칼륨)이 둘 다 주기율표에서 1족(원자의 가장 바깥쪽 껍질에 있는 전자인 원자가전자原子價電子가 하나라는 뜻)에 속한다는 사실을 알면 두 원소가 비금속과 활발히 반응할 것이며 산업 공정에서 널리 쓰일 가능성이 크다고 짐작할 수 있습니다. 이런 지식은 더 많은 원소를 만들어낼 가능성을 열어줍니다. 이는 관점에 따라 흥미롭고 희망찬 미래로도, 혹은 SF에 등장하는 악당의 악랄한 계획으로도 보일 수 있죠.

주기율표만 보면 조건반사적으로 진저리를 쳤던 기억을 떠올리는 사람이 많습니다. 먼지투성이 과학실, 졸리기 짝이 없는 선생님의 목소리, 혼자 답을 다 맞히던 얄미운 모범생이 절로 생각나죠. 하지만 좀 더 나이가 들면 주기율표가 다르게 보이기 시작합니다. 우주의 지도, 아니면 좀 더 종교적인 사람이라면 신의 작업 도구로요….

# 폭약

## 뭔가를 터뜨리는
## 더 효과적인 방법

저는 영화의 고증을 꼬치꼬치 따지는 사람이 아닙니다. 영화는 일단 재미있어야 하며, 역사적 사실 탓에 지루해진다면 그 부분을 빼버려야 한다는 생각을 열렬히 지지하죠. 〈캐리비안의 해적〉 시리즈를 예로 들어봅시다. 이 활극에서는 쉴 새 없이 대규모 해상 전투나 머스킷 총 결투가 벌어집니다. 이런 장면의 고증을 철저히 지켰다면 시커멓고 숨 막히는 연기에 가려서 액션이 하나도 보이지 않았겠죠. 트라팔가르 해전 같은 해상 전투에서는 처음 몇 번 일제사격을 주고받고 나면 불순물이 잔뜩 섞인 흑색화약 탓에 전장은 유황 안개로 앞이 보이지 않는 지옥으로 변했을 겁니다. 이 또한 19세기에 폭발물의 폭발적인 발전을 촉발한 원인 가운데 하나였죠.

아마 역사상 가장 유명한 모순적 업적으로 손꼽히겠지만, 노벨평화상에 기금을 댄 장본인인 알프레드 노벨은 다이너마이트로 부를 쌓았습니다. 화석화한 해조류를 섞는 방법으로 노벨은 폭약인 나이트로글리세린을 훨씬 안정된 형태(TNT라고도 불리죠)로 만들었습니다. 더불어 연기가 적은 무연화약인 발리스타이트ballistite도 발명했습니다. 하지만 자신을 '죽음의 상인'으로 칭한 프랑스 신문 기사를 읽고 나서 몹시 괴로워했습니다. 실제로 너무 괴로운 나머지 지금도 계속 수여되는 평화상에 자기 재산(의 일부)을 위탁할 정도였죠.

그러나 물론 호전적인 장군들과 제국을 꿈꾸는 군주들은 노벨의 발명에서 엄청난 가능성을 보았습니다(노벨이 중년 이후로도 무기 개발에 매진했던 것을 보면 그렇게까지 괴롭지는 않았으리라는 얘기도 있고요). 1870년 이후로 흑색화약은 멸종하다시피 했고, 새롭고 강력하고 값싼 폭약이 속속 등장했습니다.

기본적으로 폭약에는 두 가지 종류가 있습니다.

첫째는 '저성능 폭약'입니다. 뇌관이나 도화선으로 점화되는 화학 물질(대개 장약裝藥으로 불리죠)이며, 연소하면서 미사일이나 총알을 엄청난 속도로 밀어냅니다. 노벨 같은 이들은 화학을 활용해 더 깔끔하고 효율적인 폭약을 만들어냈고, 이 덕분에 속사 권총이나 장갑을 관통하는 포탄에 쓰이는 시간 지연이 덜한 장약이 등장한 거죠.

둘째는 '고성능 폭약'입니다. 어린 시절 살던 집 근처의 정말 오래되고 못생긴 건물이 마침내 철거된다는 뉴스가 TV에 나올 때 볼 수 있는 폭약이죠. 고성능 폭약의 목적은 주로 폭파입니다. 콘크리트 건물을 무너뜨릴 만큼 엄청난 충격파를 만들어내므로 뭔가를 밀어낼 필요가 없다는 뜻이죠. 오늘날에도 고성능 폭약은 대체로 다이너마이트 계열이며, 폭파 목적에 따라 나이트로글리세린에 암모늄이나 젤라틴을 배합해 만듭니다. 〈리썰 웨폰〉 시리즈에서 확인할 수 있듯 수류탄에도 고성능 폭약이 쓰입니다.

아시다시피 폭발물은 논란이 많은 주제입니다. 폭약은 대포, 불꽃놀이, 신호탄 등에 쓰이며 고대 중국부터(212쪽 참조) 오랫동안 쓰여 왔습니다. 하지만 좋은 일보다 나쁜 일에 쓰일 때가 훨씬 많았죠. 사람들은 대부분 폭발물이라고 하면 잘 통제된 채굴 발파 작업보다 전쟁이나 폭탄 테러범을 먼저 떠올립니다. 불과 마찬가지로 폭약은 위험한 하인인 셈입니다.

# 내연기관
## 효율성의 미학

　　보통 '효율성'이란 개념은 지루합니다. 누군가가 '효율성 극대화'가 필요하다는 말을 꺼내면 우리는 자기도 모르게 넌더리를 내며 한숨을 쉬게 되죠. 이 책의 목적은 인류의 발견과 발명 가운데 특히 흥미롭고 중요한 것들을 골라 소개하는 것입니다. 그런 만큼 몇 세기가 걸린 과학적 발전을 "수많은 사람이 이를 개선했다"라거나 "뒤를 이은 과학자들이 효율적으로 다듬었다" 같은 말로 후딱 정리하고 넘어가는 부분도 적지 않죠. 여러분이 이런 이야기에서 지루한 부분을 좀 건너뛸 수 있게 돕자는 것이 제 의도입니다.

　　하지만 아주 가끔은 효율성에 초점을 맞춰야 할 때도 있습니다.

　　증기기관 발명은 역사상 매우 중대한 순간이었습니다(216쪽 참조). 증기기관은 유럽 산업혁명을 이끌고, 급속도로 발전하는 도시의 굶주린 빈민을 먹여 살리고, 과학 혁명의 촉매 역할을 했죠. 하지만 실제로 증기기관차가 엔진을 돌려 움직이기 시작하는 모습을 구경하려면 샌드위치라도 챙겨 가야 할 판이었습니다. 에너지 전달 효율이 그리 높지 않아서 오래 걸렸거든요…. 증기 엔진은 외연기관입니다. 에너지원이 추진 메커니즘 바깥에 있다는 뜻이죠. 얼굴에 검댕이 잔뜩 묻은 화부火夫가 땀을 뻘뻘 흘리며 보일러에 석탄을 퍼 넣는 장면을 떠올려보세요. 이는 냄비를 올려놓은 가스레인지와 비슷합니다. 문제는 이 방식에서 많은 에너지가 낭비된다는 점입니다. 가스레인지의 경우에도 열이 확실히 냄비에 전달되기는 하지만, 상당량은 그냥 주방 안으로 퍼져나가죠.

가스레인지를 냄비 안에 넣을 수 있다면 상황이 훨씬 나아지겠죠. 그러면 모든 에너지를 활용해서 효율성을 극대화할 수 있습니다. 이게 바로 내연기관이 우리에게 선사하는 효용입니다. 하지만 석탄이나 나무처럼 효율이 낮은 연료로 내연기관을 만들기란 불가능에 가까웠습니다. 에너지를 충분히 얻으려면 엄청나게 많은 양을 태워야 할뿐더러 두 가지 다 너무 무겁고 부피도 크니까요. 그래서 1876년 4행정 내연기관을 발명한 니콜라우스 오토Nikolaus Otto는 다른 연료를 활용했습니다. 석유, 즉 가솔린이었죠. 오토가 만든 '4행정' 엔진은 간단히 말해 첫 번째 단계에서 공기와 가솔린을 섞고, 두 번째 단계에서 압력을 만들어내고, 세 번째 단계에서 연료 혼합물에 불을 붙이는 방식입니다. 마지막 단계인 배기행정에서는 연소에서 발생한 가스를 내보냅니다. 이 네 단계를 거치면 훨씬 힘찬 피스톤 운동이 일어나서 뭐가 됐든 당신이 원하는 기계를 움직여주는 거죠.

사람들이 움직이고 싶어 하는 기계는 참으로 다양했습니다. 1885년 카를 벤츠Carl Benz는 세계 최초로 완전히 자체 추진되는 차량인 '모터바겐Motorwagen'을 내놓았습니다. 자그마치 0.75마력의 엔진(오토의 것과는 다른 엔진이었지만요)이 탑재되었죠. 20세기로 넘어간 뒤에는 내연기관 덕분에 헨리 포드의 기념비적인 자동차 '모델 T'가 시속 65~70킬로미터라는 무시무시한 속력에 도달했고, 라이트 형제는 세상에 비행기를 선보였습니다(226쪽 참조).

이번에도 이야기는 그 이후 수많은 사람이 계속해서 효율성을 끌어올리고 있다고 정리됩니다. 이렇게 진보를 향한 행진은 계속됩니다.

# 전자
## 기본 중의 기본

지금 당신이 의자에 앉아 있다고 해도, 엄밀히 말해 의자에 '닿은' 것은 아닙니다. 사실은 '쿨롱 반발력Coulombic repulsion'이라는 마법의 힘으로 의자 위에 살짝 떠 있죠. 가장 사랑하는 사람에게도 영영 닿을 수 없습니다. 두 사람 사이에는 항상 전기장이라는 장벽이 존재하거든요(긍정적으로 보자면 손이 상대방 몸을 통과해버리는 일도 일어나지 않죠). 당신 몸을 이루는 모든 원자는 작은 행성처럼 핵 주위를 도는 전자를 거느립니다(요즘 밝혀진 바로는 궤도를 도는 행성이라는 비유가 딱 들어맞지는 않는다고 하더군요). 이 전자들은 음전하를 띱니다. 배우자의 몸, 의자, 바닥을 구성하는 모든 원자에도 음전하를 띠는 전자가 있고요. 그래서 같은 극의 자석 두 개처럼 당신 몸은 모든 사물과 거리를 유지할 수밖에 없죠.

우리는 한때 원자가 우주를 구성하는 가장 작은 단위라고 믿었습니다. 사실 '원자atom'란 단어 자체가 '자를 수 없다'는 뜻입니다. 그래서 케임브리지 과학자들이 처음으로 원자를 쪼갰을 때 어원상으로 오류가 발생한 셈이었죠. 이제는 원자 안에 전자, 양자, 중성자, 쿼크로 이루어진 활발한 태양계가 존재한다는 사실이 널리 알려졌습니다. 하지만 조지프 존 톰슨Joseph John Thomson(제 친척 아닙니다)이라는 과학자가 등장하기 전에는 아무도 이를 몰랐죠.

오래전부터 인간은 전기와 비슷한 무언가의 존재를 알고는 있었습니다. 전기뱀장어나 번개 등을 보고 눈치챘죠. 하지만 패러데이와 맥스웰의 심도 있는 연구(75쪽 참조)조차 여전히 전기의 영향만을 다뤘을 뿐, 여전히 그런 현상의 원인은 알려지지 않았습니다. 많은 사람이 짐작했던 파동이 아니라 '전하를 띤' 입자가 전기를 일으킨다는 사실을 밝힌 것은 톰슨이었습니다.

전자는 상상하기 어려울 만큼 작으며 음의 전하를 띠는 입자입니다. 전자를 잃거나 얻지 않은, 즉 이온화하지 않은 상태의 원자에서는 핵이 품은 양전하를 딱 상쇄할 만큼의 전자가 핵을 둘러싸고 있습니다. 하지만 여기서 놀라운 것은 이런 일이 일어나는 이유를 우리가 모른다는 점입니다. 왜 전자가 핵의 양전하를 정확히 상쇄하는 음전하를 띠는지 알려주는 법칙이나 설명이 아직 나오지 않았다는 뜻이죠.

전자는 극히 가벼우므로 쉽게 가속하고 잘 돌아다닙니다. 이런 특성의 장점은 전자를 사물에 발사할 수 있다는 데 있습니다. 이렇게 하면 원자 배열 같은 사물의 구조를 들여다볼 수 있거든요. 이를 활용해서 전자현미경이 생겨났고, 우리는 엄청나게 작은 물체의 엄청나게 자세하고 선명한 이미지를 얻게 되었죠.

지금까지 밝혀진 바에 따르면 전자는 우주를 구성하는 '최소' 단위 중 하나입니다. (아직은) 더 작게 쪼갤 수 없다는 뜻이죠. 하지만 끈 이론 학자들은(90쪽 참조) 이런 최소 단위조차 더 작고 끊임없이 진동하는 끈으로 이루어졌다는 가설을 지지합니다. 원자 안에 숨은 전자의 존재를 밝혀낸 톰슨은 한 가지 답이 영원히 옳다고 섣불리 결론지어서는 안 된다는 것을 다시 한번 증명한 셈입니다.

# 하버-보슈 공정
## 잘 알려지지 않은
## 최고의 아이디어

　사실 이 책에서 소개하는 개념들은 거의 다 익숙한 것일 가능성이 큽니다. 바퀴(206쪽 참조), 유일신론(284쪽), 세포 생물학(24쪽) 등은 모두 보편적 상식에 속하죠. 하지만 이 개념들이 아무리 대단해도 하버-보슈 공정이 미친 엄청난 영향에 비하기는 어려울 겁니다. 이것이 없었다면 세상 사람 절반이 굶어 죽을 뻔했거든요. 그런데도 이를 아는 사람은 많지 않습니다.

　식물이 자라려면 질소가 필요하지만, 식물은 공기에서 질소를 직접 흡수하지 못합니다. 대신 토양이나 비료에서, 대체로 수소와 질소가 결합한($NH_4^+$) 암모늄 형태로 흡수해야 하죠. 암모늄은 동물 배설물과 썩은 채소에 풍부합니다. 수천 년간 농부들은 새똥, 두엄, 쇠똥 등등을 활용해서 작물에 귀중한 질소를 공급했습니다. 하지만 20세기에 접어들면서 새와 소들의 부지런한 협조에도 비료가 부족해지고 말았습니다. 이대로면 농작물 부족으로 세계 인구가 급감할 참이었죠.

　여기서 프리츠 하버Fritz Haber가 등장합니다. 화학에는 르샤틀리에 원리Le Chatelier's Principle라는 법칙이 있습니다. 평형 상태인 계界에서 균형의 한쪽에 변화가 일어나면 그 계는 변화를 상쇄하는 방향으로 움직인다는 법칙이죠. 하버는 이 법칙을 활용해서 암모니아를 생산하는 방법을 고안했습니다. 암모니아가 니켈에 닿으면 분해된다는 것은 이미 널리 알려진 사실이었습니다. 여기 착안한 하버는 알맞은 온도(약 650도)와 높은 압력에서 철을 촉매로 사용해 수소와 공기 중의 질소에서 소량의 암모니아를 얻는 방법을 알아냈습니다.

화학 공장을 운영하던 카를 보슈의 도움으로 하버-보슈 공정은 비료를 대량 생산할 만큼 규모가 커졌습니다. 오늘날 전체 식품 생산의 절반가량에는 이 공정으로 생산된 비료가 쓰입니다.

하지만 하버는 세계 식량 부족을 해결하고자 팔을 걷은 위대한 박애주의자는 아니었습니다. 하버의 발견으로 생산된 암모니아는 비료뿐 아니라 폭발물(52쪽 참조)의 재료이기도 했습니다. 그래서 제1차 세계대전이 시작되자 암모니아는 순식간에 군수공장으로 실려가서 농부들은 구경도 하지 못했죠. 그리고 하버는 맹렬한 국수주의자였기에 독일을 위해 화학 무기를 개발하는 데 자기 재능을 쏟았습니다. 하버가 쓴 유명한 문장이 있죠. "평상시에 과학자는 인류에 속하지만, 전시에 과학자는 조국에 속한다." 이런 생각으로 거리낌 없이 개발된 하버의 독가스탄은 유럽 전역의 연합국 참호에 살포되었습니다.

세상에는 완벽한 영웅도 악당도 좀처럼 없으니, 하버의 이야기 역시 도덕적 회색 지대에 속합니다. 역사상 가장 위대하다고 할 만한 발견을 세상에 선사한 한 남자가 있었습니다. 하지만 그는 국수주의에 물든 무기 제조업자였고, 엄청나게 많은 사람을 죽이는 일에 기꺼이 일조했죠. 하버의 이야기는 더 넓게 보면 과학에도 적용되는 예시입니다. 좋은 일에 사용되면 상상을 뛰어넘는 이로움을 가져다주지만, 나쁜 일에 쓰이면 크나큰 해악을 끼친다는 뜻입니다.

# 중합체
## 플라스틱으로 만들어진 세상

　환경에 조금이라도 관심 있는 사람이라면 플라스틱이 문제라는 사실을 이미 안다고 봐도 무방하겠지요. 플라스틱은 바다를 더럽히고, 생분해되지 않는 쓰레기 산을 만들어냅니다. 게다가 우리는 매주 플라스틱 5그램가량을 먹는다고 합니다. 다들 이게 나쁘다는 건 알지만, 우리가 플라스틱에 의존해 살아가는 것도 사실이죠. 지금 주변을 둘러보며 플라스틱으로 만들어졌거나 플라스틱이 들어간 물건을 한번 헤아려보세요. 다 세기도 전에 잠들고 말 겁니다.

　좋든 싫든 우리는 이제 플라스틱 없이는 쉽게 살아갈 수 없게 되었습니다. 플라스틱이 비교적 최근에 발명되었음을 생각하면 정말 굉장한 일이죠.

　제가 아주 똑똑해서 뭔가 쓸모 있는 물건을 발명했다면 그 물건에 제 이름을 붙였을 게 틀림없습니다. 1862년 최초로 플라스틱을 만든 알렉산더 파크스Alexander Parkes도 바로 그렇게 했고요. 그는 면섬유를 산에 녹인 다음 식물성 기름을 섞어 만든 물질에 '파크신Parkesine'이라는 이름을 붙였습니다. 파크스에게는 안된 일이지만, 사람들은 이 이름을 깡그리 무시하고 이 최초의 플라스틱을 셀룰로이드라고 불렀죠. 셀룰로이드는 몇 가지 물건에 유용하게 쓰였는데(당구공과 빗은 아마도 플라스틱으로 만들어진 최초의 물건이었을 겁니다), 주류가 되지는 못했습니다. 사진과 영화 업계에서 한동안 쓰이기는 했지만요. 20세기 초에는 퍼스펙스Perspex와 베이클라이트Bakelite 등 좀 더 개선된 플라스틱이 등장했지만, 쓰임새는 매우 제한적이었습니다.

상황을 바꾼 것은 제2차 세계대전이었습니다. 세계 각국의 군대는 여기저기 쓰기 좋고 값싼 플라스틱의 장점을 깨달았죠. 깨지지 않는 물병, 베이클라이트 외피를 씌운 수류탄(점화 시에 나는 연기를 막아주는 역할), 금이 가도 조종사가 죽지 않는 비행기 유리 등 용도가 다양했습니다. 전쟁이 끝나자, 덩치가 커진 플라스틱 업계는 다음 활로를 찾으려고 합성수지로 된 눈동자를 이리저리 굴렸습니다. 그 시선은 결국 대중 소비재 시장으로 향했죠.

오늘날 플라스틱은 우리 삶의 구석구석까지 침투했습니다. 스타킹, 쇼핑백, 밀폐 용기, 절연테이프, 아동용 장난감(그리고 성인용 장난감), 스티로폼, 아크릴 물감을 비롯한 온갖 물건이 플라스틱으로 만들어집니다. 요즘 가장 눈에 띄는 플라스틱 제품은 음료수병이죠. 이 점을 생각하면 플라스틱병이 상대적으로 늦게 등장한 편이라는 사실은 꽤 흥미롭습니다. 탄산의 강한 압력을 견딜 만큼 튼튼한 플라스틱(페트.PET)으로 만든 병이 제조되기 시작한 것은 1973년이었거든요.

플라스틱으로 인한 폐기물과 환경 오염 문제가 넘쳐나는데도 플라스틱이 곧 사라질 기미는 전혀 없습니다. 오히려 반대로 플라스틱이 곧 미래가 되었죠. 나노기술, 최신 항공기, 스마트폰, 인공 보철물, 자동차, 3D 프린팅 등에 전부 플라스틱이 쓰이니까요.

그러니 플라스틱에 영영 이별을 고하고 싶다면 우리는 다용도 대체 물질을 하루빨리 찾아내야 합니다(플라스틱 결합은 자연에 존재하지 않으므로 플라스틱을 분해하도록 진화된 박테리아 같은 자연종은 없죠. 아직까지는…). 그러지 못한다면 바다는 무덤으로 변하고, 도시는 비닐봉지로 뒤덮이고, 우리 위장은 플라스틱으로 가득 차는 미래가 찾아오겠지요.

# 경구피임약
## 선택의 알약

　누구나 아이를 원하는 것은 아니지만, 성관계는 거의 누구나 원하죠. 여기서 수천 년 된 난제가 생겨났습니다. 어떻게 해야 연기를 내지 않고 불을 피울까? 재미는 보면서 부모가 되지 않을 방법은 뭘까? 그러려면 피임을 해야 합니다. 예전 사람들이 임신을 피하려고 동원한 갖가지 방법을 살펴보면 인간의 창의력에 감탄과 당혹감을 동시에 느끼게 됩니다. 돼지 방광으로 만든 콘돔만큼 섹시한 게 또 없다더군요. 성생활 좀 즐기고 싶다면 자궁 입구를 막을 레몬껍질이 필수고요. 또, 남자가 악어 똥을 바르면 그렇게 매력적일 수가 없답니다(고대 이집트인들의 데이트 팁).

　피임의 역사는 실수로 생긴 아기들의 역사나 마찬가지입니다. 현대에 들어서도 콘돔의 피임 성공률은 고작 80퍼센트에 불과합니다(주로 아무렇게나 끼우는 탓이죠). 그렇기에 1950년대 미국에서 처음 개발된 피임약의 등장은 세상을 바꾼 대사건이었습니다.

　아기 주변에서 30초만 보내보면 아기가 인생에 큰 부담이 될 수 있다는 걸 깨닫게 됩니다. 열심히 일하며 학교에 다니는, 아니면 막 직업전선에 뛰어든 젊은 여성에게 임신과 출산은 십중팔구 자기 앞길을 막는 운명의 장난으로 느껴질 테죠.

　엄마 역할과 직장생활을 성공적으로 병행하는 영웅적 여성들이 실제로 있기는 하지만, 세상 사람 대부분에게 이는 여전히 쉬운 일이 아닙니다. 그렇기에 피임약이 개발되기 전 섹스는 인생 계획이 휴지 조각으로 변할 위험을 감수해야 하는 모험이었습니다. 선택지는 금욕하거나 임신을 무릅쓰는 것뿐이었죠(물론 남자들은 그럴 필요가 없었고요). 여기에 사회적 압력과 인간의 자연스러운 성적 욕구가 더해져서 확실한 피임법이 없던 시대의 여성들은 저임금에 시달리거나 육아에 매일 수밖에 없었습니다. 그러니 1970년대까지 정계, 학계, 직장은 당연하게도 온통 남자들 차지였습니다.

이 상황을 바꾼 열쇠요? 경구피임약이었죠. 생물학적 관점에서 이 약은 에스트로겐과 프로게스테론 호르몬을 함유해 배란을 막도록 설계되었습니다(난자가 없으면 수정도 안 되겠죠). 이런 초기 피임약의 기능에 더해 현대적 '복합' 피임약에는 정자가 자궁에 도달하기 어렵게 하거나 수정란이 착상하지 못하게 하는 작용이 추가되었습니다. 한편, 사회적 관점에서 보면 피임약은 여성에게 선택권을 선사했습니다. 임신 여부를 스스로 결정할 방법이 생겨난 거죠. 이제 여성들은 노력이 허사가 될 위험 없이 의사, 변호사, 정치인 등 원하는 직업을 택할 수 있게 되었습니다.

딱 한 가지 원인이 혁신을 일으키는 사례는 거의 없습니다. 피임약 또한 마거릿 생어Margaret Sanger, 시몬 드 보부아르, 글로리아 스타이넘Gloria Steinem 같은 여성운동가들이 주도한 시대적 변화와 시기가 맞아떨어졌죠. 하지만 이 세상의 사회적·경제적 체계를 뒤집은 발명품을 하나만 꼽으라면 이 책에서 피임약보다 앞에 놓일 항목은 없을 겁니다.

# Physics

# 물리학

세상에 널리 퍼진 부정확한 통념이 하나 있습니다.
바로 철학과 종교는 '왜'를 따지지만, 과학은 '어떻게'에만
골몰한다는 것이죠. 하지만 물리학의 중심에는, 그리고
모든 위대한 물리학자의 마음속에는 '왜' 어떤 현상이
일어나는지 알고자 하는 강렬한 욕구가 있습니다.
물리학은 우주의 근본에 관한 학문입니다.
우리가 아는 모든 것을 뒷받침하는 법칙과 구조,
불가해한 작용을 다루죠.
물리학 연구는 우리 우주(더불어 다른 존재들의 우주…)의
얼개를 이해하고자 하는 시도입니다.

# 수학
## 숫자로 이루어진 메타버스

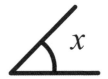

　생물학은 화학이고, 화학은 물리학이고, 물리학은 수학입니다. 수학자들의 말에 따르면요(자신이 평생을 바친 학문이 '물리학' 장에서 한 꼭지로만 다뤄진 걸 알면 분개하겠지만요). 우주의 구조, 지금 있는 것과 앞으로 올 것 모두 방정식과 연산으로 압축될 수 있다는 뜻입니다. 어찌 보면 잘된 일이죠. 인간은 수학을 잘하거든요. 까마득한 옛날부터 인간이라는 종은 점토판과 종이 위에서 춤추는 추상적 개념의 향연에 매혹되는 존재였습니다.

　사람들은 수학이 일종의 보편적 체계라고 여기는 경향이 있습니다. 원시인에게든 현대의 대학교수에게든 수학은 똑같다는 거죠. 하지만 엄밀히 말해 그렇지는 않습니다. 수학에서 '진법'은 사용할 수 있는 숫자의 범위입니다. 간단히 말해 숫자가 몇 개 있느냐는 거죠. 현대(인도-아라비아) 숫자 체계에서는 십진법을 씁니다. 0에서 9까지 숫자 10개가 있고, 그 숫자들을 조합해 더 큰 수를 만들죠.

　하지만 5000년 전 수메르 수학에 영향받은 바빌론인들은 육십진법을 썼습니다. 60은 여러 개로 쪼개기 쉬워 유용한 숫자입니다. 1분이 60초이며 원이 360도인 것은 바빌론 수학의 영향입니다. 직각과 평행선, 원의 개념도 육십진법을 쓰면 이해하기 쉽죠. 피타고라스, 제논, 아르키메데스 등 고대 그리스인들은 이전의 수학 개념을 따르면서도 이해의 폭을 크게 넓혔습니다. 유클리드는 수학 '공리', 즉 본격적으로 뛰어들기 전에 받아들여야 하는 불가침의 기본 규칙 개념을 정립했습니다. 연산자(더하기나 빼기 등)가 작동하는 방식뿐 아니라 "평행한 두 직선은 절대 만나지 않는다" 같은 규칙(무한대에서는 예외일 수 있지만)도 공리에 속합니다.

그렇다면 왜 학교에서는 아라비아 수 체계를 가르치는 걸까요? 사실 이유는 두 가지입니다. 첫째 이유는 아라비아가 수학적 측면에서 그리스의 계승자였다는 데 있습니다. 최대공약수를 구하는 '호제법', 방정식 등을 다루는 '대수代數', '평균', '자릿수'는 모두 이슬람 학자들이 만들어낸 용어입니다. 이런 뛰어난 개념을 접한 유럽인들은 그냥 인도-아라비아 숫자를 그대로 들여오는 편이 낫겠다고 판단했습니다. 한 예로 이탈리아 수학자 레오나르도 피보나치Leonardo Fibonacci는 자신의 저서 『산반서Liber Abaci』에서 이슬람 수학자들이 "유용함과 미래의 편리함을 내다보는 눈이 있었다"라고 했죠. 둘째로는 인도-아라비아 숫자에는 이전에 고려되지 않았던(아니면 최소한 따로 표현되지 않았던) 개념, 즉 '영'이 있었기 때문입니다. 원래 영은 단순히 자릿수 표기에서 빈 곳을 채우는 역할이었습니다. '1.0.0.0.2(10002)' 같은 식으로요. 하지만 시간이 지나며 '아무것도 없음'이라는 개념은 그 나름의 지위를 획득했죠.

수학적 사고 능력은 인간의 정신이 이룬 가장 흥미롭고 놀라운 성취에 속합니다. 수학은 공학과 건축부터 자연법칙에 이르기까지 모든 것을 떠받치죠. 나아가 어지러운 곳에는 질서를, 불안정한 곳에는 균형을 부여합니다. 여러 면에서 수학은 허구적인 언어지만, 그 자체로 숫자와 공리로 이루어진 형이상학적 우주이기도 합니다. 그렇기에 수학을 공부할 때는 뭔가 순수하고 진실한 것에 손을 뻗는 듯한 느낌이 드나 봅니다.

# 지동설
### 세상을 새롭게 바라보는
### 코페르니쿠스적 관점

인간의 오감으로는 세상이 원자로 구성된다는 사실을 알아낼 수 없습니다. 다이아몬드와 석탄이 같은 원소의 다른 모습이라는 것도, 인간은 몸이 움직이는 방식이 기록된 DNA가 담긴 세포로 이루어진다는 것도 알기 어렵고요. 이렇듯 과학은 때로 우리가 세상을 바라보는 방식 자체를 바꿔놓습니다.

'코페르니쿠스적 전환'만큼 이 말이 잘 들어맞는 예시는 없을 겁니다. 우주가 지구를 중심으로 돌지 않는다는 것을 밝힌 이론이죠.

과학을 전혀 모르는 사람 눈에는 지극히 당연하게도 태양이 우리 주위를 움직이는 것으로 보일 겁니다. 어쨌거나 태양이 하늘을 가로질러 움직이다가 밤이 되면 시야에서 사라지는 모습이 눈으로 확인되니까요. 더불어 발밑의 땅이 돈다는 느낌도 전혀 들지 않죠. 여기에다 천동설(지구가 우주의 중심이라고 보는 학설)이 기독교 교회의 공식 입장이었음을 고려하면 오랫동안 아무도 거기에 반박할 엄두도 내지 못한 것도 당연합니다.

니콜라우스 코페르니쿠스가 살던 시대에 주류였던 천문학은 로마 학자 프톨레마이오스Ptolemaeos가 정립한 이론이었습니다. 맨눈으로 관찰한 결과와 잘 들어맞았을뿐더러 행성의 움직임 예측에서도 상당히 정확했기에 프톨레마이오스의 천동설은 1400년간 살아남았습니다. 문제가 없으니 굳이 고칠 이유도 없었던 거죠.

하지만 코페르니쿠스는 허점을 발견했습니다. 아르키메데스의 글을 읽던 코페르니쿠스는 사모스섬 출신의 천문학자 아리스타르코스Aristarchos에 관한 짤막한 언급을 접했습니다. 아리스타르코스는 '태양'이 우주의 중심이라고 가정했죠(아르키메데스 본인은 이 생각을 웃어넘겼습니다). 고대 이슬람과 기독교 문화권에서도 그런 생각을 떠올린 학자들이 있기는 했지만, 깊이 파고든 사람은 없었습니다.

천동설에서 지동설로 흐름이 바뀌게 된 데는 실용적인 이유도 적지 않았습니다. 당시 쓰이던 율리우스력은 부활절 날짜에 심각한 오차를 일으켰습니다. 부활절이 점점 빨라진 것이죠. 아이러니하게도 원래 지동설에는 교회가 문제를 해결하기 위해 '그레고리력'으로 역법을 개혁할 때 도움을 주려는 목적도 있었습니다.

하지만 과학 역사상 그렇게나 유명한 개념 치고 코페르니쿠스의 실제 이론은 그리 굉장하지 않습니다. 실제로 그는 프톨레마이오스와 똑같은 자료에 다른 관점을 제시했을 뿐이었거든요. 덧붙여 아리스타르코스와 마찬가지로 행성이 일정한 속도로 원 궤도(실제로는 타원 궤도)를 그린다고 잘못 생각했죠.

물론 코페르니쿠스는 급진적이었지만, 천재성이라고 할 만한 점은 틀을 벗어나서 생각하는 능력뿐이었습니다. 지동설은 거의 반세기가 지나서야 갈릴레오에 의해 처음으로 증명되었습니다. 네덜란드에서 개발된 실용적 발명품인 망원경 덕분이었죠.

하지만 코페르니쿠스의 진정한 유산은 혁명적인 사고방식에 있습니다. 과학적 타성에 젖은 1400년이라는 세월에 아랑곳하지 않고 교회도, 일반적으로 용인된 이론도 무결할 순 없다는 사실을 보여주었으니까요. 코페르니쿠스는 우리가 사는 세상을 향한 경험적 호기심에 다시 불을 붙이는 데 앞장선 인물입니다.

# 뉴턴역학
덩치가 크면 사람을 끌어들인다

과학 역사를 살펴볼 때는 이야기 뒤에 숨은 사람들을 놓치기 쉽습니다. 아이작 뉴턴 또한 좀 더 자세히 들여다볼 필요가 있는 인물이죠. '뉴턴'은 고전물리학 전체를 대표하는 이름입니다. 다른 공로자도 수없이 많지만, 뉴턴의 이름은 우리 눈에 보이는 세계를 다루는 거시물리학과 동의어나 마찬가지입니다. 그래서 우리는 이를 뉴턴역학이라고 부르기도 합니다.

어린 시절부터 뉴턴은 눈에 띄게 특이했습니다. 반사회적이며 신랄한 독설가였고, 평생 거의 친구를 사귀지 않고 홀로 지냈습니다. 그러면서도 비판에는 몹시 민감하게 반응했죠. 한번은 윌리엄 챌로너라는 화폐 위조범이 당시 조폐국 감사를 맡았던 뉴턴에게 횡령 혐의를 씌운 일이 있었습니다. 뉴턴은 수단을 가리지 않고 수사에 매달려서 챌로너의 유죄를 입증했고, 챌로너는 결국 교수형을 당했습니다.

이렇게 유별나기는 했어도 뉴턴은 그 유명한 세 가지 '법칙'과 더불어 대단한 한 가지 개념, 즉 '중력'을 우리에게 선사했죠.

그중 첫 번째 법칙은 "정지해 있거나 등속으로 움직이는 물체는 다른 물체가 이를 막지 않는 한 그 상태를 유지한다"입니다. 간단히 말해 물체는 저절로 정지하거나 움직이지 않는다는 뜻이죠. 평평한 표면을 굴러가는 구슬이 언젠가 멈추는 것은 마찰력과 공기저항 때문입니다.

두 번째 법칙은 "물체에 가해지는 힘이 클수록 가속도도 커진다"

입니다. 슈퍼마켓 카트에 자동차경주용 엔진을 달면 가속도는 엄청나겠죠. 거대한 해일이 밀려오면 피해도 막대할 겁니다. 뭔가를 정말로 간절히 원하면 이루어지기도 합니다(네, 이건 물리학이 아니죠).

세 번째 법칙은 "작용에는 항상 똑같은 크기의 반작용이 따른다. 즉 두 물체가 서로 미치는 힘은 같다"입니다. 꼬리를 움직여서 헤엄치는 물고기를 상상해보세요. 물고기를 앞으로 밀어내는 힘은 꼬리가 물을 뒤로 밀어내는 힘과 똑같습니다.

암흑물질, 암흑에너지(92쪽 참조)와 마찬가지로 중력은 발견되었다기보다 상정된 것에 가깝습니다. 중력은 우주, 행성, 은하의 움직임을 다루는 계산에 필수적이죠. 다시 말해서 존재하지 않는다면 우주에 관해 우리가 아는 모든 지식이 다 말이 되지 않을 정도의 '근본적인 힘'입니다. 뉴턴은 질량이 있는 모든 물체가 서로 끌어당기는 힘이 중력이라고 설명했습니다. 큰 물체는 당기는 힘도 크므로 작은 물체는 더 큰 물체 쪽으로 끌려갑니다. 달은 중력의 영향으로 지구 쪽으로 당겨지지만, 양쪽의 궤도가 균형을 유지하고 있어 달이 지구로 추락하지 않습니다. 이 책은 아주 미미하게나마 당신 쪽으로 끌려가는 중입니다. 당신이 다른 사람 옆에 앉아 있다면 두 사람은 중력에 의해 상대방 쪽으로 끌어당겨지겠죠(체중이 더 나가는 쪽이 더 느리게). 물론 우리 주변에서 가장 무거운 존재, 즉 지구의 중력에 비하면 무시할 만한 수준이지만요.

뉴턴은 천재였습니다. 까다롭고 고집스럽고 까칠한 천재였죠. 뉴턴의 발상은 인간이 우주를 이해하는 방식을 바꿔놓았습니다. 이제 우리는 마법 같고 신비로운 신의 조화가 아니라 정밀하게 다듬어지고 섬세하게 균형 잡힌 역학 체계로 우주를 바라보게 되었습니다.

# 파동-입자 이중성

## 이도 저도 아닌 상태

뭐든 너무 진지하게 받아들이지 말자는 것은 꽤 괜찮은 인생 신조입니다. 어쨌거나 웃음이 만병통치약이라는 말도 있고, 우스꽝스러운 것은 무섭지 않은 법이니까요. 그러니 기회가 날 때마다 웃고, 모든 것을 우습게 여기세요. 이는 존재의 구조 자체에 새겨진 교훈입니다. 양자역학을 배우다 보면 우주가 우리를 놀리는 게 분명하다는 생각이 들거든요.

파동 대 입자 논쟁은 17세기까지 거슬러 올라갑니다. 당대 최고의 물리학자이자 토론 강자였던 아이작 뉴턴(70쪽 참조)은 빛을 광범위하게 연구했습니다. 프리즘, 굴절, 반사 등에 관한 그의 연구는 대부분 아주 정확했죠. 뉴턴은 빛이 입자(그는 이를 '미립자corpuscle'라고 불렀죠)로 이루어졌다고 가정했습니다. 하지만 가발을 즐겨 쓰던 네덜란드의 학자 크리스티안 하위헌스Christiaan Huygens는 전혀 다르게 생각했습니다. 하위헌스 또한 물리학의 거장이었습니다. 진자시계를 발명했고, 처음으로 토성의 고리를 관찰해 묘사했고, 망원경을 직접 개량해 성능을 개선하기도 했습니다. 더불어 뉴턴에게 맞설 만큼 대담했죠. 하위헌스는 빛이 파동 같은 특성, 즉 회절(파동이 물체 주변에서 휘어지는 현상)과 간섭(두 파동이 겹치면서 강화되거나 상쇄되는 현상)을 보인다는 사실을 알아냈습니다.

뉴턴과 하위헌스의 이론은 상반되었지만 둘은 서로 매우 존중하는 태도를 보였습니다. 파동과 입자라는 각각의 가설이 서로 배타적인

데도 특정 상황에서 두 가설이 모두 말이 되기 때문이죠. 300년이 지난 지금도 우리는 아직 답을 알아내지 못했습니다. 양자역학이 답을 정해 주지 않았거든요.

1801년 토머스 영Thomas Young은 유명한 이중 슬릿 실험을 선보였습니다. 이 실험에서는 빛을 아주 좁은 틈 두 군데에 통과시켜 스크린에 비춥니다. 실험 결과 각 슬릿을 통과한 빛은 스크린 위에 간섭 패턴을 만들어냈는데, 이는 파동의 특성이죠. 하위헌스가 선취점을 올립니다!

하지만 아직 끝이 아닙니다. 빛의 세기를 극도로 낮춰서 광자 한 개만을 슬릿 한 군데에 쏘아 보내면 문제가 발생합니다. 이때는 빛이 입자처럼 행동하거든요. 뉴턴이 동점을 만드네요!

진짜 이상한 현상은 이중 슬릿 실험에 관찰자를 추가해서 광자가 어느 슬릿을 통과하는지 알아내려고 할 때 일어납니다. 파동 같은 특성(간섭)을 보이던 빛이 돌연히 입자 같은 특성(입자로 이루어진 줄무늬)을 보이는 것이죠. 물론 하위헌스도 뉴턴도 이런 상황에서 승리를 주장할 사람이 아닙니다. 사실 이건 알려진 물리학 법칙 전체를 부정하는 당혹스러운 사건이죠. 어떻게 무언가가 파동인 '동시에' 입자일 수 있다는 말인가요? 어떻게 관찰 방식이 바뀌었다고 사물의 존재 양식이 완전히 바뀔 수 있나요? 이렇게 양자 세계는 매번 뒤집히고 달라집니다. 뚜렷한 이유도 없이 기대를 배신하죠.

만약 제가 유머 감각이 있는 신이라면 딱 이런 식으로 세계를 설계하지 않았을까 싶네요.

# 전자기
## 눈에 보이는 모든 빛

전기와 자기는 아주 오랫동안 우리 인간이 경탄으로 입을 딱 벌릴 수밖에 없는 신비로운 힘이었습니다. 인간은 자세히 모르면서도 그 두 가지가 연관되어 있지 않을까 하고 계속 의심했죠. 혹시 심심하거든 이를 증명하는 실험을 한번 해보라고 권해드립니다. 바깥에 자석을 가져다 두고 자석에 벼락이 칠 때까지 기다리세요. 그 뒤에 확인해보면 자석의 양극이 뒤바뀌었음을 알게 됩니다. 현대 이전의 사람들에게는 기이한 마법으로 보였겠죠.

이 두 가지 현상이 연결되어 있다는 사실이 제대로 증명된 것은 19세기 덴마크의 과학자 한스 크리스티안 외르스테드Hans Christian Ørsted가 나타난 뒤였습니다. 전해지는 (꽤 미심쩍은) 이야기에 따르면 외르스테드는 학생들에게 시연하려고 전기회로를 설치하다가 우연히 근처에 놓아두었던 나침반이 떨리는 것을 발견했다고 합니다. 나중에 외르스테드는 전류가 흐르는 곳 주변에는 반드시 자기장이 형성된다는 사실을 알아냈습니다. 이는 기념비적 사건이었습니다. 전 세계에서 충격받아 숨을 들이켜며 삼각플라스크를 떨어뜨리는 소리가 들려올 정도였죠. 뉴턴(즉 이미 확립된 물리학 체계 그 자체)이 예견하지 못한 현상이었으니까요.

평생에 걸쳐 이 현상을 설명하려 애쓴 물리학자들도 있었지만, 영국 학자 마이클 패러데이Michael Faraday는 이를 그냥 기정사실로 받아들인 다음 한 발짝 더 나아갔습니다. 자석이나 전기가 흐르는 전선을 서로 가까이 가져가면 계속해서 전기를 얻을 수 있다는(두 물체가 계속 움직인다는 전제하에) 사실을 발견한 거죠. 역학 에너지를 전기 에너지로 바꿀 방법을 찾았다는 뜻입니다. 1830년대에 패러데이는 최초의 다이너모, 즉 자력식 발전기를 만들었고, 이는 오늘날 쓰이는 현대적 발전기의 토대가 되었습니다.

또한, 패러데이는 전자기가 빛에 영향을 미친다는 점을 눈치채고 빛이 곧 전자기라는 가설을 세웠지만, 마땅한 근거는 찾지 못했습니다. 여기서 제임스 클러크 맥스웰James Clerk Maxwell이 등장하죠. 맥스웰은 전자기의 전파(이동) 속도가 빛의 속도와 일치한다는 점을 알아냈습니다. 뉴턴은 빛이 입자로 이루어졌다고 여겼는데, 이제 맥스웰이 다른 관점을 제시한 겁니다. 우리가 보고 즐기는 이 세상 모든 것은 전자기 덕분이라고요(하지만 오늘날에는 물리적 세계를 구성하는 요소 대부분이 입자인 동시에 파동이라는 사실이 알려졌죠).

본다는 행위는 다음과 같이 이루어집니다. 세상에는 항상 통통 튀며 온 사방을 돌아다니는 전자기파가 존재합니다. 때때로 그중 하나가 우리 눈에 튀어 들어옵니다. 전기장은 항상 꿈틀대며 '전하'를 이리저리 튕기므로 전자기파가 망막에 닿으면 안구 내의 전하가 흐트러집니다. 여기서 생겨난 전기 신호가 시신경을 통해 뇌까지 전달되죠. 우리 뇌는 이런 신호를 매우 좁은 범위로 한정해 받아들이도록 진화했고, 이렇게 해서 우리는 빛을 '보게' 되는 겁니다. 이론상으로는 우리 뇌의 배선을 바꾸면 완전히 새로운 시각적 경험이 가득한 세상이 펼쳐질 수도 있다는 뜻이죠.

그러니 다음번에 아름다운 풍경을 즐기거나, 붕붕 꼬리를 흔드는 강아지를 보고 미소 짓거나, 잠든 아이의 얼굴을 가만히 바라볼 때는 그게 다 전자기파 덕분임을 잊지 마시길 바랍니다.

# 지구
## 우리가 사는 땅의 구조

다들 삽 꺼내세요! 이제부터 땅을 팔 겁니다. 아주 깊게요. 솔직히 말씀드리자면 아주 재미있지만은 않을 거예요. 몇 미터만 들어가면 흙이 바위로 변해서 땀깨나 흘려야 하거든요. 하지만 파야 할 지각 두께는 고작 35킬로미터입니다. 이 정도는 괜찮죠? 그러고 나면 이제 내열복을 입어야 합니다. 아래쪽은 상당히 화끈하거든요. 피부를 녹일 만큼 뜨겁고 밀도 높은 암석으로 이루어졌으며 깊이가 거의 3000킬로미터에 달하는 맨틀은 상당한 난관일지도 모릅니다. 하지만 걱정하지 마세요! 거기만 지나가면 이제 땅 파기에서 해방되어 수영을 할 수 있거든요! 철과 니켈이 부글부글 끓는, 치유력이 끝내주는 온천에서요. 하지만 2000킬로미터를 헤엄쳐가야 하니 숨을 잘 참아야 해요. 그러고 나면, 휴! 이제 이 행성의 핵에 앉아 쉴 시간입니다. 달과 크기가 비슷하며 단단한 금속이 꽉 들어찬 공 모양이죠. 수고하셨어요, 여러분!

지구 표면에서 중심까지는 대략 6400킬로미터입니다. 인간이 가장 깊이 내려간 거리가 약 11킬로미터라는(잠수정을 탄 채로) 점을 생각하면 이 숫자가 체감될 겁니다. 지구 내부의 압력은 상상조차 할 수 없을 정도입니다. 지구 내부 구조에 관해 알려진 사실은 대부분 지진 관측으로 증명된 지식입니다. 암석의 액체 부분과 고체 부분을 지나는 충격파를 측정하는 거죠. 하지만 지구가 지금처럼 움직이려면 내부 구조가 어떤 식이어야 하는지 계산해서 추론하는 방법도 있습니다.

그렇게 추론한 구조 가운데 하나는 자기력과 관련되어 있습니다.

지구의 내핵은 액체 상태이며, 이 액체가 흔들리는 움직임이 일종의 발전기 역할을 해서 지구 자기장을 만들어냅니다. 나침반 바늘을 움직이는 북극과 남극이 생기는 것이죠. 질량이 지구의 10퍼센트밖에 되지 않는 화성은 온도가 훨씬 낮아서 액체로 이루어진 핵이 없습니다. 그렇기에 자기장이 아주 작죠. 한편으로 금성은 지구와 크기는 비슷해도 자전 속도가 너무 느려서 전자기 생산에 필요한 발전기 효과를 내지 못합니다. 지구에 자기장이 있어 우리는 운이 좋았던 셈이죠. 자기장이 없으면 오존층이 태양풍에 쏠려 사라졌을 테니까요. 대기가 없었다면 생명체는 제대로 피어나지도 못하고 자외선에 바싹 구워졌을 겁니다.

우리가 사는 행성을 이해하려는 노력은 지식의 폭을 크게 넓혀줍니다. 생명체의 존재 조건에 관한 실마리를 얻을 뿐 아니라 우주 전체를 고찰하게 되는 거죠. 힌두교에서는 지구의 나이가 155조 살이라고 하고, 기독교에서는 젊디젊은 6000살이라고 합니다. 과학적으로 밝혀진 바로는 약 46억 살이고요. 이 행성이 특정한 구조로 이루어져 생물에게 적합한 환경을 갖춘 돌덩어리임을 알게 되면 인간이 얼마나 운 좋은 존재인가 하는 생각이 듭니다. 우리가 사는 세상이 얼마나 깨지기 쉬운지 깨달으면 불안감도 생기죠. 하지만 모든 행성 가운데 유리한 패를 전부 쥔 것은 지구뿐이라는(우리가 아는 한) 사실이 왠지 뿌듯하기도 하네요.

# 열역학과 엔트로피
## 시간에 따른 가차 없는 쇠락

다음에 카페에 가거든 커피와 우유를 따로 달라고 해보세요. 자리에 앉은 다음 커피잔에 우유를 붓습니다. 소용돌이 패턴이 나타나겠죠? 흰색과 검은색이 섞이는 회오리를 가만히 바라보세요. 그리고 열역학 제2법칙을 관찰하세요. 빙글빙글 도는 우유 속에서 당신은 엔트로피 증가를 목격하는 중입니다. 처음에는 우유와 커피가 깔끔하게 나뉘어 있었죠. 두 가지를 섞자 혼돈이 발생합니다. 우유는 우유다움을 잃고, 커피는 이제 검은색이 아니게 됩니다. 대신 엔트로피의 영향으로 '화이트 아메리카노'라는 혼종이 생겨나죠.

열역학 법칙은 고전물리학의 주춧돌입니다. 열역학 제1법칙은 에너지란 생성될 수도, 파괴될 수도 없으며 어느 정도의 이동만 가능하다는(44쪽 '물질 보존법칙' 참조) 것입니다. 그런가 하면 제2법칙은 훨씬 마음을 무겁게 합니다. 모든 것은 결국 부서진다는 내용이거든요. 에너지는 흩어지고, 뜨겁던 물체는 차가워지고, 질서는 무너져 혼돈으로 변합니다. 즉 우리가 원래부터 알고 늘 목격하던 현상이죠. 현관문을 활짝 열면 엄마가 "아이고, 따뜻한 공기 다 빠져나가잖아!"라고 하시는 것도 엔트로피입니다. 시간이 지나면 생일 축하 풍선이 쭈그러들어 볼품없어지는 것도 엔트로피고요. 달걀을 떨어뜨린 당신이 끈적끈적 엉망이 된 바닥을 보고 당황하는 것도 엔트로피죠.

'엔트로피entropy'는 19세기 독일 물리학자 루돌프 클라우지우스 Rudolf Clausius가 처음 제안한 용어입니다. 고대 그리스어로 '안쪽'과 '변화'를 합쳐 만든 단어죠. 폐쇄계closed system(외부의 영향의 없는 닫힌 계)에서는 질서에서 혼란으로 변화가 일어납니다. 앞의 예에서는 커피 잔이 폐쇄계 역할을 합니다.

이 대단한 개념의 핵심은 열역학 제 2법칙에 따라 엔트로피는 항상 증가한다는(폐쇄계에서 평균적으로) 데 있습니다. 무슨 마법이라도 부리지 않는 한 커피에 섞인 우유 입자가 다시 합쳐져서 우유로 돌아가는 일은 없죠. 우유는 이제 영원히 사라진 겁니다. 침대 안에 뜨거운 물주머니를 넣었다면 주머니에서 열이 발산되어 침대로 전해지고, 침대는 주머니의 열을 전달받아 따뜻해집니다(평형 상태에 이를 때까지). 하지만 꼭 이래야만 할까요? 뜨거운 물체는 더 뜨거워지고 찬 물체는 더 차가워지는 세상은 없나요? 그럴 수 없다는 것이 열역학 법칙입니다.

엔트로피 법칙은 되돌릴 수 없는 일방통행입니다. 세상 모든 것은 항상 질서에서 혼돈을 향해 가죠. 이건 아마도 '시간'에 관해 인간이 떠올릴 수 있는 최고의 과학적 설명일 겁니다. 모든 물리 법칙은 '시간'을 돌려도 똑같이 적용됩니다(공이 올라갈 때나 내려갈 때나 운동 법칙은 변하지 않죠). 열역학 제2법칙만 빼고요. 엔트로피는 우리가 경험하는, 쏜살같이 흐르는 시간입니다. 수명이란(인간의 것이든 우주의 것이든), 대상이 산산이 흩어지기까지 걸리는 시간을 가리킬 뿐입니다.

# 특수상대성이론
## 나의 오늘은 당신의 내일

버튼을 누르면 불이 켜집니다. 화살을 쏘면 화살이 과녁을 맞힙니다. 약을 먹으면 몸이 나아집니다. 이게 원인과 결과죠. 과거와 현재고요. 모든 일이 깔끔하게 순서대로 일어납니다. 그래서 우리는 점진적으로 질서 있게 '과거, 현재, 미래'를 거치며 시간을 따라 움직일 수 있죠. 시간은 거침없이 앞으로 나아갑니다….

물론 알베르트 아인슈타인이 나타나기 전까지는 그랬다는 말이죠. 아인슈타인이 내놓은 특수상대성이론(1905년에 발표)에 힘입어 과학자들은 시간이 일정하게 흐른다는 '뉴턴식' 관점에 도전장을 내밀었습니다. 이제 시간이란 관측하는 사람의 위치와 이동 속도에 따라 완전히 달라진다는 것이 보편적 인식입니다.

시간은 상대적입니다. 아마 한 번쯤 들어봤을 법한 말이지만, 이게 정확히 무슨 뜻일까요? 우선은 물리적 기준점, 즉 기준틀frame of reference에 따라 우리가 움직임을 어떤 식으로 경험하는지 알아둘 필요가 있습니다. 예컨대 차를 운전할 때는 맞은편 차량이 자기 쪽으로 다가오는 것처럼 보입니다. 맞은편 차에서는 당신이 다가오는 것으로 보이겠죠. 보도에 선 사람에게는 양쪽 차가 서로 다가가는 모습이 보일 겁니다. 이 중에 다른 것보다 '더 옳은' 관점은 없습니다.

한편, 빛의 속도는 누가 어디서 보든 항상 같지요. 그러므로 우리가 사건을 경험하게 되는 때는 빛이 우리에게 도달하는 데 걸리는 시간에 따라서 정해집니다. 당신이 어떤 사건에서 멀어지고 있고 저는 더 가까이 있다면(또는 더 느리게 멀어지고 있다면) 당신은 그 사건을 저보다 더 나중에 겪게 된다는 뜻입니다.

더 가까이 있다는 이유로 어떤 사건이 제게 먼저 일어나는 것처럼 보인다면, 그 사건이 당신의 '현재'가 되기 전에 제 '과거'가 되는 셈입니다.

조금 서글픈, 다른 예를 하나 들어보죠. 오늘 밤하늘에 보이는 별 가운데 일부는 수백만 년 전에 이미 죽은 별들입니다. 머나먼 그 별에 가까이 살던 외계인에게 그 사건은 까마득한 옛일이겠죠. 밤하늘을 올려다볼 때 우리는 사실 과거를 들여다보는 것이나 마찬가지입니다.

사실상 특수상대성은 우리에게 큰 영향을 미치지는 않습니다. 이런 효과는 물체가 빛의 속도에 가깝게 움직일 때만 뚜렷하게 나타나거든요. 하지만 우리는 모두 같은 속도로 도는 돌덩이 위에서 인간다운 속도로 인간다운 일을 하는 인간일 뿐이죠. 그래서 시계는 째깍째깍 가고, 태양은 떠오르고, 우리 머리는 백발로 변합니다. 하지만 아인슈타인은 정말로 과학계를 완전히 바꿔놓았습니다. 시간은 일정하고 공평하게 흐른다고 여겨졌지만, 아인슈타인은 둘 다 아니라는 사실을 밝혀냈죠. 상대성은 GPS(230쪽 참조)와 원자시계를 정확히 유지하는 데 활용됩니다. 핵에너지 생산 방법의 핵심에도 관련되어 있고요. 덧붙여 상대성은 SF에서 흥미로운 소재로 쓰일 만한 여러 가지 문제를 제기합니다. 가령 우리가 광속에 가까운 속도로 항행하는 우주선을 본다면 그 안의 선원들은 우리 눈에 극도로 느리게 움직이고 천천히 나이 드는 것처럼 보일 테지요. 그런 할리우드 영화가 어디 있었던 것 같기도 한데요….

# 양자역학
## 좀비 고양이와 슈퍼히어로

마법은 좀 구식이잖아요, 그렇죠? 마법에 걸린 보석이나 방랑하는 마법사 이야기는 지겹도록 들었잖아요. 게다가 짜잔, 이제 기술 전문용어의 시대가 왔거든요. 지금은 양자, 나노, 특이점, 멀티버스, 패리티 비보존(소립자 수준에서 약한 상호작용이 일어날 때 반사적 대칭성이 유지되지 않는 현상 – 옮긴이)이 대세입니다.

"와, 어떻게 그렇게 강해졌어요?" 소년이 슈퍼히어로에게 묻습니다.

"음, 그건 말이지, 초공간 끈이 하이퍼스케일되어 양자 차원에 얽히면서 내 역장에 에너지가 슈퍼차지된 거란다."

이 책을 읽는 많은 독자 여러분께 '양자'란 '마법'과 동의어일 겁니다. 양자 세계란 말도 안 되는 일이 일어나는 곳이니까요. 광자가 '의지'를 품고 움직이며 파동이 입자처럼 행동하기로 마음먹는(73쪽 참조) 원자 속 세계죠. 그리고 다들 이걸 이해하는 척합니다.

양자역학의 표준 해석인 코펜하겐 해석에 따르면(맞아요, 양자물리학자들끼리도 의견이 갈린답니다) 양자 세계에는 세 가지 원리가 있습니다.

첫 번째 원리는 전자, 원자, 분자 같은 양자 객체는 관측 여부와 방식에 따라 변화한다는 것입니다. 말하자면 1935년에 나온 고전적 비유인 '슈뢰딩거의 고양이'인 거죠. 상자에 고양이와 일종의 독가스를 넣고 봉했다고 상상해봅시다. 상자가 닫힌 채로 관측되지 않으면(양자

물체가 대체로 그렇듯이) 고양이는 죽은 '동시에' 살아있게 됩니다. 상자를 열고 고양이를 '관측'하면 비로소 고양이는 죽은 상태, 또는 살아있는 상태가 되죠. 관측될 때만 한 가지로 정해진다는 점에서 모든 양자 사건은 이와 비슷합니다(양자 세계를 논할 때 '상식'이 얼마나 부질없는지 강조하기 위해 에르빈 슈뢰딩거Erwin Schrödinger가 일부러 어처구니없는 비유를 골랐다는 사실은 간과될 때가 많습니다).

두 번째 원리는 자연계에서는 그 무엇도 고정되지 않고 확률적으로만 존재한다는 것입니다. 우리 손을 구성하는 양자 객체들은 얌전히 정해진 자리가 없고 그저 있을 확률이 높은 영역이 있을 뿐입니다. 임의로 나타났다 사라지기도 하죠. 물론 손이 갑자기 통째로 사라져버리는 일은 일어나지 않습니다. 우리 손을 구성하는 무수히 많은 입자가 동시에 사라질 통계적 확률은 무한소에 가깝도록 낮기 때문입니다.

마지막으로, 특정한 계의 물리량을 동시에 알아내는 것은 불가능합니다. 이게 바로 베르너 하이젠베르크Werner Heisenberg의 '불확정성 원리'죠. 가령 특정 양자 객체의 운동량과 위치를 동시에 관측할 수는 없다는 말입니다. 둘 중 한 가지를 정확히 측정할수록 다른 한쪽을 측정하려 할 때 불확실성이 더 커집니다(그래서 둘 다 정확히 알아내기가 불가능하죠).

자료를 읽을 만큼 읽었는데도 저는 여전히 양자역학이 마법이라는 생각이 듭니다. 굳이 말하자면 '마법적인 과학'이죠. 뭔가가 떠오르고, 사라지고, 개구리로 변하는(통계적 확률이 지극히 낮다고는 해도) 현상을 과학적으로 그럴싸하게 설명해주는 이론이랄까요. 그러니 초능력을 써서 리모컨을 가져오는 연습을 계속하세요. 언젠가 양자 입자가 소원을 이뤄줄지도 모르거든요.

# 결합
## 나를 다시 온전케 하는 그대

배우자나 상사가 당신을 게으르다고 구박하거든 원래 그렇게 태어났다고 말하세요. 사실 우주 만물은 다 게으르거든요. 머나먼 별의 반짝임부터 우리 손톱 밑 피부까지 세상 모든 것을 구성하는 원자는 몽땅 나태하기 짝이 없습니다. 어떻게든 가장 낮은 에너지 준위에 도달하려고 애쓰니까요.

이 단순한 우주적 진실은 화학물질이 '결합'해서, 즉 한데 달라붙어서 복잡한 구조를 형성하는 이유를 설명해줍니다. 20세기에 이루어진 이 획기적인 발견은 신기술로 이어지는 문을 활짝 열었고, 그 덕분에 우리는 수많은 물질이 반응하는 방식을 알아내게 되었죠. 다이아몬드가 그렇게 단단한 이유나 전도체로 쓰기에 가장 좋은 금속이 무엇인지도요.

전자기의 발견으로 온 세상은 두 가지 전하, 즉 양전하와 음전하의 영향을 받는다는 사실이 밝혀졌습니다. 모든 원자의 핵 안에는 양전하를 띤 다수의 양성자가 있습니다. 이 양성자들은 야성의 외침 비슷한 것을 발산합니다. "세상의 전자들이여, 내게로 오라!" 전자는 음전하를 띠기 때문이죠. 이 전자기적 외침을 들은 전자들은 참지 못하고 다가갑니다. 전자들이 바로 핵에 뛰어들지 않는 이유는 상당히 복잡합니다. 모형과 양자역학적 확률, 각운동량에 달렸다더군요. 무슨 말인지 모르겠다고요? 저도 그렇습니다.

그러는 대신 전자는 운동에너지로 인해 껍질 또는 궤도를 따라 핵

주위를 돌게 됩니다. 가장 '안정된(즉 에너지 준위가 가장 낮은)' 상태가 되려고 모든 원자는 바깥쪽 껍질에 전자 여덟 개를(안쪽 껍질에는 전자가 두 개밖에 들어가지 않지만, 껍질이 하나인 원소는 수소와 헬륨뿐이죠) 꽉 채우고 '싶어' 합니다. 그래서 맨 바깥 전자껍질에 전자가 남거나 모자라는 화학물질은 남는 전자를 넘겨주거나 몇 개를 더 얻어오려고 하죠. 마치 서로서로 카드를 바꿔서 온전한 조합을 만들어야 하는 보드게임 같습니다.

이 행복한 전자 모으기는 결합이라고 불립니다. 예컨대 수소는 바깥쪽 껍질에 전자가 하나뿐이고, 산소는 여섯 개입니다. 그러니 수소 원자 둘과 산소 원자 하나를 합치면 기분 좋고 에너지 준위가 낮으며 안정적인 $H_2O$, 즉 물이 되지요. 이런 결합을 공유결합이라고 합니다. 이 외에도 결합의 종류는 다양하지만(이온결합, 수소결합, 런던 분산 London dispersion 등), 원리는 다 비슷합니다.

결합은 매우 중요합니다. 우리가 호흡하는 산소만 해도 안정된 $O_2$죠. 당신이 어쩌다가 산소 원자 한 개를 들이마시게 됐다면 그 원자는 체세포 일부를 뜯어내서 모자란 전자를 채우려고 할 겁니다. SF 소설에서 살인 플롯으로 쓰면 딱 좋겠네요. 화학 결합이 그토록 중요한 이유는 그 덕분에 엄청나게 다양한 물질이 생겨나기 때문입니다(태양계의 99퍼센트는 단 여섯 가지 원소의 결합으로 이루어졌답니다). 당신 주변에서 눈에 보이고 손에 닿는 모든 것이 안정된 화합물입니다. 맨 바깥 전자껍질이 꽉 채워진 채로 만족스럽게 늘어져 있다는 뜻이죠.

# 핵에너지
## 상상을 뛰어넘는 잠재력

　'핵'이라는 단어를 들으면 사람들은 대부분 버섯구름이나 체르노빌,〈심슨 가족〉에 나오는 '방사능 맨'을 떠올립니다. '핵'은 이미지가 좋지 않다는 뜻입니다. 핵 치약이나 핵 비스킷, 핵 콘돔을 사겠다는 사람은 없죠. 기술 면에서 보면 '핵nuclear'이라는 단어는 원자의 '핵nucleus'에서 나왔지만, 실제로는 에너지에 관련된 말로 쓰입니다. 1932년 과학자들이 최초로 원자를 쪼개는 데 성공했을 때 엄청난 가능성의 문이 열렸습니다. 막대한 에너지 생산으로도, 세상의 종말(298쪽 참조)로도 이어질 수 있는 문이죠.

　우주에는 4대 기본 힘이 있습니다. 모든 것을 움직이며 물리 계산에 커다란 영향을 미치는 힘이죠. 여기에는 중력(71쪽 참조), 전자기력(74쪽 참조), 강한 핵력, 약한 핵력이 들어갑니다. 그러니 우주를 구성하는 기본 요소 중 절반이 핵력인 셈입니다.

　핵융합은 아마 우주에서 가장 중요한 반응일 겁니다. 실제로 우주의 탄생에 관여한 반응(88쪽 참조)이거든요. 융합이 없었다면 세상에는 수소밖에 없었을 겁니다. 융합은 태양을 태양으로 만들어줍니다. 태양이 없으면 행성도 없고, 생명체나 화창한 여름날의 바비큐도 없겠죠. 핵융합은 두 가벼운 물질, 이를테면 두 수소 원자의 핵이 합쳐져서 더 무거운 한 가지 물질인 헬륨이 되는 것입니다. 이어서 헬륨은 탄소가 되고, 탄소는 산소가 되는 식이죠. 주기율표(50쪽 참조)를 채우는 다양한 원소가 생겨난 것도 융합 덕분입니다.

이렇게 말하면 아주 간단하게 들리지만, 실제로는 훨씬 까다롭습니다. 핵은 원래 합쳐지지 않으려 하기에 핵을 융합하려면 엄청나게 높은 온도와 압력이 필요합니다. 이를테면 별의 내부처럼요. 융합에서 에너지 생산에 직결되는 흥미로운 사실이 하나 있습니다. 가벼운 핵 두 개가 더 무거운 핵 하나로 합쳐지면서 전체 질량이 줄어든다는 것이죠. 다시 말해 사라진 질량이 있다는 뜻입니다. 바로 여기서 우리가 뽑아내 원자로에서 사용할 수 있는 커다란 에너지가 생겨납니다. 아니면 이 에너지를 풀어서 도시 전체를 쓸어버릴 수도 있죠. 수소폭탄도 이를 기반으로 만들어지거든요.

핵분열은 이와 비슷하지만, 순서가 반대입니다. 무거운 핵이 쪼개져서 가벼운 핵 두 개가 되는 거죠. 실행이 훨씬 쉽지만, 생산되는 에너지가 훨씬 적습니다. '훨씬 적다'고는 해도 나가사키와 히로시마를 초토화한 폭탄을 만들 정도는 되지만요. 사실 분열은 수소폭탄에서 융합 과정에 필요한 에너지를 공급하는 데 쓰입니다. 현대의 수소폭탄은 제2차 대전에서 쓰였던 폭탄보다 위력이 500배 강력합니다.

핵에너지는 어마어마한 파괴자인 동시에 미래의 크나큰 희망입니다. 한편으로는 에너지 위기를 일거에 해결해서 (잘 관리한다면) 안전하며 고갈되지 않는 에너지를 공급해줄 잠재력이 있죠. 하지만 다른 한편으로 그런 미래가 오기 한참 전에 열핵 폭발로 우리를 증발시켜버릴 위험도 있습니다.

# 빅뱅
## 크지도 않고 폭발도 없었지만

여기, 음… '옛날 옛적'에 어서 오세요! 우리는 형태도 없고 이해할 수도 없는 절대적 무無 안에서 헤매는 중입니다. 우리가 여기 온 지 얼마 되지 않았다고 말하고 싶지만, 시간이 존재하지 않습니다. 여기 참 조용하다고 말하고 싶지만, 소리 자체가 없습니다. 그런데 갑자기(물론 어디까지나 은유적인 시간 개념이죠) 꽝 하는 폭발이 일어납니다. 우주 탄생을 알리는 결정적인 폭발음(물론 은유적인 소리)이죠. 두근두근 설레는 마음으로 우주 역사상 가장 놀라운 존재, 즉 '우주'를 맞이하시죠!

빅뱅 이론의 등장은 수많은 과학적 발견의 역사에 한 획을 그었습니다. 우주가 어디에서, 언제(대략 137억 년 전) 왔는지 과학적으로 설명되는 순간이었기 때문이죠.

1949년 '빅뱅'이라는 용어를 처음 사용한 영국 천체물리학자 프레드 호일Fred Hoyle은 이런 말을 한 적이 있습니다. "말이란 작살과 같다. 일단 깊이 박히면 빼내기가 매우 어렵다." '빅뱅'의 사례도 이와 같죠. 1993년 과학자들로 구성된 위원회는 이 명칭을 바꾸려고 공모전을 열었습니다. 이 용어에는 틀린 점이 세 군데나 있었습니다.

첫째, 이 말은 원래 존재하던 공간에서 원래 존재하던 물질이 폭발했다는 인상을 줍니다. 하지만 실제로 빅뱅 이론에서는 모든 물질, 에너지, 공간, 시간이 상상할 수 없을 만큼 작고 조밀한 상태로 뭉쳐 있었다고 설명하죠. 둘째, '뱅(꽝)'이라는 단어는 격렬한 폭발을 연상시키지만, 사실 초신성 불꽃놀이 같은 일은 일어나지 않았습니다. 그보다는 '우주적 팽창'이 더 어울리는 명칭이죠. 풍선이 거대하게 부풀어오르는 장면을 상상하면 됩니다. 셋째, '빅뱅'은 사실 이 이론 자체를 깎아내리는 용어입니다. 원래 호일은 이 이론에 반대하며 말도 안 된다고 비웃기 위해 빅뱅이라는 말을 썼거든요.

1927년 벨기에의 가톨릭 사제이자 천문학자인 조르주 르메트르Georges Lemaître는 우주가 팽창한다는 논문을 발표했습니다. 하지만 주로 이론적 연구에 그쳤기에 널리 인정받지는 못했죠. 다른 물리학자들(아인슈타인을 포함해서) 또한 기존의 우주 '기원' 모형에 불만이 있었습니다. 하지만 이 팽창 이론은 1929년 미국 천문학자 에드윈 허블Edwin Hubble이 망원경으로 새로운 발견을 해내고 나서야 증명되었습니다. 간단히 말해 허블은 (거의) 모든 별이 지구에서 빠르게 멀어지고 있다는 사실을 알아냈죠. 멀리 있는 은하일수록 스펙트럼이 장파장 쪽, 즉 붉은색 쪽으로 치우친다는 적색편이를 발견한 겁니다.

그 이후로도 빅뱅 이론에 신빙성을 더하는 자료는 차곡차곡 쌓였습니다. 예를 들어 구소련 출신 이론물리학자 조지 가모프George Gamow는 현재 우주의 수소와 헬륨 농도를 활용해 빅뱅을 뒷받침하는 증거를 제시했습니다. 나아가 인류가 우주를 한층 깊이 탐험하면서(228쪽 참조) 빅뱅의 잔향으로 여겨지는 우주배경복사cosmic background radiation도 발견되었죠.

빅뱅 이론에는 아직 논란의 여지가 있으며, 특히 창조설 지지자들은 이에 반대합니다. 하지만 기원이 밝혀진다고 경탄과 경이가 사라지는 것은 아닙니다. 우주가 탄생할 때의 신비가 죽게 되는 것도 아니고요. 이론물리학(92쪽 참조)을 파고들수록 오히려 더 많은 수수께끼를 발견하게 될 테니까요.

# 끈 이론
## 모든 것을 하나로
## 묶는 한 가지 규칙

사람들은 해답을 좋아합니다. 마술의 비법이 무엇인지, 차에서 왜 이상한 소리가 나는지, 스릴러 영화의 범인이 누군지 알고 싶어 하죠. 철학자와 과학자들이 항상 우주의 '뒤'에 무엇이 있는지 알기를 원했던 이유도 바로 이것입니다. 세상을 이루는 가장 작은 기본 요소는 과연 무엇일까요? 고대 그리스에서 탈레스는 이를 물이라고 보았고, 데모크리토스는 원자라고 보았습니다. 중국 현자들은 기氣라고 생각했고, 인도 경전 베다에서는 근본적 힘인 브라만Brahman이라고 했고요. 우주를 이루는 근본 물질을 찾으려는 탐색은 지금도 계속되고 있으며, 요즘은 그게 바로 '끈'이라고들 합니다.

끈 이론은 좋은 의도에서 나왔으나 '과학 이론'과 '신념' 사이의 모호한 경계선에 걸쳐 있습니다. 끈 이론의 존재 의의는 세상에 존재하며 널리 알려진 과학을 전부 통합하자는 데 있습니다. 지금으로서는 양자역학이 작은 물체의 운동을 설명하고(82쪽 참조), 일반상대성이론(80쪽에 나오는 아인슈타인의 특수상대성이론에 중력을 덧붙여 확장한 것)이 아주 큰 물체의 작용을 설명하죠. 하지만 한쪽 규칙을 다른 한쪽에(이를테면 양자역학 법칙을 거시우주 세계에) 적용하려 하면 전혀 말이 되지 않는다는 점이 문제입니다. 물론 우주는 둘로 딱 나눠떨어지지 않고 큰 것과 작은 것이 동시에 공존하는 곳입니다. 그래서 『반지의 제왕』에서 사우론이 했던 말을 잠시 빌리자면, 모든 것을 지배하고 하나로 묶어줄 단 하나의 이론이 필요하다는 거죠.

현대 물리학의 절대반지 후보가 바로 끈 이론입니다. 혼란스러우며 상충하는 과학 이론들을 전부 수용할 만한 최선의 선택지이자, 우주 만물이 전부 끈으로 이루어졌다고 보는 이론이죠. 당신에게 초고성능 현미경이 있어서 전자 내부를 들여다볼 수 있다고 상상해보세요. 끈 이론에서는 이때 열리거나 닫힌 형태의 끈이 수많은 차원을 넘나들며 고유 주파수로 진동하는 모습이 보일 거라고 설명합니다. 이 고유한 진동이 입자의 종류와 특성을 결정한다는 거죠.

여기서 가장 큰 문제는 끈 이론을 증명하는 증거가 쿼크 한 톨만큼도 없다는 점입니다. 심지어 이걸 과학으로 쳐야 하는지에도 논란의 여지가 있죠. 이 이론을 시험해볼 유의미한 방법이 (아직까지는) 전혀 없기 때문입니다('블랙홀 물리학'이라는 기이하고 새로운 과학이 해답을 쥐고 있으리라는 희망은 약간 있지만요). 그렇지만 여기에는 충돌하는 두 가지 개념을 단순히 합치는 것보다 훨씬 큰 의미가 있습니다. 끈 이론은 우주를 이해하는 굉장하고 새로운 방법을 제공합니다. 양자역학과 일반상대성이론조차 극히 일부분에 불과할 정도로 포괄적이고 광범위한 이해가 새롭게 가능해진다는 뜻입니다.

게다가 끈 이론은 왠지 쿨해 보이고, 과학계에서 상당한 지지도 받고 있습니다. 하지만 증거가 전혀 없는 상황임을 고려하면 그냥 고대 인도 경전인 베다를 믿는 편이 나을지도 모르겠다는 생각이 들기도 하네요.

# 암흑물질과 암흑에너지
## 우주의 마법

아주 깊은 곳까지 파고든 물리학은 철학과 참 많이 닮았습니다. 암흑물질과 암흑에너지에 관해 곰곰이 생각하다보면 영적인 느낌을 받지 않을 수가 없으니까요. 자유롭게 나래를 편 물리학은 종교나 과학 소설에 가까운 결론으로 훌쩍 날아가기도 합니다.

암흑물질에 얽힌 이야기는 수수께끼 그 자체입니다. 암흑물질과 암흑에너지가 우주의 95퍼센트를 차지한다고 여겨지지만, 실제로 그게 무엇인지 우리는 전혀 모르거든요.

허블 망원경(1990년에 발사되었죠) 같은 발전된 과학기술 덕분에 우리는 아주 멀리 떨어진 은하까지 볼 수 있습니다. 더불어 그 은하들의 질량도 계산할 수 있게 되었죠. 여기서 물리학자들은 문제에 부닥칩니다. 이 계산 결과와 은하들의 실제 모습이 들어맞지 않았던 것이죠. 은하가 눈에 보이는 물질로만 이루어졌다면, 중력에 관한 과학적 지식에 비춰 생각할 때 가운데를 중심으로 도는 은하의 가장자리 속도는 실제보다 훨씬 느려야 합니다. 간단히 말해 우리 눈에 보이는 중력 효과를 설명하려면 약 다섯 배 큰 질량이 필요하다는 뜻입니다.

예컨대 1킬로그램짜리 설탕 봉지를 종이 상자에 넣고 뚜껑을 닫았다고 해보죠. 이제 이 상자를 저울에 올려놓았더니 무게가 5킬로그램이었다고 상상해보세요. 당신은 깜짝 놀랄 겁니다. 그리고 상자 안을 들여다볼 수 없으니 어느 시점에 어떤 식으로든 약 4킬로그램짜리 물체가 상자 안에 들어갔다고 추측하겠죠. 비유가 딱 들어맞게 하려면 그걸 '암흑 물체'라고 불러야겠네요.

어쨌든 이게 바로 암흑물질입니다. 한편, 암흑에너지의 존재는 조금 다른 방식으로 알려졌습니다. 우주가 한순간에 전부 생겨났다고 (88쪽 참조) 가정해보죠. 그렇다면 지구에서 멀어지는 천체들의 속도를 이론적으로 계산한 값과 적색편이 관측으로 알아낸 측정값이 일치해야 합니다. 하지만 그렇지 않았죠. 멀리 떨어진 천체의 붉은색 파장도, 멀어지는 속도도 예상한 값과는 달랐습니다. 이는 우리가 모르는 무언가의 영향으로 우주가 훨씬 빠르게 팽창한다는 뜻이었습니다.

여기서는 거대한 풍선을 부풀려야 하는 작은 개미를 비유로 활용해보죠. 이 개미가 아무리 당차고 꿋꿋하다고 해도, 진짜로 풍선을 부풀리는 데 성공했다면 당신은 아마도 뭔가 외부적인 도움이 있었을 거라고 짐작할 겁니다. 이 도움이 바로 암흑에너지입니다.

암흑물질과 암흑에너지 개념을 접한 사람들이 보이는 반응은 크게 두 가지로 갈립니다. 첫째는 기절할 듯 놀라고 감탄하는 것입니다. 차갑고 사람을 가르치려드는 과학만능주의 탓에 다 사라져버린 줄 알았던 마법이 갑자기 되살아나 세상을 채우는 느낌이 드는 거죠. 그런가 하면 철저히 불신하는 사람들도 있습니다. 제가 아는 공학자 한 명은 이렇게 단정하더군요. "암흑물질은 물리학자들이 지어낸 거예요. 자기네 계산이 들어맞지 않으니까." 이 책을 읽는 물리학자들의 심기를 거스를 만한 말이죠.

당신이 개종자이든 불신자이든, 인간이 우주를 이해하는 방식에 있어 암흑물질이 중대하고 흥미로운 질문을 새로 제시한 것은 틀림없는 사실입니다. 솔직히 저는 다시 대학으로 돌아가고 싶은 마음이 들 정도거든요.

# 시뮬레이션 가설
## 이 세상은 게임일까요?

가끔 친구들과 얘기하다 보면 누군가가 이런 말을 꺼냅니다. "아니 그런데, 이 세상이 그냥 시뮬레이션이면 어떡해?" 그러면 우리는 잠시 그 질문을 머릿속에 굴려보다가 결국 한숨을 쉬며 이렇게 말하죠. "아, 그래. 나도 어릴 때 시뮬레이션 게임에 푹 빠져 살긴 했는데, 그렇게까지 생각할 일은 아니잖아." 하지만 이 말에 늦은 밤 재미로 하는 사고실험 이상의 의미가 있다면?

이것이 바로 영국 철학자 닉 보스트롬Nick Bostrom이 최근 '모의실험 논증'에서 주장한 내용의 요지이며, 여기에는 심란할 만큼 신빙성이 있습니다.

인간의 의식 체계는 사실 그리 특별하지 않습니다. 놀라울 만큼 복잡하고 말도 안 되게 강력하지만, 궁극적으로 우리 뇌는 일종의 '컴퓨터 시스템'과 똑같이 작동하죠. 어쩌다 보니 생물학적 뉴런으로 이루어졌지만, 반도체 기반 프로세서에서도 같은 시스템과 구조가 완벽히 잘 돌아갈 겁니다. 그러니 최소한 인간의 의식이 초고성능 컴퓨터(아마도 고도로 발전된 문명에서 제작된)에서 돌아가고 있을 가능성은 있는 셈이죠.

지금까지는 다소 뻔한 이야기입니다. 〈매트릭스〉에서 다 봤던 거죠. 하지만 시뮬레이션 가설이 우리가 사는 세상을 정의하는 가장 그럴싸한 가설임을 증명할 수 있다면요? 음, 그러면 얘기가 달라지겠죠.

보스트롬의 주장은 다음과 같이 정리할 수 있습니다.

초고도 기술문명이 발달할 가능성이 극히 적다고 쳐도(이를테면 외계문명 10억 개 중 하나꼴), 그리고 그렇게 발달한 문명이 굳이 인간 같은 지성체를 시뮬레이션할 성싶지 않다고 쳐도 우리가 시뮬레이션 속에 살고 있을 확률은 여전히 놀라울 정도로 높습니다.

왜냐고요? 보스트롬은 확률론을 활용했습니다. 무한에 가까운 우주에 무한개에 가까운 문명이 있다고 가정하고, 그중에서 지성체를 시뮬레이션할 기술과 의도를 갖춘 문명이 딱 하나만 있으면 됩니다. 우리는 우주가 실제로 그만큼 크다고(실제로 무한하지 않다면) 합리적으로 추측하고 있으므로, 확률을 따져보면 하나 정도는 반드시 있기 마련이죠.

자, 이제 우리는 모든 시대를 통틀어 우주를 시뮬레이션했을 문명이 적어도 하나는 있을 확률이 상당히 높다는 점을 알게 되었습니다. 일단 어떤 문명이 시뮬레이션으로 지성체와 우리가 아는 모습대로의 우주를 창조할 수 있음을 인정하고 나면(지금 시점에는 불가능해 보이지만) 그 문명이 창조할 수 있는 시뮬레이션 개수에 사실상 한계가 없다는 점도 인정할 수밖에 없습니다. 컴퓨터 게임에서 순식간에 셀 수 없이 많은 '지성체'를 만들어낼 수 있는 것과 같죠.

이는 우주가 '진짜 지성체'와 '기술로 시뮬레이션된 지성체'로 구성되며 후자가 전자보다 훨씬 더 많다는 뜻입니다. 그렇다면 우리 또한 '진짜' 세상에서 생물학적으로 살아가는 초고도 문명이 아니라 시뮬레이션된 지성체일 가능성이 훨씬 큽니다.

이렇게 수학의 신비 덕분에 우리가 시뮬레이션일 가능성이 생각보다 크다는 것이 증명되었네요. 이걸 알고 나니 어떤 기분이 드나요? 이 질문에 대답하기 전에 감정이 다운로드되기를 먼저 기다려야 하려나요?

# Medicine

# 의학

현대 이전의 의학은 대부분 단순히 눈에 보이는 연관성을
적절히 활용하는 데 그쳤습니다. 이 식물을 먹으면 복통이
완화된다든가, 이 크림을 바르면 발진이 사라진다든가,
종기를 절개하면 부은 곳이 가라앉는다는 식이었죠.
사실 아무도 병원체의 존재를 몰랐기에 의학은 약이
작용하는 방식을 이해하는 것이 아니라 시행착오를 겪는
과정에 가까웠습니다. 그리고 자신은 그 착오의 사례가
아니기를 바라는 수밖에 없었죠. 물론 지금 우리는 약이
(대부분) 어떻게 작용하는지 알며, 의학의 장래도
아주 밝습니다.
의학은 아픈 사람을 치료하고 죽음을 좀 더 뒤로 미뤄주는
학문입니다.

# 중국 전통의학
## 아주 오래되고 아주 모호한 기술

16세기 중반 과학혁명이 일어나기 전까지 각 문화권에는 자기 나름의 의술이 있었습니다. 현미경이 없었으니 당연히 세포병리학도 없었죠. 세포병리학이 없는 의술은 기본적으로 연관성을 토대로 추측하는 작업일 수밖에 없었고요. 예를 들어 겨울에는 사람들이 감기에 잘 걸리고, 감기에 걸리면 점액이 나온다는 것은 누구나 아는 사실입니다. 그러니 겨울이 점액을 유발하고 점액이 감기를 유발한다는 믿음은 꽤 논리적인 추측이었죠(그래서 100쪽의 체액론이 생겨났습니다). 의사와 약초 전문가들은 원리를 모르는 채로 대체로 잘 듣는 약을 처방했습니다. 치통에는 향신료인 정향, 관절염에는 버드나무 껍질, 소화불량에는 석회암의 일종인 백악을 쓰는 식이었죠. 갈팡질팡하며 무수한 시행착오를 거쳐 그럭저럭 효과 있는 민간요법이 생겨난 겁니다.

예로부터 중국 전통의학(중의학)은 가장 널리 퍼진 의술 형태로 손꼽힙니다(중국이 워낙 크기 때문이기도 하고요). 지금까지도 세계 인구 상당수가 믿고 의지하는 의학이죠.

사람들은 '오래됐다'는 말을 '지혜'와 연관 지어 생각할 때가 많습니다. 산전수전 다 겪은 얼굴로 벤치에 앉아서 현자 같은 말을 툭툭 던지는 영감님처럼 말이죠. 실제로 민간 중의학 요법에는 상당한 지혜가 담겨 있습니다. 예컨대 침술은 허리 통증이나 관절염 등에서 효과가 증명되었죠. 태극권(288쪽에 나오는 도교의 정신 수련과는 이제 별개가 된) 또한 체력 증진과 정신건강, 통증 완화에 탁월한 효과를 보이기도 합니다. 오랫동안 전해 내려온 약재와 탕약에도 이제는 특정 증상의 완화에 도움을 준다고 밝혀진 활성 성분이 들어 있고요.

그러니 우리 선조들이 쓰던 의술에서 몇몇 심오한 지식을 얻을 수 있음은 사실입니다. 그렇지만 옛것은 옛 시대에 남겨두는 것이 나을 때가 많죠. '전통 약초 요법' 중에는 기껏해야 가짜 약과 별반 차이가 없는 것도 적지 않습니다. 최악의 경우 오히려 치명적인 부작용이 있는 약도 있고요.

오늘날 중국 공산당은 중의학을 공식적으로 승인했고, 매년 『중국약전』을 내놓습니다. 가정에서 전통 방식대로 약을 만드는 이들이 참고할 수 있도록 수많은 약재와 제조법을 망라한 책이죠. 헤스턴 블루먼솔Heston Blumenthal처럼 온갖 재료를 섭렵하는 유명 요리사도 기겁할 재료, 이를테면 말린 태반과 날다람쥐 똥, 그리고 물론 약장수들의 단골 메뉴인 뱀 기름 등을 써서 약을 만드는 법도 나옵니다.

『중국약전』의 문제는 희귀하거나 멸종 위기에 처한 동물을 재료로 쓰는 조제법도 실려 있다는 것입니다. 보약으로 쓰이는 표범 뼈나 코로나19에 좋다고 알려진 웅담은 구하기도 어렵고 비싼 재료죠. 중의학을 신봉하는 사람이 대략 25억 명에 달한다는 점을 생각하면 이는 멸종을 우려해야 할 만큼 심각한 문제입니다.

여러 면에서 중의학은 이 책에서 다룬 수많은 개념들과 공통점이 있습니다. 적당히 또는 잘 활용하면 해롭지 않고, 혜택까지 누릴 수 있죠. 하지만 그 영향을 깊이 생각지 않고 이익을 얻으려고만 하면 몹시 나쁜 결과를 맞이하게 됩니다.

# 체액론
## 피, 점액, 담즙

지나간 시대의 과학은 지금의 우리 눈에 우스워 보일 수도 있습니다. 패러다임이 바뀌면 사람들이 예전에는 어떻게 그런 말도 안 되는 소리를 믿었는지 상상하기 어려워집니다. 하지만 시간 여행자 로마인에게 현재의 미생물 이론, 즉 보이지 않는 세균이 우리 몸속을 떠다니는 백혈구와 싸운다는 이야기를 들려준다고 치죠. 그 사람은 우리가 좀 모자란 사람이라고 생각할 겁니다.

그렇다면 그 사람들은 뭘 믿었을까요?

체액론을 처음 만든 것은 그리스인, 그중에서도 히포크라테스였지만, 이를 널리 알린(그리고 로마제국 전역에 퍼뜨린) 것은 로마의 의사 갈레노스였습니다. 이 이론은 1000년 이상 서양 중세 의학을 지배했고, 그 영향은 지금도 우리 언어와 사고방식에 남아 있습니다.

갈레노스는 신체가 네 가지 '체액'으로 구성된다고 믿었습니다. 이 네 가지는 점액, 피, 검은 담즙, 노란 담즙이었죠. 건강이란 이 체액들이 몸 안에서 균형을 이룬 결과였습니다. 독감에 걸렸다고요? 그러면 점액을 제거해야죠! 머리가 아프세요? 거머리로 피를 뽑아내세요! 기분이 우울해요? 이 담즙 강장제를 드세요! 빈혈 탓에 힘들다고요? 피를 좀 더 뽑아낼게요! (이 마지막 치료법은 앞뒤조차 맞지 않죠.)

이 이론이 어떻게 나왔는지 이해하기는 어렵지 않습니다. 우리 인간은 매우 자주, 심지어 오늘날까지도 증상을 원인으로 착각하는 경향이 있거든요.

어쨌거나 이 네 가지 체액은 몸의 구성요소일 뿐 아니라 계절이나 원소, 장기, 성격 특성, 심지어 천체와 연관이 있다고 여겨지기 시작했습니다. 체액론을 기반으로 민간 전승이 새로 생겨난 것이죠. 봄에는 '좋은 피'가 생산되므로 사람들이 행복하고 건강해진다고들 생각했습니다. 춥고 독감이 도는 겨울은 곧바로 점액과 연결되었고요. 검은 담즙은 신장과, 피는 심장과 연관되었죠. 노란 담즙은 불, 점액은 물과 짝지어졌습니다. 피는 목성, 점액은 달의 영향을 받는다고 여겨졌고, 이외에도 예시는 수없이 많았습니다. 체액론이 일상적 사고방식에 놀랄 만큼 깊이 파고든 것이죠.

오늘날 영어에는 아직 체액론과 연관된 단어들이 남아 있습니다. 지금도 우리는 사람을 표현할 때 '점액질이다phlegmatic(침착하다)', '혈기왕성하다sanguine(피를 가리키는 라틴어에서 나왔으며 쾌활하고 낙천적이라는 뜻)', '담즙질이다bilious(성질이 고약하다)', '멜랑콜리하다melancholy('검은 담즙'을 가리키는 그리스어에서 나왔으며 우울하다는 뜻)' 같은 단어를 씁니다.

체액론은 19세기까지도 표준으로 받아들여졌지만, 결국 새롭게 등장한 세포병리학에 자리를 내주었습니다. 지금 생각하면 '기氣' 같은 동양적 개념과 비슷한 면이 있죠. 다양한 동종요법이나 뉴에이지 운동과도 겹치는 부분이 있고요. 하지만 당연하게도 거의 모든 질병에 거머리 치료법을 쓰는 의술이 독자적으로 살아남을 가능성은 거의 없었습니다.

계몽주의 철학자 볼테르는 이런 말을 했습니다(제가 아주 좋아하는 인용문이죠). "의술이란 자연이 질병을 치유하는 동안 환자를 즐겁게 하는 기술이다." 체액론이 오래 살아남았다는 사실이 이 말을 입증하는 증거가 아닐까 합니다.

# 마취
### 고통도 없고 (대개는)
### 죽지도 않아요!

　당신은 자는 둥 마는 둥 하다 뒤숭숭한 기분으로 깨어납니다. 발 상태는 더 나빠져서 이제는 누렇고 끔찍한 고름이 나오기 시작했네요. 때는 1710년, 괴저는 우습게 볼 병이 아닙니다. 의사는 당신에게 두 가지 선택지를 제시했습니다. 고통을 안고 살다가 결국 죽거나, 발을 절단하거나. 전신마취와 수술 후 진통제가 있는 현대에서 선택지는 누가 봐도 명백하죠. 발이 없어지는 건 안타깝지만, 죽는 것보다는 나으니까요. 하지만 1710년에 수술이란 인사불성으로 취해서 침대에 묶인 채 고통으로 기절하기만을 바라는 것이었습니다. 그 과정을 견뎌내면 더 많은 술과 수상쩍은 약초, 아랍에서 건너온 묘약으로 구성된 진통제를 받았죠. 고통이 조금 줄어들지는 몰라도 눈이 멀어버릴 위험성이 있었습니다.

　그러니 현대적인 마취법이 있는 편이 낫다는 데 동의하지 않는 분은 거의 없을 테지요.

　누군가가 정신을 잃게 하고 싶을 때 쓸 만한 방법은 대개 네 가지입니다(전부 외과의사들이 이미 써본 방법이죠). 첫째, 목을 졸라서 대상이 기절하되 사망하지 않을 정도로만 산소를 차단합니다. 둘째, 차갑게 얼려서 저체온 혼수상태에 들어갈 만큼 체온을 낮춥니다. 셋째, 덩치 큰 사람을 고용해서 대상의 머리를 때립니다. (집에서 이 방법들을 절대 따라 하지 마세요.) 넷째, 가장 지루하고 현대적인 방법으로, 약물을 사용합니다.

　중세 시대가 거의 끝날 때까지 사람들은 온갖 종류의 약을 만들어서 마취에 썼습니다. 맨드레이크, 벨라도나, 아편, 산비장이, 사리풀, 대마초는 모두 천연 마취제입니다. 당시에는 이런 약을 환자에게 먹이거나 '최면용 스펀지'에 적셔서 얼굴 근처에서 냄새를 피웠습니다. 마취가 잘 되면 기적적으로 고통 없이 수술받을 수 있었습니다. 제대로 안 되면 효과가 전혀 없었고요. 상황이 아주 나쁘면, 수술할 필요가 없게 되었죠….

　그러다 에테르의 등장으로 모든 게 바뀌었습니다. 16세기에 에탄올과 황산으로 에테르를 만들 수 있음이 알려지면서 의사들은 발 빠르게 에테르의 진통 효과에 주목했습니다. 하지만 사람들이 정말로 고통을 잊게 된 것은 에테르를 증기로 만드는 방법이 개발되고 나서였죠. 이와 비슷하게 웃음 가스, 즉 아산화질소 또한 사람들을 들뜨고 살짝 취하게 할 뿐 아니라 감각을 둔화해서 치과 치료나 수술을 덜 고통스럽게(너무 웃어서 문제일 수는 있지만) 하는 역할을 했습니다.

　한동안은 에테르와 아산화질소가 그런대로 효과를 보였지만, 사람들이 정말로 원한 것은 '정신을 잃게 하는' 약이었습니다. 클로로폼도 잘 듣기는 했지만, 사망률이 지나치게 높았죠. 그래서 얼마 지나지 않아 안전하고 더 효과적인 가스들이 속속 등장했습니다. 오늘날 의료 전문가들은 아산화질소에 세보플루란sevoflurane이나 할로탄halothane, 이소플루란isoflurane, 데스플루란desflurane을 섞어 사용하며, 정맥주사 마취에는 프로포폴을 씁니다.

　현대의 마취법이 위험성이 전혀 없는 손쉬운 기술은 아니더라도, 오늘날 수술로 사망하는 사람이 20만 명 중 한 명이라는 사실을 고려하면 수상쩍은 약초보다 훨씬 안전한 것만은 틀림없습니다.

# 백신

## 1796년 이래 무수한 인명을 구한 기술

인간은 더럽고 역겹고 자꾸 뭘 만지는 생물입니다. 그러니 위생 설비가 시원찮은 도시에 사람들을 밀어 넣으면 온갖 질병이 돌기 마련이죠. 초기 문명사회에서 사람들이 한데 모여 대도시를 이루기 시작한 이래로(135쪽 참조) 인간 사회에는 거의 항상 주기적으로 전염병이 창궐했습니다.

그래서 에드워드 제너Edward Jenner(1749~1823)가 처음으로 백신을 개발했을 때 전 세계는 안도의 한숨을 내쉬었습니다. 살면서 전염병을 걱정할 일이 별로 없는 현대사회에 살다 보니 우리는 백신이 얼마나 귀중한지 쉽게 잊곤 하죠.

한때 천연두는 가장 끔찍하고 치명적인 질병으로 손꼽혔습니다. 유럽산 변종인 소두창smallpox이 유행하면 전체 인구의 1~3퍼센트가 사망했죠. 한편 아시아에서는 천연두가 기승을 부렸고, 치사율이 50퍼센트에 달할 정도였습니다. 충격적일 만큼 흔한 병이었죠.

제너의 등장 이전, 세계 곳곳에서 사람들은 '인두법'을 써서 천연두에 대처했습니다. 살아있는 바이러스를 사람에게 옮기고, 바이러스가 순하거나 약해서 가볍게 앓은 다음 면역력을 얻기를 바라는 방법이죠.

말할 것도 없이 이는 위험한 방법이었습니다. 가볍게 앓는다는 걸 보장할 방법이 없기 때문이었죠. 제너의 업적이 그리 중요했던 이유가 여기에 있습니다.

영국인 제너는 주로 낙농업을 하는 시골 동네에서 일하는 의사였습니다. 진료를 보는 동안 제너는 소젖 짜는 여성들이 소두창에 거의 걸리지 않는다는 사실을 눈치챘죠. 더불어 이 여성들의 손에는 소가 걸리는 두창인 우두가 옮아서 생긴 물집이나 흉터가 있다는 점도요. 과학적 지식이 전혀 없었음에도 제너는 우두가 소두창의 약한 변종이며, 어떤 식으로든 이 여성들이 더 심한 병에 걸리지 않도록 면역력을 제공했다는 가설을 세웠습니다.

이어서 제너는 지금 했으면 교도소에 가고도 남았을 실험을 감행했습니다. 자기 정원사의 아들에게 우두를 감염시키고 얼마 뒤 다시 소두창을 감염시킨 것이죠. 결과는 대성공이었습니다. 제너에게도, 그 소년에게도(다행히), 인류에게도 말이죠.

초창기 백신은 불결하고 위험성도 적지 않았지만, 사람들은 그래도 백신을 맞았습니다. 잘못 맞은 백신 주사의 위험성과 천연두라는 훨씬 심각한 위험을 저울질한 다음 백신 쪽이 낫다고 판단했으니까요.

제너 이후 수십, 수백 년에 걸쳐 과학자들은 백신용 바이러스를 약화하거나(MMR 백신) 바이러스를 아예 죽여서 백신으로 쓰는(소아마비 백신) 방법을 알아냈습니다. 이제 백신은 안전하고 빠르며 간단해졌죠. 그러면서도 장애나 흉터, 치명적 질병으로부터 우리를 보호해줍니다. 오늘날 백신에 반대하는 음모론자들이 판치는 것은 아이러니하게도 백신의 성공을 보여주는 증표입니다. 심각한 전염병을 겪지 않은 지 너무 오래되어 사람들이 이 놀라운 의학적 성취가 얼마나 필수적이었는지 잊어버렸다는 뜻이니까요.

# 소독약
## 리스터 선생님

저희 집 욕실 수납장에는 의학 역사상 가장 위대하기로 손꼽힐 만한 과학자를 기리는 물건이 있습니다. 쓰고 나면 입안이 얼얼해지고 입냄새가 가시는 구강청결제 '리스테린'은 소독약의 아버지 조지프 리스터Joseph Lister(1827~1912)에게서 따온 이름이죠. 리스테린은 원래 리스터가 의료 기구를 소독하는 데 썼던 석탄산에 뿌리를 둔 제품입니다. 요즘 저는 구강청결제로 입을 헹굴 때마다 꼬박꼬박 리스터 선생님께 감사의 말을 전합니다. 선생님이 아니었다면 저는 이미 죽었을 확률이 높으니까요.

매일, 매 순간 우리는 기회를 노리는 세균에 폭격당합니다. 지금 우리 손에는 박테리아가 3000마리 이상 존재합니다. 문손잡이에는 박테리아 14종이 군집을 이루고, 컴퓨터 마우스는 변기 시트보다 5배 더 럽죠. 세상은 따뜻하고 촉촉하며 당분이 풍부한 우리 혈류 속으로 침투하고 싶어서 안달이 난 벌레와 바이러스로 가득합니다. 인간에게 피부가 있어서 천만다행이죠. 피부의 맨 바깥쪽에는 죽은 세포가 촘촘히 쌓여 만들어진 장벽이 있습니다. 물론 좀 역겹기는 하지만, 이것이 우리를 보호해주죠. 피부에서 나오는 유분인 피지는 박테리아 번식을 막는 천연 항균제이며, 땀은 수많은 세균을 씻어내립니다. 긁힌 상처가 생기면 우리 몸은 그 부분을 임시로 막고(딱지로), 그동안 피부는 손상을 스스로 회복합니다. 장하다, 피부!

하지만 어쩌다 무슨 이유로든 수술을 받아야 할 때는 피부 장벽이

뚫리게 되죠. 잠깐은 괜찮을지 모르지만, 이렇게 절개된 몸은 마치 전투 중에 방어막을 해제한 우주 전함과도 같습니다.

비교적 최근까지 의사가 피부를 절개하면 환자의 생명은 두 가지 위험에 노출되었습니다. 첫째, 공기 중의 침입자들에게 몸 내부로 가는 문을 내어줍니다. 둘째, 수술 도구가 박테리아와 바이러스를 몸속 깊이 쑤셔 넣습니다(아마도 훨씬 치명적이겠죠). 병원균이 할 일을 의사가 대신하는 거죠. 이런 사실은 몇몇 일화를 통해 알려졌습니다. 플로렌스 나이팅게일은 위생과 건강의 연관성을 밝혀냈습니다. 병동에 신선한 공기와 깨끗한 기구를 들임으로써 크림 전쟁에서 다친 이들의 상처에 세균이 들어갈 위험을 줄인 것이죠. 이와 비슷하게 헝가리 출신의 산부인과의 이그나츠 제멜바이스Ignaz Semmelweis는 손을 씻어야 한다고 주장했고, 영국 화학자 윌리엄 헨리William Henry는 열로 옷을 살균하려 했습니다.

하지만 소독약에 혁명을 일으킨 것은 외과의사 조지프 리스터였습니다. 세균 이론(30쪽 참조)을 배운 리스터는 물체 표면의 거의 모든 미생물을 죽이는 석탄산 스프레이를 발명했습니다. 그리고 단순하면서도 견실한 과학적 방식으로 효과를 증명했죠. 리스터는 자기 의료 기구를 살균하고 경과를 관찰한 다음 1867년 연구 결과를 발표했습니다. 이 덕분에 수술 후 감염 사망률이 60퍼센트에서 4퍼센트로 줄어들었습니다. 매년 수많은 사람이 리스터 덕분에 목숨을 건졌죠.

오늘날 소독약 없이 이루어지는 수술은 없습니다(적어도 제대로 된 수술이라면). 전 세계적 팬데믹 상황을 거치며 손 소독 젤은 늘 갖춰 둬야 하는 상비품이 되었고요. 현대에도 세균에 신경 쓰고 세균을 두려워하는 사람은 적지 않습니다. 그래도 이제 세균 탓에 죽을 가능성은 크게 줄어들었네요.

# 제왕절개
## 사망률 잘라내기

제가 장담하지만, 당신 주변에도 틀림없이 제왕절개를 받은 사람이 있을 겁니다. 오늘날 전 세계에서 약 20퍼센트의 아기가 수술로 태어나거든요. 몇백 년간 제왕절개는 그리 드문 일이 아니었지만, 눈에 띄는 차이점이 있다면 요즘은 수술을 받고 나서도 산모가 살아있다는 점이랄까요. 현대적 소독약(106쪽 참조)이 발명되기 전까지 제왕절개는 거의 확실한 사형선고였습니다. 그렇기에 이미 사망한 산모에게만 시행되었죠. '행운아'나 '태어나지 않은 자', '여자에게서 나지 않은 자' 같은 중세 시대 별명은 다 제왕절개로 태어난 사람을 가리켰습니다. 논나투스Nonnatus나 인제니토Ingenito 같은 라틴어 이름도 마찬가지였고요.

오늘날 수많은 제왕절개가 성공리에 이루어진다는 사실은 의학의 기적일 뿐만 아니라 인류 역사 내내 출산이 얼마나 위험한 일이었는지를 보여주는 증거이기도 합니다.

1600년대까지 임신부가 아이를 낳다 죽을 확률은 1~2퍼센트였습니다. 당시 사람들은 대개 자녀를 다섯 명 이상 두었음을 생각하면 어머니가 일찍 사망할 확률은 10퍼센트에 달했던 셈이죠. 슬프게도 낙후된 지역에 사는 수많은 여성에게 이 통계는 여전히 유효합니다. 하지만 더 심각한 문제는 산모 사망률이 높(았)을뿐더러 출산 중 태아 사망률이 한층 더 높(았)다는 것입니다.

제왕절개는 이런 통계를 뒤집는 단 한 가지 방법입니다. 역사적으로 제왕절개는 구원과 연결되었습니다. 중세 기독교 교회는 산모가 사망한 뒤 태아가 구원, 즉 세례를 받을 가능성이 있다면 제왕절개를 해야 한다고 주장했습니다. 상황의 긴급성을 고려해 산파가 대수술을 집도할 수 있도록 허용하는 몇 안 되는 예외였습니다. 더불어 안타깝게도 태아가 살아날 확률이 낮았으므로 세례를 줄 자격도 산파에게 부여되었고요. 여성에게 일찍부터 권한이 주어졌던 드문 사례였죠.

다행히도 현대적 제왕절개(1940년대에 시작)는 훨씬 경과가 좋았지만, 대수술이라는 점은 달라지지 않았습니다. 제왕절개는 대개 의학적 문제로 산모나 태아의 생명이 위험할 때 쓰는 방법입니다. 이런 상황에서는 제대로 시행되기만 하면 자연분만보다 제왕절개가 안전할 때가 많죠.

하지만 논란이 없는 것은 아닙니다. 미국 같은 선진국에서는 병원이 산모의 의사를 무시하면서까지 제왕절개를 남용하기도 한다는(보험회사에서 의사에게 지급되는 비용이 더 크므로) 비판이 있습니다. 세계보건기구의 권고에 따르면 의학적 문제 발생 확률을 참작해 전체 출산 가운데 10~15퍼센트가 제왕절개로 이루어지는 것이 바람직합니다. 하지만 미국 내 제왕절개 비율은 31퍼센트, 브라질에서는 40퍼센트에 달합니다.

산모의 선택권은 물론 중요하지만, 역사의 거대한 흐름이라는 관점에서 제왕절개는 없는 편보다 있는 편이 훨씬 더 이롭습니다. 그 덕분에 수많은 산모와 태아가 목숨을 건졌고, 이 책을 읽는 여러분 중에서도 제왕절개 없이는 태어나지 못했을 분이 많을 테니까요.

# 엑스선
## 해골이 보이는 마술

인류 역사 속 위대한 철학자, 과학자, 발명가의 커다란 공통점 하나는 바로 호기심입니다. 뭔가 신기한 일을 겪더라도 저 같으면 그냥 어깨 한 번 으쓱하면서 "거참 희한하네" 하고는 하던 일을 계속할 겁니다. 하지만 자고로 천재란 돌 밑을 들여다보고 닫힌 문은 죄다 열어봐야 직성이 풀리는 사람이죠. 의학 역사상 가장 혁명적인 발명 가운데 하나인 엑스선 또한 이런 끈질긴 호기심의 산물입니다.

1895년 독일의 물리학자 빌헬름 콘라트 뢴트겐Wilhelm Conrad Röntgen은 전구로 실험을 하던 중이었습니다. 지루하지만, 나름대로 중요한 연구였죠. 진공 방전이 일어나는 관 안에서 전자가 이동하는 음극선관을 연구하던 뢴트겐은 이상하고 예전에는 본 적 없는 유형의 방사선이 관에서 발산되는 현상을 포착했습니다. 더욱 기묘한 사실은 나중에 이 새로운 광선으로 추가 실험을 해본 결과 스크린에 자기 손의 뼈가 희미하게 비쳐 보였다는 것이었죠. 같은 해 크리스마스를 며칠 앞둔 연말 뢴트겐은 이 마술을 아내에게 써먹었고, 기겁한 아내는 이렇게 외쳤다고 합니다. "방금 내 죽음을 목격했어!" 뢴트겐 집안은 명절을 참 떠들썩하게 즐기네요.

그때까지 알려지지 않았던 광선이기에 뢴트겐은 여기에 'X'선이라는 이름을 붙였습니다(일부 집단에서는 한동안 '뢴트겐선'으로 부르기도 했죠). 100여 년이 지난 지금 뢴트겐의 놀랍고 신비로운 발견은 우리에게 일상이 되었습니다. 뢴트겐이 자신의 발견을 발표하고 겨우

2주 만에 엑스선은 병원과 치과에서 먼저 쓰이기 시작했죠. 하지만 당연하게도 엑스선의 부작용을 아는 사람은 없었습니다. 놀랍게도 병원에서 엑스선을 지나치게 사용한 탓에 피부 화상이나 출혈을 겪는 사례가 증가한다는 사실을 사람들이 깨닫기까지는 꽤 오랜 세월이 걸렸습니다. 1908년에는 가장 먼저 엑스선을 도입한 외과의 중 한 명이었던 존 홀에드워드John Hall-Edward가 손상된 팔을 절단해야 했던 일도 있었습니다.

간단히 말해 엑스선은 광자로 이루어진 전자기파 방사선입니다. 광자는 우리 몸의 연조직을 통과하지만, 딱딱한 부분(뼈나 치아, 또는 인체의 구멍으로 들어온 이물질)은 통과하지 못합니다. 지금은 최대한 안전하게 만든 엑스선이 사용되므로 단시간에 엑스레이를 너무 많이 찍지만 않으면 괜찮습니다.

고대 그리스어 '파르마콘pharmakon'은 독과 치료제를 동시에 나타내는 말이었습니다. 대부분의 약은 분량을 지켜서 쓰지 않으면 독이 된다는 생각이 담긴 말이죠. 엑스선도 여기 해당하는 사례입니다. 강도를 낮추면 귀중한 진단 도구가 되지만, 지나치게 누적되면 암을 유발하니까요. 하지만 이 이야기의 반전은 독까지 활용하는 인간의 독창성에 있습니다. 피부와 장기를 파괴하는 엑스선은 종양도 파괴할 수 있다는 사실을 발견한 거죠. 현재는 특정 암을 치료하는 데 방사선 요법(113쪽 참조)이 쓰입니다.

엑스선의 역사에서 가장 마음에 드는 점은 이것이 '우와!'라는 감탄사가 절로 나오는 우연한 발견이라는 것입니다. 당장 내일이라도 아마추어 과학자나 실험실 연구원이 우연히 세상을 완전히 바꿔놓을 발견을 해낼지도 모른다는 기대를 품게 해주거든요.

# 암 치료
## 암도 그저 질병일 뿐

똑같은 작업을 몇 년이고 계속 반복해야 한다면 누구나 여기저기서 조금씩 실수할 수밖에 없습니다. 우리 몸 안의 세포도 마찬가지죠. 모든 세포는 성장하고 분열하고 죽는 순환을 반복합니다. 당신이 이 페이지를 읽는 동안 당신 몸 안에서는 세포 1억 5000만 개가 죽었습니다. 쉰 살이 넘으면 죽은 뒤에 대체되지 않는 세포의 비율이 높아집니다. 세상에 태어난 뒤 당신 몸의 세포들은 셀 수 없을 만큼 자주 자신을 복제했습니다. 그러니 암이 더 많이 발생하지 않는 것이 놀라울 지경이죠. 암은 세포가 실수할 때, 즉 통제를 벗어나 마구 불어나며 멈추는 법을 잊을 때 생겨납니다. 결국 이 세포 덩어리는 종양이 됩니다. 그리고 이 종양은 언젠가 당신을 죽이겠지요.

하지만 이제 암은 예전처럼 강력한 최종 보스도, 입에 올리기 꺼려지는 터부도 아닙니다. 사실 너무 흔해진 나머지 암에 걸릴 확률이 절반에 달할 정도죠. 우리가 더 오래 산다면 아마 모든 사람이 한 번씩은 암에 걸릴 겁니다.

근대 이전의 암에 관해서는 기록이 별로 없습니다. 사람들은 대체로 암이 생길 나이가 되기 전에 죽었고, 종양은 다른 질병으로 생긴 증상이라 여겨졌기 때문이죠. 18세기 이후에 그나마 암 발병 사례가 기록되었지만, 치료법은 지푸라기를 잡는 거나 마찬가지였습니다.

1713년 이탈리아의 의사 베르나르디노 라마치니Bernardino Ramazzini는 수녀들의 유방암 발생률이 높다는 사실에 주목했습니다. 라마치니는 성교를 하지 않는 데 원인이 있으리라 추측했고, 이 추측은 어느 정도 맞아떨어졌죠. 지금은 출산 경험이 없는 여성이 유방암에 걸릴 확률이 높다는 사실이 알려졌지만, 아직 이유는 밝혀지지 않았 습니다.

현대 이전에 암을 퇴치할 가능성이 있는 유일한 방법은 암세포 제 거 수술이었습니다. 19세기 중반까지는 소독약이 없었으므로 당연하 게도 수술로 죽게 될 확률이 매우 높았습니다. 1800년대에 들어 수술 에 위생 혁명이 일어나면서 그나마 상황은 꽤 나아졌죠. 하지만 성공 여부는 암을 발견한 시기와 암의 종류에 달려 있었습니다(오늘날과 마 찬가지로).

엑스선(110쪽 참조)이 상용화되고 몇 달 안에 의사들은 방사선 이 특정 피부암을 수축시키거나 죽인다는 사실을 알아냈습니다. 그래 서 발 빠르게 엑스선을 암 치료에 도입했죠. 초창기에는 방사선량 조 절이 잘못되어 환자가 화상이나 출혈을 겪는 사례도 적지 않았습니다. 19세기 이후 지금까지 방사선 치료에서 가장 중요한 핵심은 선량 조절 과 정밀한 표적화 작업입니다.

세 번째로 등장한 획기적인 암 치료법은 1910년에 등장한 화학요 법이었습니다. 화학요법 약물은 세포를 죽이도록 설계되었으며, 암세 포뿐 아니라 정상 세포도 그 대상에 포함됩니다. 그래서 방사선 치료와 마찬가지로 초기에는 어설프고 위험했죠. 시간이 지나고 나서야 균형 잡히고 섬세한 적용이 가능해졌습니다.

오늘날 암은 사형선고가 아니라 평범한 질병으로 취급받을 때가 많습니다. 이 책을 읽는 여러분도 거의 틀림없이 암에 걸린 지인이 있 을 겁니다. 암에 걸렸다가 나은 사람을 아는 분도 상당히 많겠죠. 그러 니 역사적으로 지금이 참 살기 좋은 시대인 것만은 분명합니다.

# 현대 의약품
## '거대 제약회사'의 장점

　가정집에는 대개 '약상자'가 있습니다. 각종 상비약을 담아두는 이 상자에는 반쯤 남은 두통약, 해열제, 항히스타민제가 넘쳐납니다. 인류 역사 전체라는 관점에서 보면 이게 얼마나 진기한 일인지 실감하기 어렵겠죠. 하지만 시간을 몇 세기만 앞으로 돌리면 머리가 아플 때 먹을 약을 구할 곳이라고는 '약종상apothecary'밖에 없었습니다.

　물론 동네 약재상이 늘 믿음직스러운 것도 아니었죠. 거기서 파는 특제 '묘약(해당 가게만의 비법으로 만들었다는)'은 설탕물과 별반 다를 바가 없을 때가 많았습니다. 아니면 반대로 내장을 녹여버릴 위험도 있었고요. 주머니 사정과 위험을 선호하는 취향에 따라 선택지는 약재상에 가거나, 의사를 찾아가거나, 한잔 걸치러 술집에 가는 것으로 나뉘었습니다. 이것이 바로 의약품 관리법과 대규모 약품 생산이 그리 중요한 이유입니다. 그 덕분에 대중이 더욱 안전한 약을 구할 수 있게 되었기 때문이죠.

　16~17세기가 과학이라는 용암이 부글부글 끓는 시기였다면, 19세기는 격렬한 폭발의 시기였습니다. 화학자들이 화학물질을 합성하는 법을 알아낸 것도, 생물학자들이 다양한 질병(과 치료법)을 발견한 것도, 기업가들이 더 많은 물건을 더 짧은 시간에 생산할 새로운 방법(148쪽 참조)을 개발한 것도 모두 19세기였죠. 이를 기반으로 우리가 아는 대형 제약회사, 이를테면 독일의 머크Merck, 미국의 화이자Pfizer, 영국의 비첨Beecham(현재는 GSK) 등이 탄생했습니다.

가장 먼저 대량 생산된 약품으로는 아스피린이 있습니다. 아스피린을 처음 개발하고 특허를 낸 것은 독일의 제약회사 바이엘Bayer이었습니다. 아스피린은 의약품계의 금광이었으므로 다른 회사들은 이를 못마땅하게 여겼죠. 이들에게는 다행스럽게도 때마침 제1차 세계대전이 발발했습니다. 전쟁이 한창일 때 바이엘의 상표권이 만료되었고 경쟁사, 특히 미국 회사들은 상표권 갱신을 반대하고 나섰습니다. 그들은 이렇게 주장했죠. "독일 회사가 이런 이권을 독점하게 놔둘 수는 없는 노릇입니다." 그렇게 해서 경쟁자들은 잽싸게 특허를 훔쳐 이득을 얻었습니다.

이윽고 누구보다 먼저 신약을 개발해서 특허를 내는 것이 돈을 좀(많이) 만지기에 가장 좋은 방법이라는 사실이 분명해졌습니다. 주주들은 부자가 되고 세상 사람들은 더 건강해진다니, 자본주의적 성공의 이상적인 모습이었죠. 이렇게 해서 19세기에는 키니네(말라리아 치료제)와 아스피린과 각종 백신이, 20세기에는 인슐린과 비타민C와 페니실린이 세상에 나왔습니다. 오늘날 신약을 발견하거나 발명한 회사는 20년간 특허를 유지합니다. 20년 동안 시장을 지배하고, 경쟁에서 앞서고, 상표명(예를 들어 비아그라 등)이 보통명사처럼 쓰일 기회를 얻는 셈이죠.

제약회사들의 부와 권력, 냉소주의를 공격하는 것은 간단합니다. 이들은 거짓말을 퍼뜨리고 의심스러운 연구에 돈을 대는 등 떳떳하지 못한 구석이 많다고 알려졌죠. 하지만 '거대 제약회사'가 없다면 세상 사람들은 고통에 시달리게 될지도 모릅니다. 당장 약상자에 든 의약품을 하나도 쓰지 않고 1년을 버틸 수 있을까요? 치약도, 진통제도, 피임약(62쪽 참조)도 없는 세상은 완전히 다른 곳이 될 겁니다.

# 정신의학
## 저 아래 숨은 것 끄집어내기

　"인간이 겪는 질병 가운데 마음의 극심한 혼란보다 나쁜 병은 없으리라." 영국의 문필가 로버트 버턴Robert Burton은 수필집 『우울의 해부The Anatomy of Melancholy』(1621)에서 이렇게 썼습니다. 자기 정신건강을 소재로 삼은 버튼의 사무치는 글은 시대를 초월하는 공감을 선사합니다. 다른 정신질환과 마찬가지로 우울증은 인간 존재의 핵심과 맞닿아 있기 때문이죠. 버턴의 저서는 정신의학이 온전히 20세기의 산물이라는 주장을 반박하는 수많은 증거 가운데 하나입니다. 물론 알프레트 아들러와 지크문트 프로이트 등이 활동하기 시작한 뒤에야 '정신건강'이라는 개념이 화두로 떠오른 것은 맞습니다. 하지만 예전 사람들이 그런 개념을 전혀 몰랐다는 말은 옳지 않습니다.

　한편으로 정신질환을 이해하려는 옛사람들의 시도는 표면적인 데서 그칠 때가 많았던 것도 사실입니다. 인간의 뇌를 제대로 이해하지 못했던 옛 의료인들은 악마에게 빙의되었거나, 체액이 불균형해졌거나(100쪽 참조), 건드리면 안 될 신의 심기를 거슬렀을 때 정신질환이 생긴다고 설명했습니다.

　하지만 일부 문화권에서는 더 깊이 파고든 사례도 있었습니다. 인도 베다에서는 세 가지 구나guna(속성)로 이루어지는 정신적 균형을 강조했습니다. 고대 중국 의서인 『황제내경黃帝內經』은 신체적 질병과 더불어 다양한 정신적 질병을 명시적으로 다뤘고요. 고대 이집트인들은 정신건강이 심장에 깃든다고 생각했습니다. 현대 정신의학과는 다르지만, 생물학적 접근방식임은 분명했죠. 처음으로 '정신적 질병'이라는 말을 사용했던 것은 16세기 초 네덜란드의 의사였던 요하네스 비르 Johannes Wier('악마에 쒼 마녀'라는 미신을 믿지 않았죠)까지 거슬러 올라갑니다. 갈레노스, 이븐 시나, 르네 데카르트, 토머스 윌리스와 윌리엄 배티 또한 정신건강이라는 개념의 확립에 일조했습니다. 모두 근대 이전에도 일종의 정신의학이 존재했다는 증거죠.

하지만 현재 우리가 생각하는 정신의학의 토대를 마련한 것은 오스트리아인들이었습니다. 오스트리아의 의사이자 한때 프로이트의 스승이었던 요제프 브로이어 Josef Breuer(1842~1925)는 일종의 대화 치료법으로 '안나 O'라는 환자를 치료하는 데 성공했습니다. 안나의 정신적 문제를 끄집어내 살펴본 다음 합리적으로 해석하려고 시도한 것이죠. 하지만 '정신분석의 아버지'라 불리는 것은 단 한 사람, 프로이트뿐입니다. 프로이트식 정신분석은 사람에게 무의식적 욕구가 있으며 이런 욕구들이 서로 충돌한다는 기본 전제에서 출발합니다. 이 여러 욕구 사이의 갈등이 '신경증'을 일으키며, 그렇기에 정신의 균형을 되찾으려면 회상 치료 같은 다양한 요법이 필요하다는 것이죠. 프로이트의 첫 정식 저서이며 유아 성욕, 억압된 욕구, 무의식적 욕망, 분열된 자아 등을 주제로 삼은 『꿈의 해석』(1899)은 점잔 빼던 당시 사람들에게 엄청난 논란을 불러일으켰습니다.

지금도 프로이트식 정신분석은 유효하지만, 오스트리아식 심리치료는 경험적으로 더 탁월한 효과가 입증된 인지행동치료(CBT)와 '마음챙김 mindfulness'에 밀려 보조적인 역할만을 맡을 때가 많습니다. 어쨌거나 이제 다들 정신건강에 신경 쓰며 그 뒤에 숨은 심리적이고 신경과학적인 원인들을 이해하는 시대가 왔습니다. 그렇기는 해도 혹시 모르니 성미 나쁜 신은 건드리지 않는 편이 좋겠죠.

# 항생제
## 곰팡이 핀 빵은 먹지 마세요

당신은 친구 알렉스네 집에 차를 마시러 왔습니다. 지금까지는 꽤 즐거웠습니다. 잔잔한 대화와 편안한 의자, 맛있는 비스킷까지 다 마음에 들었죠. 조금 지나자, 알렉스가 일어섭니다.

"너한테 보여줄 게 있어." 알렉스가 말합니다. 5분 뒤 돌아온 알렉스는 뭔가를 손에 들고 있네요. 눈을 가늘게 뜨고 그게 뭔지 쳐다보던 당신은 흠칫합니다. '아, 이런. 알렉스, 또 그거냐.'

"내 박테리아 배양 접시 좀 봐줘!" 더러운 접시를 들이밀며 알렉스가 말합니다. 하지만 평소대로 신이 나서 떠들던 알렉스가 갑자기 얼굴을 찌푸리는군요.

"왜 이 부분에는 박테리아가 안 자랐지?" 한참 조용하던 알렉스가 말합니다. "세상에! 곰팡이가 내 박테리아를 죽이고 있잖아!"

역사상 가장 많은 사람을 살렸다고 손꼽힐 만한 발견은 바로 이렇게 이루어졌습니다.

알렉산더 플레밍은 운이 좋았습니다. 세상에는 수없이 많은 곰팡이가 있지만, 플레밍이 추출해서 페니실린을 만든 성분을 함유한 곰팡이는 페니실륨, 즉 푸른곰팡이뿐이거든요(원래 플레밍은 그 추출물을 '곰팡이 주스'라고 불렀는데, 그 이름으로 상품화됐다면 참 좋았을 테죠). 기본적으로 페니실린은 특정 박테리아(그람양성균) 세포벽에 구멍을 뚫어 부서지기 쉽게 합니다. 그러면 결국 박테리아는 터져버리고, 우리 면역 체계는 간단히 뒤처리만 하면 되는 거죠.

페니실린은 자연이 준 커다란 선물이지만, 그 선물로 세상을 바꾼 것은 인간의 독창성이었습니다. 그 인간이 알렉산더 플레밍은 아니었지만요…. 플레밍이 페니실린을 써서 치료한 것은 기껏해야 눈병 정도였습니다. 플레밍은 1929년 자신이 발견한 내용을 논문으로 정리한 다음 원래의 관심사였던 백신 연구로 돌아갔습니다.

10년 뒤 병리학자 하워드 플로리Howard Florey와 생화학자 언스트 체인Ernst Chain은 플레밍의 논문을 읽고 흥미가 생겼습니다. 그래서 광범위한 실험을 시작했죠. 1941년에는 얼굴에 심하게 감염된 상처가 있는 남성을 대상으로 첫 임상시험을 실시했습니다. 페니실린이 감염에 효과를 보여 대상은 호전되기 시작했으나… 페니실린이 떨어져서 시험이 중단되었습니다. 남성은 다시 병세가 나빠져 사망하고 말았죠. 하지만 이후 제대로 된 임상시험이 이어졌고, 결국은 확실한 결과가 나왔습니다. 페니실린의 효능이 입증된 것이죠!

이후 사람들은 더 생산성이 높은 페니실륨 변종을 찾으려고 애썼습니다. 희한하게도 일리노이주 시장에 있던 곰팡이 핀 캔털루프 멜론에서 우연히 찾은 종이 가장 적합했죠(지금까지도). 실험실에서 생산 기술을 개선하면서 페니실린은 그때까지 치명적이었던 폐렴이나 매독 등의 질병을 물리치는 데 쓰일 수 있게 되었습니다.

페니실린과 그 이후에 나온 항생제들은 수많은 사람을 죽인 천연두와 결핵(대부분)을 박멸했습니다. 항생제가 상용화되면서 상처 감염을 걱정하지 않고 장기이식이나 심장 수술 같은 길고 위험한 수술도 할 수 있게 되었죠. 이 모든 것이 역사를 통틀어도 몇 없을 위대한 과학적 우연 덕분입니다. 플레밍이 했던 (겸손한) 말이 딱 맞습니다. "나는 페니실린을 발명하지 않았다. 자연이 했다. 나는 그저 우연히 그걸 발견했을 뿐이다."

# 장기이식
## 귀를 좀 빌려주시면
## 손을 빌려드릴게요

인체에 관해 알면 알수록 우리 몸은 프랑켄슈타인의 괴물 같다는 생각이 듭니다. 신비롭고 지나칠 정도로 성능 좋은 뇌를 제외하면 인간의 몸은 그리 특별하지 않습니다. 혈액 몇 리터, 신경계(22쪽 참조), '장기'라고 불리는 다양한 세포 조직 덩어리가 전부죠. 가만히 생각해보면 날마다 열심히 타고 다닌 낡은 차와 큰 차이가 없습니다. 그리고 차와 마찬가지로 주행거리가 늘어날수록 여기저기가 삐걱대기 시작하고요. 심장이 약해지고, 폐활량이 떨어지고, 신장이 쪼그라듭니다. 그런데 장기의 내구성이 다할 때 죽음이 찾아오는 것이라면 장기를 새로 갈아 끼워서 죽음을 미뤄도 되지 않을까요?

장기이식은 이렇게 장기를 바꿔서 수명을 연장하려는 획기적인 시도였습니다.

인체에서 가장 큰 장기가 피부라는 것은 왠지 속임수 같지만, 엄밀히 따져서 사실입니다. 그러므로 '장기이식의 역사'를 논하면서 피부이식을 언급하지 않고 넘어가서는 안 되겠죠. 3000년 전 인도 문헌에는 당시에 이미 사형수의 시체에서 떼어낸 피부를 코에 이식하는 데 성공한 사례가 실려 있습니다. 로마의 의학 저술가 켈수스Celsus는 심지어 포경수술로 잘라낸 포피를 남은 주변 피부로 재건하는 방법을 기록으로 남겼습니다(음경이 작을수록 수술이 쉽다고 합니다).

첫 번째로 이식된 (속임수가 아닌) 장기는 각막, 즉 동공 앞쪽의 반구형 덮개 조직이었습니다. 1905년 오스트리아 안과의사 에두아르트 지름Eduard Zirm은 시력을 잃은 소년에게서 각막을 채취해서 알로이스 글로가르라는 환자의 다친 눈에 이식했습니다. 흰자위 부분의 결막 조직을 이용해서 꿰맸죠(이번 주제는 정말 흥미롭지 않나요?). 독특하게도 각막에는 '면역 특권'이 있습니다. 면역반응을 억제하는 화학물질이 집중된 곳이기 때문이죠. 그렇기에 '최초의 장기이식' 대상으로 안성맞춤이었습니다.

　피부를 절개하는 최초의 대규모 장기이식은 1954년 쌍둥이 중 한쪽이 자기 형제에게 신장을 기증해 진행된 수술이었습니다. 신장이 기능을 잃은 상태인 신부전은 고혈압, 당뇨, 유전적 기형 등의 원인으로 발생합니다. 신장을 이식할 때는 원래 있던 약해진 신장도 그대로 둘 때가 많습니다. 그래서 이론적으로는 신장을 다섯 개까지 가질 수 있죠. 기능을 잃은 신장은 아주 작게 쪼그라듭니다.

　그러나 1960년대에 면역억제제가 발명될 때까지 여전히 장기이식은 몹시 위험한 최후의 수단이었습니다. 그전에는 기증된 장기가 대부분 거부반응을 일으켰습니다. 몸이 이식된 장기를 이물질로 여겼기 때문이죠. 그래서 쌍둥이 사이의 신장이식이 성공률이 높았던 겁니다. 면역억제제가 생겨난 이후에는 폐(1963), 대장(1966), 간(1967), 심장(1967) 순서로 장기이식의 영역이 차츰 넓어졌습니다.

　최초의 심장이식은 역사적인 사건이었습니다. 인류 역사에서 심장은 늘 섬세하고 불가사의하며 영혼이 깃든 곳으로 여겨졌으니까요. 심장 박동은 우리가 누구인지를 정의하는 신호였고요. 그러다 타인의 심장을 품고 살아갈 가능성을 마주한 사람들은 인간으로 산다는 것이 어떤 의미인지 재고해야 할 처지에 놓였죠. 갑자기 인간의 몸은 예전보다 훨씬 덜 신비롭고 기계에 가까운 존재가 되고 만 겁니다.

# 체외수정

## 과학으로 채우는 희망

　상실감을 이해하지 못하는 사람은 없습니다. 가까운 사람의 죽음을 애도하며 한동안 싸늘한 슬픔에 잠겼던 사람도 많습니다. 우리는 사랑하던 사람을 그리워하고, 그들의 목소리와 손길을 다시 느끼고 싶어 합니다. 슬픔이란 한때 사랑으로 가득했던 마음의 공허함을 곱씹는 것이죠. 하지만 자신이 가진 적 없는 것에도 상실감이 느껴지는 이유는 뭘까요? 자기가 알지도 못하는 것을 어떻게 애도할 수 있을까요?

　사람들은 대체로 아이를 원합니다. 아이를 갖는다는 것은 인간의 집단 서사에서 (좋든 나쁘든) 매우 핵심적인 부분이죠. 그래서 자기가 아이를 가질 수 없다는 사실을 안 사람은 절망에 빠지기도 합니다. 오랫동안 불임에 따라붙었던 부정적 시선 탓에 이런 감정이 한층 증폭되기도 했고요. 한때 불임은 곧 수치였습니다. 아이가 없는 여성은 여자로서 실패작이라는 취급을 받았습니다. '석녀石女'라는 멸칭까지 있을 정도였죠. 그래서 불임은 우울증이나 고립, 또는 더 심각한 결과로 이어질 때가 많았습니다.

　물론 누구나 아이를 원하는 것은 아니지만, 실제로 아이를 원하는데도 가질 수 없는 수많은 사람(대략 전체 인구의 10~15퍼센트가 난임이므로 보통 생각하는 것보다 훨씬 더 흔한 문제입니다)에게 체외수정은 한 줄기 희망입니다. 체외수정은 유리 배양접시나 시험관에서 이루어지므로 체외수정으로 태어난 아기는 '시험관아기'로도 불리죠. 1959년 토끼를 대상으로 첫 체외수정 임신이 성공했고, 1978년에는 첫

시험관아기인 루이즈 브라운Louise Brown이 세상에 태어났습니다. 루이즈가 태어날 수 있었던 것은 영국의 두 산부인과의 패트릭 스텝토Patrick Steptoe와 로버트 에드워즈Robert Edwards의 공이었습니다. 스텝토는 난자를 자극하고 채취하는 더 좋은 방법을 개발했고, 에드워즈는 시험관에서 난자를 수정시키는 방법을 개선했습니다.

체외수정은 세 단계로 이루어집니다. 첫 단계는 난자가 여러 개 생산되도록 난소를 자극하는 호르몬 요법입니다. 두 번째는 바늘과 흡입 도구로 이 난자들을 채취하는 단계고요. 세 번째 단계에서는 난자를 수정시켜 며칠간 배양한 다음 가장 유망한 수정란을 자궁에 착상시켜 임신에 이르게 합니다(이상적으로는 닷새 뒤). 1970년대에 체외수정 성공률은 약 10퍼센트였습니다. 지금은 여성이 35세 미만이라면 거의 40퍼센트에 달하죠.

오늘날 세상에는 시험관아기가 대략 800만 명이나 있습니다. 스위스 인구와 비슷한 숫자죠. 하지만 여기에도 문제는 있습니다. 첫째, 체외수정은 굉장히 비싸므로 형편이 넉넉지 않거나 보험이 없는(또는 국민건강보험 급여 기준에 미치지 못하는) 부모는 시도조차 하기 어렵습니다. 둘째, 윤리적 문제도 두어 가지 있습니다. 버려지는 배아는 어떻게 되는 걸까요? 그리고 과학소설에 나오는 디스토피아에서처럼 유전자조작 아기가 등장할 가능성도 있지 않을까요? 셋째, 여전히 성공이 보장된다고 말하기 어렵습니다. 수많은 체외수정이 실패로 끝나며, 나이가 많아질수록 확률은 떨어지죠. 그럼에도 체외수정이 인간을 위한 기술인 것만은 틀림없습니다. 난임으로 고생하는 이들은 물론 한부모가족이나 동성 부부에게도 기쁨과 희망을, 온 세상에 더 많은 사랑을 전해주었으니까요.

# 나노기술
## 나노가 곧 미래다

과학소설에는 단골 소재가 많습니다. 레이저, 순간이동 기계, 양자 얽힘, 사이보그, 그리고 물론 나노기술 등이 있죠. 나노기술에 대해 알면 알수록 그럴 만하다는 생각이 듭니다. 말도 안 되게 굉장하거든요. 따지고 보면 고작 70년 전에 생겨났는데도 미래를 좌우할 기술로 보이죠. 기발하고 파격적인 다른 기술들과 마찬가지로 나노기술 또한 디스토피아와 유토피아 양쪽 모두로 이어질 수 있습니다. 분자 크기의 무언가가 우리 몸속을 떼 지어 돌아다니며 몸을 고치고 수선한다고 생각하면 놀라운 동시에 오싹합니다.

'나노'란 '어처구니없이 작음'을 효율적으로 줄여 말하는 단어입니다. 분자 수준에서 움직이는 모든 것을 가리키죠. 의료 분야에서 나노기술을 활용하는 것의 장점은 사물이 분자 수준에서는 복합체 상태일 때와 매우 다르게 움직인다는 데 있습니다. 예컨대 암을 구성하는 분자 하나를 표적으로 삼는 것은 암 자체를 노리는 것과 얘기가 완전히 다르다는 뜻입니다.

의료에 쓰이는 나노기술은 크게 두 가지, 즉 유기와 무기로 나뉩니다. 유기 나노입자는 약물 투여에 자주 활용되는 화학물질입니다. 현재 연구 중인 항생제 내성 문제 해결책이 좋은 예죠. 의심할 여지 없이 항생제(118쪽 참조)는 수많은 인명을 구했습니다. 하지만 수십억 년 동안 적대적인 면역 체계에 적응하며 진화를 거듭한 박테리아는 항생제에도 맞서 싸우기 시작했죠. 미국에서는 한 해에 300만 명이 항생제가 듣지 않는 질병에 걸립니다. 그리고 상황은 점점 나빠지고 있고요. 유기 나노기술을 활용하면 이런 박테리아에도 통하도록 지금 쓰이는 약을 개조할 수 있습니다. 나노기술로 항생제를 비롯한 의약품의 효율을 향상하는 것이죠.

무기 나노기술은 조금 다릅니다. 대개 금이나 자성 금속, '반도체 나노결정(SF에 나올 법한 이름이죠)'으로 만들어지는 무기 나노입자는 우리 몸 일부에 전자기적 특성을 덧입힙니다(네, 완전히 SF네요). 그러면 그 부분을 스캔해서 질병을 찾아내고 문제를 확인하기 쉬워지죠. 나노기술이 쓰이는 또 다른 분야로는 암 치료가 있습니다. 종양을 찾아가는 능력이 있는 나노입자 덕분에 의사들은 암을 더 효과적으로 찾아내고, 과학자들은 모든 세포에 작용하는 화학요법이나 방사선 치료(113쪽 참조)와는 달리 암세포만 공격하는 약물을 만들어낼 수 있게 되었습니다.

하지만 더 효과적인 약을 만들고 면역 체계를 든든히 보조하는 것은 나노기술이라는 멋진 세계의 맛보기일 뿐입니다. 앞으로 나노기술은 장기를 새로 만들거나 회복하는 데도 쓰이게 될 듯합니다. 나노입자는 신체조직을 치료하는 약물을 목표 지점으로 정확히 이끌 뿐만 아니라 원래 있던 장기의 구조를 본뜬 '생체 모방형 보형물'을 구성해서 자연스러운 재생을 유도하는 역할도 할 수 있습니다.

우리가 나노기술을 어디까지 활용할 수 있는지는 아직 모릅니다. 지금 당장은 단순히 기존 의료 기술을 개선하는 데 그치고 있죠. 하지만 미래는 희망적입니다. 나노기술로 더 튼튼하고 가벼운 소재를 만들어낼 수도 있습니다. 깨끗한 에너지를 생산하고 저장할 수도 있고요. 심지어 오염과 기후변화에 대처할 수 있을지도 모릅니다. 나노기술은 과학소설에서 묘사되는 미래로 인류를 데려다줄 지름길입니다.

# Society

# 사회

수많은 현대 진화론자(및 적지 않은 고대 학자)의 말을
믿는다면 인류는 원래부터 사회적인 종입니다. 다시 말해
상호 이익을 위해 협동하고 의사소통하는 무리 동물이죠.
하지만 우리가 사회적 종이라고 해서 사회를 이루고 사는
것이 쉽기만 한 일이라는 뜻은 아닙니다. 도시는 냄새 나고,
타인은 짜증스럽습니다. 그래서 인류는 무리 생활이
매끄럽게 흘러가게 해줄 갖가지 개념을 발명해야 했죠….
함께 사는 삶을 조금이라도 더 쉽게 해줄 대단한 발상들이
모여 이루어진 것이 바로 사회입니다.

# 인류 대이동
## 장거리 여행과 집단 학살

아주 먼 옛날로 거슬러 올라가면 인간은 모두 동아프리카에 살았습니다. 장난 좀 쳐보고 싶다면 가까운 탄자니아 영사관에 방문해서 여권을 받을 수 있는지 한번 물어보세요. 아마 15만 년 전은 너무 오래전이라 어렵다고 할 것 같지만요. 어쨌거나 최초의 인류(그러니까 모든 인종의 인간)는 전부 아프리카 출신이거든요. 진화상으로 우리와 가장 가까운 친척인 보노보, 침팬지, 고릴라가 아프리카에 몰려 산다는 것도 이를 보여주는 간접적 증거입니다. 뒤이어 수많은 화석과 현대인의 '유전자'라는 증거가 더해지며 확실히 밝혀졌죠.

하지만 우리가 알지 못하는 것은 인류가 처음으로 나무에서 내려온 이유입니다. 제가 제일 좋아하는 가설은 '술에 취한 원숭이 이론'입니다. 바닥에 내려오면 발효된 과일이 있으니 우리 조상인 유인원이 땅에 내려와 지내는 시간이 점점 길어졌다는 가설이죠. 그저 얼큰하게 취하는 걸 좋아했다는 겁니다.

현생 인류인 호모 사피엔스는 여러 '인간' 종 가운데 가장 최근에 출현한 종일 뿐입니다. 첫 두 종인 오스트랄로피테쿠스와 호모 하빌리스는 아프리카 우림의 고향에서 멀리 벗어나지 않았습니다. 나돌아다니기를 좋아하는 호모 에렉투스가 출현하면서 상황은 달라졌죠. 호모 에렉투스는 예전의 인간종과는 다른 세 가지 특징이 있었습니다. 첫째로 호리호리하고 힘이 세며 키가 컸습니다. 근조직도 달라져서 긴 여정을 견디고 고통을 참는 지구력이 크게 향상되었습니다. 둘째, 이들은 말을 할 수 있었습니다. 고고학적 증거를 살펴보면 호모 에렉투스가 말하기에 필요한 성대 구조를 갖추었다는 것을 알 수 있죠. 그러면 당연히 협업과 협동이 가능해집니다. 마지막으로 이들은 아늑한 동아프리카를 떠나려면 누구나 배워야 하는 기술, 즉 불 피우는 법을 알아냈습니다. 이렇게 해서 겨우 몇천 년 만에 호모 에렉투스는 유라시아대륙 전역에 퍼졌습니다.

처음 100만 년에서 200만 년 동안은 호모 에렉투스와 네안데르탈인들이 땅덩이 전체를 지배했습니다. 그러다 호모 에렉투스에서 진화한 우리가 등장했죠. 대략 10만 년간 호모 사피엔스와 네안데르탈인은 공존했지만, 어느 순간 네안데르탈인은 자취를 감추고 말았습니다. 어쩌다가 당신이 고생물학자 파티(아주 떠들썩한 모임이죠)에 참석하게 됐다면 이 시기에 관해서는 말을 아낄 필요가 있습니다. 논쟁이 첨예하거든요. 일부 학자들은 호모 사피엔스가 네안데르탈인을 노예로 삼고 죽였다고 생각합니다. 다른 이들은 두 종이 평화롭게 지내며 상호교배했으나 알려지지 않은 제3의 요인 탓에 네안데르탈인이 몰살당했다고 주장합니다. 저는 어느 한쪽 편을 들 생각은 없지만, 호모 사피엔스 화석이 발견되는 곳마다 다른 두 가지도 함께 발견된다는 사실을 말씀드리고 싶네요. 첫째는 엄청나게 많은 돌칼과 돌도끼, 둘째는 여러 동물 종의 신속한 멸종입니다.

인류 대이동에 얽힌 이야기는 참으로 흥미롭습니다. 초기 인류는 배를 만들어 폴리네시아제도와 오스트레일리아까지 건너갔습니다. 수십 년에 걸쳐 빙상을 건너 아메리카대륙에 도착했고요. 사막과 툰드라에, 습지대와 산지에, 메마른 땅과 비옥한 토지에 자리를 잡았습니다. 선사시대 인류가 나무막대와 석기만으로 전 세계에 뿌리내렸다는 사실은 우리가 자랑스럽게 여길 만한 대단한 이야기입니다.

# 가축
## 인간의 가장 좋은 친구(들)

몹시 추운 밤 당신은 어떻게든 몸을 데우려고 모닥불가에 다가앉습니다. 한 친구는 자기 창던지기 실력을 떠벌리느라 정신이 없고, 다른 친구는 벌써 코를 고네요. 음식을 집으려고 몸을 돌린 당신은 늑대와 눈이 마주칩니다. 몸집이 크고 탄탄하며 침을 질질 흘리는 괴물. 당신은 거대한 턱에 목을 물어뜯기리라 예상하며 몸을 한껏 움츠립니다. 하지만 아무 일도 일어나지 않습니다. 늑대는 근처에 가만히 엎드려서 거기 있던 정강이뼈를 갉아먹죠. 어둠 속에서 차츰 늑대의 존재에 익숙해지고 나니 이제 그렇게까지 무섭게 느껴지지 않습니다.

호모 사피엔스를 정의하는 특징 중에는 동물을 길들이고 가축화하는 능력이 있습니다. 일반적으로 인류가 최초로 키우기 시작한 동물은 개라고 알려졌습니다. 개는 사냥을 돕고, 집을 지키고, 남은 음식을 처리했죠(선사시대의 로봇청소기 같은 존재랄까요). 하지만 최근 연구에 따르면 인류는 개에 앞서 안정된 단백질 공급원으로 쓰려고 달팽이를 키웠을지도 모른다고 합니다(사람 머리만큼 크게 키울 수 있었다니 거참 귀여웠겠죠).

약 1만 2000년 전 중동에서 인간은 양과 염소를 가축화하기 시작했고, 머지않아 소에도 손을 뻗쳤습니다. 말을 길들인 것은 몇천 년 뒤, 그러니까 기원전 4000년경 유라시아대륙의 스텝기후 지역에서였고요.

가축이 인간의 삶을 바꿔놓았음은 말할 필요도 없을 겁니다. 이제는 밭을 갈아주는 소, 멀리까지 태워다주는 말, 사냥감을 잡아 오는 독

수리, 도둑을 쫓아내는 개, 아끼는 쿠션을 죄다 뜯어놓는 고양이가 생겼죠. 인간은 가축을 길들여서 얻은 우유, 달걀, 베이컨 등으로 균형 잡힌 식생활을 누렸고, 양털로 몸을 보온하고 가죽으로는 피부를 보호했습니다.

하지만 만사가 평화롭고 목가적이었던 것은 아닙니다.

우선 커다란 포유류들을 가까이 두고 산다는 것은 이종 간 전염병이 퍼질 위험이 커진다는 뜻이었습니다. 차이가 아주 큰 종 사이에서는 (쥐와 사람처럼) 대개 병원균이 옮기 어렵습니다. 하지만 사다리를 타듯 쥐에서 개나 돼지를 거쳐 사람에게 옮아가기는 훨씬 쉽죠.

둘째로 가축을 키우려면 특정 유형의 목초지가 필요합니다. 우리는 현대적으로 잘 정비된 시골 풍경에 익숙해진 나머지 자연이 얼마나 험한 곳인지 쉽게 잊곤 하죠. 하지만 끝없이 펼쳐진 숲, 거대한 습지, 바위투성이 산비탈이 땅의 원래 모습입니다. 숲을 베고, 물을 대고, 장애물을 치우고, 배수로를 파서 가축을 기를 땅을 마련하는 데는 수백 세대, 수천 년에 걸친 엄청난 노력이 들어갔죠. 심지어 오늘날에도 사람이 살 수 있는 땅 가운데 3분의 1이 가축을 기르는 데 쓰입니다. 그 결과 대규모 멸종이 일어났고, 해롭고 암울한 생물학적 단일화가 진행되었습니다. 한때 흥미롭고 다양했던 땅이 이제 소만을 위한 목초지로 변한 것이죠.

이런 문제가 있기는 해도 가축이 문명 발달의 전환점이었던 것은 분명합니다. 가축 덕분에 인간은 더 많은 일을 더 효과적으로 해낼 수 있었죠. 문명이라는 구조물은 황소의 등 위에 세워진 셈입니다.

# 결혼
## 성관계의 합법화

유럽 계몽주의 시대의 석학인 임마누엘 칸트는 결혼이란 "생식기와 신체의 상호적 사용에 대한 쌍방의 동의"라고 정의했습니다. 재미있게도 칸트 자신은 결혼하지 않았죠. 어쨌거나 칸트의 말은 디즈니 영화의 로맨스와는 거리가 멀기는 해도 꽤 예리하게 정곡을 찔렀습니다. 상당히 최근까지 인류에게 결혼은 성관계, 그리고 무엇보다 그 결과로 생기기 마련인 자녀를 합법화하기 위한 장치였기 때문이죠. 성교 허가 또는 성욕 해소를 위한 면허였던 셈입니다.

결혼은 역사가 처음 기록되기 시작하던 시대에도 존재했습니다. 4000여 년 전 고대 바빌론에서는 일부일처제가 표준이었으며 결혼법에는 여러 제한이 있었습니다. 그리고 다들 짐작하시다시피 이 법은 여성혐오적이었죠. 아내가 바람을 피우다 들키면 아내와 애인은 물에 던져집니다. 남편이 똑같이 하면요? 그건 불륜으로 간주하지도 않습니다(오늘날에도 배우자 강간이 법적으로 허용되는 나라가 꽤 많다는 사실을 짚고 넘어갈 필요가 있겠네요).

여러 종교 당국에서 개입하기 이전의 결혼은 신기할 정도로 격식이 없었습니다. 지역마다 풍습이 다르기는 했지만, 대체로 결혼하려면 서로간의 동의(또는 가족의 동의)와 증인만 있으면 되는 곳이 많았죠. 술을 몇 잔 걸치면 입을 함부로 놀리지 않도록 조심해야 했습니다. 그러지 않으면 정신을 차렸을 땐 이미 결혼을 하고 난 뒤일 수도 있었으니까요. 이렇게 격식이 없었던 만큼 다툼이 일어나는 사례도 적지 않았습니다. "넌 그 여자랑 결혼 못 해! 그 여자는 내 아내라고!"라든가 "야, 개는 네 사촌이잖아. 그건 좀 그렇지." 같은 식이었죠.

이런 이유로 유럽에서는 교회가 나섰습니다. 사회가 발달하면서 사람들은 제삼자인 심판이 필요해졌죠. 그래서 원래는 민법의 소관이 었던 영역을 교회가 느리지만 확실하게 이어받게 되었습니다.

하지만 사랑하기에 결혼한다는 생각은 우리 조상들에게는 낯선 개념이었습니다(지금도 그렇게 여기는 문화권이 적지 않고요). 물론 사랑해서 결혼하면 기분은 좋을 테고, 헌신적인 연인이라는 개념은 플라톤의 저서나 인도 베다, 프랑스식 기사도 연애, 낭만주의 시에서도 찾아볼 수 있습니다. 하지만 인류 역사에서 결혼은 대체로 후계자에게 정당성을 부여하거나 '가정'이라는 이름의 사회복지 체계를 마련하기 위한 제도였죠. 남편 또는 아내는 몸이 아프거나 일자리를 잃거나 늙었을 때를 대비한 궁극적인 보험이었습니다.

오늘날 결혼은 아주 많은 의미를 담고 있으며, 그 탓에 문제가 생기기도 합니다. 사람들은 결혼이 모든 행복의 원천이어야 한다고 말합니다. 뜨거운 부부관계와 끊임없는 웃음이 없다면 좋은 결혼생활이 아니라는 거죠. 하지만 이는 극히 최근에 생겨난 사고방식에 지나지 않습니다. 과거 사람들 대부분, 그리고 현재 세계 각국 상당수의 사람들에게 결혼의 주된 의미는 법적 결합입니다. 낭만적인 연애시나 밸런타인데이 카드와는 거리가 멀지만, 약속이자 계약이며 탄탄한 반석이죠. 그리고 이것도 사랑 못지않게 중요할 때가 있습니다.

# 도시
짐 풀고 자리 잡기

당신네 부족은 여러 세대에 걸쳐 조상들이 해왔던 대로 산속을 떠돌며 살아갑니다. 어디가 됐든 사냥감이 있는 곳이 곧 목적지입니다. 충실하고 단순한 삶이죠. 방랑자란 그런 거니까요. 그러던 어느 날 아침, 우르라는 녀석이 앞으로 나섭니다.

"난 여기 머무를래." 우르가 말합니다. "이 강이 마음에 들고, 이제 돌아다니기 싫어."

우르는 멍청이입니다. 사냥 실력도 변변찮고, 식물을 가꾼답시고 쓸데없이 시간을 낭비하죠. 풀이 좋다고 흙이나 주물럭대는 게으름뱅이 같으니. 당신이 막 우르의 뒤통수를 후려갈기려 할 때 다른 누군가가 목소리를 높입니다.

"좋은 생각이야." 목소리의 주인이 말하네요. 다른 이들도 동조합니다. 우르가 만면에 웃음을 띠며 큰 바위에 올라섭니다.

"그럼 정해진 거다!" 우르가 말합니다. "이제 여기를 우르라고 불러야겠다."

당신은 한숨을 내쉽니다. 우르는 정말 멍청이입니다.

농경 정착지는 이미 수천 년 동안 존재했지만, 새롭고 체계적이며 복잡한 도시 환경은 차원이 달랐습니다. 최초의 도시는 기원전 4세기경 메소포타미아(현재의 이라크)에 처음 등장했고, 머지않아 이집트와 중국, 중앙아메리카에도 도시가 속속 생겨났습니다.

이렇게 도시가 생기려면 선행되어야 할 두 가지 요건이 있습니다.

첫째, 사람들에게 식량과 물자를 공급할 상업 체계가 필요했습니다. 좁은 땅에 수많은 사람이 모여 있으므로 각자 식량을 자급자족할 도리가 없기 때문이죠. 둘째, 부족 시대의 단순한 공동체 구조로는 상상할 수 없는 수준의 도시계획이 필요했습니다. 벽을 세우고, 집을 짓고, 도로를 깔고, 시장과 경제 체제를 만들고, 기초적인 위생 시설을 갖추려면 중앙 조직이 있어야 했죠. 그렇기에 도시 설립에 발맞춰 정부와 제국(138쪽 참조)이 등장한 것은 당연한 일입니다.

베이징의 저잣거리에서든 아테네의 아고라에서든 도시 사람들은 자신이 시골 사람들과는 다르다는 확고한 정체성을 품었습니다(반대도 마찬가지였고요). 로마 시대 사람들은 호모 우르바누스Homo urbanus이거나 호모 루스티쿠스Homo rusticus였죠. 세련되고 고상한 도시인이거나 투박한 시골뜨기였다는 뜻입니다. 물론 이런 이분법은 이제 무례할 뿐 아니라 차별적인 발언으로 취급받지만, 역사적으로 보면 완전히 틀린 말도 아니었습니다. 도시에서는 '문화'가 발달했으니까요. 노동 분업이 이루어지는 사회가 성립하려면 먼저 교환 경제가 있어야 합니다. 그래야 상인은 농부에게 도구를 팔고, 농부는 귀족에게 작물을 팔고, 귀족은 극장에서 표를 사겠죠.

이스라엘의 역사학자 유발 하라리Yuval Harari는 저서 『사피엔스』에서 일단 도시에서 살기 시작한 인류는 그 전으로 되돌아갈 수 없다는 설득력 있는 주장을 폈습니다. 좁아터진 도시 공동체에서 살아가는 수많은 사람이 곳곳을 떠도는 수렵-채집인의 삶으로 돌아갈 수는 없다는 말이죠. 그러니 도시는 계속 성장하고 발달할 겁니다. 하지만 도시에 사람이 새로 100만 명 추가될 때마다 우리는 호모 사피엔스라는 뿌리(129쪽 참조)에서 멀어지게 됩니다. 도시에 모일수록 우리는 점점 다른 존재로 변해간다는 뜻이죠.

# 민족과 국가
## 입국 심사대와 전쟁

전 세계에서 한 번도 식민지가 된 적이 없는 나라는 별로 없습니다. 역사적으로 보면 거의 항상 제국이 존재했기 때문입니다. 그래서 미국인은 영국인, 영국인은 로마인, 로마인은 프랑스인이었던 시절이 있었습니다. 과거 시점으로 보면 불가침의 국경선과 정치적 주권을 갖춘 '국가'라는 개념은 말도 안 되는 것이었죠. 땅은 차지한 사람이 임자였고, 사람들은 정복자의 지배를 받을 뿐이었으니까요.

여권과 색색으로 칠해진 지도, 올림픽이 있는 오늘날의 '민족-국가'에 익숙해진 우리는 이것이 얼마나 현대적인 개념인지 쉽게 잊어버리곤 합니다.

'민족'과 '국가'는 혼용될 때가 많기는 해도 서로 매우 다른 단어입니다. 민족은 문화권에 가깝습니다. 자신을 어떤 사람이라 여기는지, 어디서 편안함을 느끼는지, 무엇을 소중히 여기는지에 관련된 개념이죠. 국가는 국경과 법률, 정부를 갖춘 지정학적 독립체입니다. 일반적으로 민족과 국가는 겹치지만, 항상 그런 것은 아닙니다. 이스라엘 건국 이전에 유대인은 국가가 없는 민족이었죠. 이와는 반대로 오늘날에는 여러 민족으로 이루어진 국가도 많습니다. 예를 들어 캐나다나 나이지리아, 튀르키예, 영국 같은 나라에서는 하나의 정부 아래 엄청나게 많은 문화가 공존하고 있습니다. 아이슬란드와 일본은 세계적으로도 드문 단일(에 가까운) 민족국가입니다. 식민지 시대 이후 이민과 세계화가 진행되고 상호의존적 경제 발달과 정치적 협조가 이어지면서 이런 종류의 문화적 동일성을 유지하기란 불가능에 가까워졌죠.

국가라는 지정학적 개념도 뜯어보면 상당히 복잡합니다. 시민이라는 개념은 고대 그리스에서 시작되었고, 로마제국에 이르러 완성되었습니다. 하지만 212년 이후 로마 황제 카라칼라Caracalla는 출신지와 관계없이 누구나 로마 시민이 될 수 있다고 선포했죠. 정치 전문 역사학자들은 근대국가 개념의 성립이 1648년 베스트팔렌Westfalen 조약에서 시작된다고 봅니다. 이 조약으로 30년 전쟁이 종결되기 전까지 독일의 땅은 갈가리 찢어져 있었습니다. 영주, 남작, 공작은 물론 울타리보다 좀 나은 수준의 성벽이 있는 자들은 모두 자신이 어딘가의 왕이라고 자칭하고 나섰죠. 이 시기에 현재 독일이 된 지역의 전체 인구 중 3분의 1이 사망한 것으로 추정됩니다. 전쟁의 광기가 일시적으로나마 사그라들었을 때 사람들은 영토주권 표준안을 확립하는 편이 좋겠다는 데 뜻을 모았습니다. 이게 바로 "자기네 나라에서는 자기네 법대로"라는 원칙이죠.

물론 국가의 영토주권은 논란의 여지가 큽니다. 황제가 되려는 야심가, 독재자, 국제적 문제아들이 이 원칙을 밥 먹듯 어긴다는 문제도 있고, 타국의 내정 간섭이라는 복잡한 문제도 있기 때문입니다. 뉘른베르크Nürnberg 전범 재판 법정에 선 나치 간부들은 재판 자체가 말도 안 되는 불법 행위라고 주장했습니다. 국내법 제정을 두고 외세가 이러쿵저러쿵할 권리는 없다는 것이었죠. 어쨌거나 나치가 했던 일(최소한 독일 국내에서) 중에 당시 독일 법률상 '불법'이었던 행위는 하나도 없었습니다. 하지만 때로는 도덕이 주권보다 앞설 때도 있는 법입니다(166쪽 참조). 생긴 지 고작해야 400년밖에 되지 않은 국경은 옳고 그름이라는 개념을 저버릴 근거가 되지 못하니까요.

# 제국
## 나라 하나로는 성에 차지 않을 때

　고대 메소포타미아 아카드 왕조의 시조 사르곤Sargon of Akkad은 자기 주군을 시해하고 왕위를 찬탈한 뒤 국내에는 이제 정복할 적이 없다는 사실을 깨달았습니다. 그래서 그런 상황에서 철없는 십 대가 할 만한 행동을 했죠. 밖으로 나가서 이웃을 죽이고 남의 것을 빼앗은 겁니다. 거듭 승리한 사르곤은 최초의 제국인 아카드 제국을 탄생시켰습니다. 아카드의 승리는 곧 시리아의 패배였습니다. 또한 튀르키예의 패배이자 이란의 패배였고요.

　역사 분야에서 제국은 복잡하며 논란이 많은 주제입니다. 한편으로 제국은 진보를 촉진했고, 과학과 철학의 발전에서 중추적 역할을 했습니다. 하지만 이 진보는 거의 예외 없이 노예 제도와 착취, 정복을 토대로 이루어졌죠.

　우리가 배우는 고대 문명은 대체로 제국에 해당합니다. 바빌로니아인들은 최초의 법전으로 알려진 함무라비 법전(기원전 1750년)을 남겼습니다. 이집트인들은 우리에게 천문학과 고급 수학을 선사했죠. 중국 한나라는 종이, 도자기, 손수레를 발명했고요. 이들은 모두 제국이었고, 과학과 문화를 꽃피운 비옥한 토양이었습니다.

　하지만 야심만만하다는 면에서 로마를 따라갈 제국은 없었습니다. 역사에서 로마제국이 특히 두드러지는 이유는 통합에 힘을 쏟았기 때문입니다. 수천 개의 도로가 제국을 촘촘히 수놓았고, 여기저기에 대규모 건축물이 생겨났습니다. 로마인들은 설계와 건축에 진심이었죠.

역사상 이런 수준으로 경제적·문화적 동화를 이뤄낸 제국은 없었습니다. 서유럽과 아메리카의 법률과 정치 체계는 모두 로마의 본보기를 토대로 삼거나 거기서 영감을 받아 만들어졌습니다. 고대 그리스에서 탄생한 '시민'이라는 개념을 널리 퍼뜨린 것도 로마입니다. 타 지역 출신인 로마 정치가 키케로Cicero가 했던 "키비스 로마누스 숨Civis Romanus sum(나는 로마 시민이다)"이라는 말은 민족을 초월하는 거대 국가의 일원으로서 느끼는 자부심을 보여줍니다. 로마와 기존 제국들과의 차이점은 피지배민들을 '로마인'으로 동화한 방식에 있습니다. 상대적으로 로마 이전의 제국들은 반항적이거나 잠시 주눅이 들었을 뿐인 여러 속국을 모아둔 것처럼 보이죠.

오늘날의 지정학적 구도와 국제관계는 제국의 그림자에 영향받아 정의된 것이나 다름없습니다. 제국주의 시대 영국, 프랑스, 스페인, 그리고 뒤를 이은 미국에서 일어난 산업 및 과학 분야에서의 혁명은 최소한 부분적으로는 세계의 나머지 지역을 착취한 결과입니다. 아프리카, 남아메리카, 동남아시아의 여러 나라는 지금까지도 빈곤과 오염, 내부 갈등으로 애를 먹고 있습니다. 자원과 원자재를 착취해 극단적인 빈부격차를 만들어낸 서구열강이 이들에게 강요했던 인위적이고 두서없으며 비효율적인 관료주의가 아직도 버젓이 남아 있기 때문입니다. 이처럼 제국은 빼앗고 파괴하며, 몇몇 빼어난 혁신을 내세워 자신의 탐욕을 정당화하려 합니다.

그렇기에 제국은 인류 역사에서 참 다루기 까다로운 부분입니다. 우리에게 철도와 의약품, 국제무역을 선사했지만, 강제수용소나 블러드 다이아몬드, 노예제 역시 제국 탓에 생겨났으니까요. 대단한 개념인 것은 틀림없지만, 많은 문제를 남긴 것도 사실입니다.

# 구조공학
## 런던 브리지가
## 무너지지 않게 하는 기술

늑대를 피해 도망치는 아기 돼지를 붙들고 물어보면 이렇게 말할 겁니다. 집을 짓기는 쉽지만, 튼튼한 집을 짓기는 어렵다고. 먼 옛날 사람들은 집이나 가축우리, 종교적 의미를 담은 첨탑 같은 구조물을 만들 때 주변에서 찾을 수 있는 온갖 재료를 사용했습니다. 더운 지방에서는 구운 진흙을, 습한 지역에서는 돌과 바위를 썼죠. 나무로 만든 작은 인공 섬('크래노그crannog'라고 불렸죠)이나 전체가 매머드 뼈로 이루어진 건물의 흔적도 발견되었습니다. 하지만 이런 구조물은 초보적인 수준을 벗어나지 못했습니다. 제 역할만 대충 해내면 뭐든 괜찮다는 식이었죠.

하지만 거대하거나 대단한 무언가를 지으려면 건설 엔지니어링, 즉 구조공학이 필요합니다.

'엔지니어'라는 단어는 로마에서 왔습니다. 부지런하고 끈기 있는 로마 군단은 뭐든지 다 만들어냈죠. 라틴어로 '엔진'은 원래 성문을 부수는 공성추나 투석기 같은 '병기'를 가리키는 말이었습니다. 하지만 로마 기술자들은 무기뿐 아니라 제국 전역에서 도로, 다리, 성벽, 노천 목욕탕까지 만들어야 했습니다(척박한 스코틀랜드에서는 아름다운 노천탕이 나폴리에서만큼 쓸모 있지는 않았겠지만요). 그렇게 해서 엔지니어라는 말이 생겨났죠.

독자 여러분 가운데 자기 집을 손수 지어보지 않은 극소수의 몇몇 분에게는 이것이 아주 간단한 일로 보일지도 모릅니다. 벽, 바닥, 지붕

만 있으면 어엿한 집 아니냐고요. 하지만 오랫동안 안정성을 유지하기란 쉬운 일이 아닐뿐더러, 여기에 구조물이 견뎌야 할 다양한 하중(또는 '활하중live load')을 더하면 더욱 까다로워집니다. 취미로 대강 지은 집은 지붕 위 비둘기 무게 정도는 견디겠지만, 비, 바람, 눈(1제곱미터 넓이에 10센티미터 두께로 쌓인 눈은 대략 80킬로그램입니다)이 더해지면 금세 삐걱거리기 시작할 테니까요.

그렇기에 고대 또는 근대 이전 거대 건축물의 기저부는 대부분 말도 안 되게 큽니다. 기자의 피라미드(3000년 동안 세계에서 가장 큰 건축물이었죠)처럼요. '벽날개flying buttress'라는 재미있는 이름이 붙은 버팀벽이 고안되면서 구조공학은 크게 발전했습니다. 벽날개는 건축물의 여러 부분으로 하중을 분산하는 역할을 합니다. 그 덕분에 첨탑이 무너져서 신자들이 깔려 죽을까 봐 걱정하지 않고도 높고 아름다운 고딕 성당을 지을 수 있게 되었죠.

하지만 현대 공학 발전에 가장 큰 영향을 미친 요소는 철근 콘크리트였습니다. 철은 이미 오랫동안 사용되던 재료였고, 철교나 철탑도 흔했습니다. 하지만 철을 콘크리트 안에 넣는다니? 이 아이디어는 18세기에 들어서야 대중화되었습니다. 훨씬 강력한 콘크리트가 생기면서 마천루와 거대 구조물이 세워질 수 있게 되었죠. 이제 기자의 피라미드는 옛이야기일 뿐, 크라이슬러 빌딩과 부르즈 할리파Burj Khalifa(829.8미터로 이 책을 쓰는 지금 세계에서 가장 높은 건물)의 시대가 열렸습니다.

오늘날 우리는 로마인들이 한 세기 동안 세운 것보다 더 많은 건물을 1년 만에 세웁니다. 우리가 사는 집은 인류 역사상 그 어느 때보다 크고, 효율적이고, 아름답게 바뀌었고요. 이건 다 안전모를 쓴 사람들과 철근 콘크리트 덕분입니다.

# 돈
## 세상만사의 원인이자 해결책

누가 무슨 마법을 부려서 갑자기 돈과 관련된 모든 것들이 없어졌다고 가정해봅시다. 은행도, 지폐도, 화면에 뜨는 숫자도 다 사라지고 없습니다. 이제 어떻게 살아갈 건가요? 당신이 휴가를 가고 싶어졌다고 치죠. 비행기 조종사나 호텔 직원, 식당 주인의 서비스에 무엇을 제공할 건가요? 머리를 자르고 싶으면 그 대가로 살짝 구운 스테이크를 건네주어야 하는 세상을 상상해보세요.

돈의 존재에 너무 익숙하고, 빠져나갈 수 없을 만큼 정교한 금융구조에 단단히 얽힌 우리는 화폐라는 개념이 얼마나 혁신적인지 쉽사리 잊어버립니다.

이 세상에 원래부터 가치 있는 것은 하나도 없습니다. 가치를 부여하는 것은 당신이라는 개인과 우리라는 집단이죠. 최초의 공식적인 '화폐'는 이집트, 그리고 중동의 '비옥한 초승달 지대Fertile Crescent'에서 발행되었습니다. 이 초기 화폐는 돈보다는 전표나 식량 배급권에 가까웠습니다. "이 증표의 소유자에게 곡식 세 부대를 지급하라." 같은 식이었죠. 사실 고대 사회에서는 곡물 창고가 은행 비슷한 역할을 했습니다. 곡물을 거기 맡겼다가 원할 때 원하는 만큼 찾아갈 수 있었거든요.

화폐에서 가장 중요한 점은 '소유자에게 지급'한다는 부분입니다. 문서나 돈에 "조니 톰슨에게 지급"처럼 이름이 구체적으로 적혀 있다면 교환에 사용할 수 없게 되니까요. 그리고 교환이야말로 화폐의 핵심이죠. 결국 같은 기능을 하는 동전이 발명되면서 손으로 쓴 전표는 필요 없어졌습니다.

하지만 문제는 화폐를 보증하는 권위가 사라지면 가치도 사라진다는 데 있습니다. 정권이 무너지면 당신이 쥔 현금의 가치를 누구에게 보장받을 수 있을까요? 웬 사망한 외국 독재자 얼굴이 찍힌 동전을 받았다면 "여기서 이 돈은 못 써요"라고 말하는 게 당연합니다. 우리는 대부분 다행히도 이런 걱정을 할 필요가 없는 나라에서 살고 있습니다. 하지만 짐바브웨나 북한 사람들은 전 재산이 하루아침에 휴지 조각으로 변할지 모른다는 두려움이 어떤 것인지 잘 알겠죠. 이것이 예로부터 지금까지 사람들이 로마의 데나리온 은화나 미국 달러처럼 안정되고 공신력 있는 외국 돈을 '사는' 이유입니다.

동전이 가득 든 궤짝을 끌고 다니기가 상당히 피곤하다는 데 먼저 생각이 미친 것은 중국인들이었습니다. 그래서 이들은 종이돈을(사실은 종이 자체도) 발명했죠. 그 뒤로 동전을 명망 있는 대규모 상회에 맡기고 대신 약속어음을 받는 방식이 유행했습니다. "맥도널드 상회는 문서 소지자에게 동전 열 상자를 지급하기로 약속함" 같은 내용이었죠. 이 방식은 송나라 시대를 거치며 보편화되었습니다.

당신이 집단농장에 살면서 농작물을 기르고 밀짚모자를 엮으며 문명과 동떨어진 삶을 산다고 해도 돈이 삶을 훨씬 편하게 해준다는 사실을 부정하기란 어렵습니다. 저만 해도 가게에서 우유를 사려고 할 때마다 책을 한 장씩 쓸 필요가 없어서 다행이란 생각이 들거든요.

# 은행
## 이고 지고 다닐 수는 없는 법

저는 평판이 꽤 좋은 사람입니다. 범죄 이력도 없다시피 하고, 책을 쓰는 작가이기도 하죠. 실력도 괜찮습니다. 이런 제게 당신이 평생 모은 재산을 몇 년간 맡기지 않으시렵니까? 자, 어서요. 맡기시면 이자로 5파운드 붙여드려요.

누군가를 진심으로 믿지 않고는 자기 돈을 맡기기 어렵습니다. 하지만 맡기지 않는 편이 더 손해일 때도 있죠. 은행이나 대여 금고가 생기기 전에는 자기 재산을 넣어둘 안전한 장소를 집 안에다 마련해야 했을 겁니다. 아니면 비밀 장소에 묻고 보물 지도에 가위표를 해서 후손이 찾아내도록 하거나요. 둘 다 상당히 위험한 방법이죠. 당신 돈이 모조리 보일러 옆 삐걱거리는 마룻장 아래 들어 있다는 사실을 알면서 마음 편히 장을 보러 가거나 휴가를 떠날 수 있을까요?

가장 오래된 법전인 고대 바빌론의 함무라비 법전에는 이자율을 규제하는 내용이 실려 있습니다. 당시에는 눈이 튀어나올 만한 금리로 개인이 돈을 빌려주는 것도 금융업에 속했습니다. 은행은 대리석 깔린 로비가 아니라 고리대금업자들의 눈이 반짝이는 곳이었죠. 최초의 '은행'은 아마도 곡물 창고였을 겁니다. 노예와 일꾼들은 돈이 아니라 일정량의 곡물로 바꿀 수 있는 전표를 받았습니다(142쪽 참조). 피라미드는 현금 없는 시간제 계약을 토대로 지어진 것이죠.

기독교와 이슬람교에는 '돈놀이'를 금하는 엄격한 율법이 있기에 돈을 빌려주거나 예금을 맡는 일은 유대인의 몫으로 돌아갔습니다. 이

는 오랫동안 이어진 '은행가 혐오'의 여파로 노골적 반유대주의가 나타
나게 되었다는 뜻이었죠. 실제로 13세기에는 영국의 에드워드 1세가
높은 금리를 꼬투리 삼아 수많은 유대인을 처형하고 추방한 일도 있었
습니다.

우리가 아는 현대적 은행은 이탈리아 도시국가의 금융업에서 큰
영향을 받았습니다. 체르키Cerchi, 바르디Bardi, 데 메디치de Medici, 페루
치Peruzzi 등 상상을 초월할 만큼 부유했던 가문들은 이탈리아 북부 주
요 도시에 은행을 세웠습니다. 통일된 신성로마제국이라는 비교적 든
든한 뒷배 덕분에 이내 유럽 전역에 지점이 생겼죠. 당시는 유럽 제국
(138쪽 참조)이 득세하던 시기였으므로 은행이라는 개념은 전 세계로
수출되었습니다. 예금, 외화 환전, 어음 발행, 대출 등 현대 은행의 특징
이라 할 만한 업무는 모두 제노바나 피렌체 같은 도시에서 다듬어지고
구체화된 것들입니다.

역사적으로 쭉 그래왔듯 지금도 은행가는 늘 악당 취급을 받습니
다. 어마어마하게 부자인 데다 당신 집의 42퍼센트를 소유한 사람들을
미워하기는 쉬운 일이죠. 남이 힘들여 번 돈을 뚝 떼어가는 것을 다소
탐탁잖게 여기는 사람도 적지 않고요. 하지만 은행 없이는 현대사회도
존재할 수 없습니다. 어쨌든 대출 없이 시작하는 벤처기업이나 사업 프
로젝트는 없으니까요.

그래도 은행가들이 영 못마땅하시다면, 제가 기꺼이 예금을 맡아
드리겠습니다.

# 기업
## 잃을 것은 없고, 얻을 것은 많다

군중 뒤에 숨으면 안전한 느낌이 듭니다. 자기 마음대로 말하고, 소리치고, 행동해도 들킬 가능성은 별로 없죠. 그럴 때 사람은 더 용감해집니다. 넘실대는 파도 같은 군중을 저지할 수 있는 것은 별로 없습니다. 바로 이런 사실을 토대로 '기업'이라는 개념이 탄생했습니다. 18세기 영국 변호사이자 제1대 설로 남작인 에드워드 설로Edward Thurlow는 이렇게 말했습니다. "기업은 처벌받을 몸도 없고, 저주받을 영혼도 없다. 그렇기에 뭐든 내키는 대로 한다."

기업은 사업가들이 탐험과 혁신, 실험에 나설 수 있게 해준 기반이며, 국제 금융계를 완전히 변화시킨(심지어 탄생시켰다고도 할 만한) 개념입니다.

기업이 생겨나기 전 상인들은 일이 틀어지면 개인적으로 책임져야 했습니다. 내가 세운 울타리가 바람 한 번 불자 무너지거나, 내가 만든 신발에 구멍이 나 있거나, 내가 양조한 맥주를 마시고 사람들 눈이 멀었다면 잽싸게 도시를 뜨는 것이 상책이었죠….

기업 덕분에 사업은 좀 더 안전해졌습니다. 기업은 두 가지 주요 원칙에 따라 작동했습니다(지금도 그렇고요). 바로 '투자금 상환 유예' 제도와 '유한 책임'이죠. 전통적인 로마법에서 상업 후원자는 언제든 발을 뺄 수 있었습니다. 자기가 원할 때 투자금을 회수할 수 있다는 말입니다. 하지만 17세기에 발달한 새로운 기업 제도하에서 투자자는 일정 기간이 끝날 때까지 돈을 회사에 맡겨두어야 했습니다. 이는 투자받은 기업들이 보장된 자본을 운용할 수 있다는 뜻이었죠(적어도 몇 년 간은).

게다가 유한 책임 원칙 덕분에 이들은 그 돈을 예전보다 훨씬 모험적이고 혁신적인 방식으로 사용할 수 있었습니다. 유한 책임이란 간단히 말해 기업 소유주의 사유재산이 채무자에게 넘어가지 않도록 보호받는다는 뜻입니다. 예를 들어 A가 B라는 사람의 유한책임회사에 400유로를 투자했는데, B가 그 돈을 전부 잃었다고 치죠. 그렇더라도 A는 B의 개인 재산으로 자기 손실을 메우라고 요구할 수 없습니다.

기업이 얼마나 유용한지 보여준 첫 예는 네덜란드 또는 영국의 동인도회사 같은 유럽 운송회사였습니다. 운송업은 막대한 초기 자본이 필요한 데다 매우 위험한 사업이었습니다. 선단 전체가 난파해서 선원들은 수장되고 화물은 바닷속 깊이 가라앉을 가능성이 늘 있었죠. 하지만 기업들이 즐겨 이용하는 법적 허점 덕분에 이들 회사는 아주 짭짤한 수익을 올릴 수 있었습니다. 결국에는 너무 크고 부유해져서 웬만한 나라 못지않은 권력을 누릴 정도였죠.

기업이 등장하면서 문명사회는 새로운 금융 시대, 즉 주식 거래와 주주의 시대로 접어들었습니다. 21세기에는 전 세계 모든 기업이 유한책임회사 형태로 운영됩니다. 현재 월마트는 벨기에보다 소득이 높죠. 이는 모두 일이 잘못되어도 아무도 책임지지 않는다는 사실에서 비롯됩니다.

# 대량생산
## 핀 머리만 만드는 담당

　제 친구 조는 DIY를 좋아합니다. 주말이면 드릴로 나사를 박으며 열심히 뚝딱거리죠. 제가 마당용 완제품 창고를 하나 사야겠다는 말을 꺼냈더니 조가 이러더군요. "유튜브만 봐도 다 나와. 직접 만들어봐." 조는 창고 정도는 직접 지을 수 있는 사람이죠. 반대로 저는 배터리 하나 교체하는 것도 엄청난 기술적 성취로 여기는 사람이고요. 핵심은 조처럼 살아가는 사람도 있고 그렇지 않은 사람도 있다는 겁니다. 사람은 각자 전문 분야와 특기가 다르니까요.

　대량생산의 발전은 이런 깨달음에서 출발했습니다.

　경제에서 전문화가 시작된 지는 매우 오래되었습니다. 처음으로 도시가 출현한 이래(134쪽 참조) 인간은 자급자족하며 살 수 없게 됐죠. 대신 사람들은 전문 분야를 택하고, 교환으로 필요한 물건을 얻었습니다. "내가 만든 가죽 지갑을 줄 테니 네 양모 담요를 줘." 또는 "걔는 자기가 잡은 물고기를 약으로 바꿔 온대." 같은 식이었죠. 하지만 한 공장 안에서 전문 분야를 나눈다는 발상은 18세기가 되어서야 등장했습니다.

　스코틀랜드의 경제학자 애덤 스미스는 『국부론』에서 핀 공장에 관한 유명한 예시로 '노동 분업'을 설명했습니다. 전통적 생산 방식에서는 직공 한 명이 핀 전체를 만듭니다. 철사를 뽑고, 곧게 펴고, 알맞은 길이로 자르고, 머리를 만들고, 머리를 몸체에 끼우는 식이죠(애덤 스미스의 책을 읽기 전까지는 핀 생산 공정을 그렇게 자세히 알게 되리라고는 생각지 못했네요). 스미스의 요점은 물건을 만드는 '옛 방식'에 노동력과 시간이 너무 많이 든다는 것이었습니다. 단계별로 다른 기술과 도구가 요구되었으니까요. 하지만 한 사람이 한 가지 작업만 맡는다면 생산성이 훨씬 높아지겠죠. 한 사람은 철사만 만들고, 한 사람은 철사 자르기를 도맡고, 핀 머리만 만드는 담당도 따로 두는 겁니다.

스미스는 이렇게 분업화된 라인을 돌리면 직공 한 명당 "하루에 핀 4800개"를 만들 수 있지만, 혼자 하면 "하루에 각자 20개는 고사하고 한 개도 만들까 말까"라고 주장했습니다. 이 숫자들은 확실히 과장되기는 했지만, 스미스의 말은 일리가 있었습니다. 노동 분업과 대량생산의 시대가 도래한 것이죠.

1789년 미국의 발명가 일라이 휘트니Eli Whitney는 '호환성 부품'을 발명해서 스미스식 분업의 효율성을 한층 더 끌어올렸습니다. 휘트니는 조립 공정에 쓰이는 부품을 규격화하면 재사용과 수리가 훨씬 쉬워진다는 사실을 깨달았습니다. 이를테면 머스킷 총 만드는 데 쓰이는 50밀리미터짜리 원통을 오르간 파이프나 경적, 권총 제작에도 사용할 수 있다는 것이죠.

18세기 이후로 생산 공정은 별로 달라지지 않았습니다. 작업자만 제외하고요. 한때 저임금 노동자로 채워졌던 공장은 이제 무임금 로봇으로 채워졌습니다. 로봇은 꼼짝하지 않고 끊임없이, 밤이나 낮이나 핀을 만듭니다. 잠도 식사도 필요 없고, 노조에 가입할 일도 없죠. 그리고 이제 핀은 문제가 아닙니다. 중국 정저우에 있는 폭스콘Foxconn 공장은 하루에 스마트폰 50만 개를 뽑아냅니다. 물론 굉장한 기술력입니다만, 공급과 소비가 이렇게나 많은 사회는 왠지 좀 디스토피아 같다는 느낌이 드네요.

# 낙수 효과
부가 넘치면
아래로 흘러내린다

터무니없이 비싼 차를 타고 맞춤 정장을 입은 직장 상사가 다른 사람들보다 두 시간 늦게 도착합니다.

"좋은 소식이 있어요, 여러분." 상사가 말합니다. "매출이 올라갔어요!" 상사는 박수를 기대하며 둘러보지만, 낮게 수긍하는 소리가 조금 들릴 뿐입니다.

"그 말인즉슨, 나도 만족하고, 이사회도 만족하고, 임원진도 만족한다는 뜻이에요! 하지만 가장 중요한 건 여러분 월급이 1퍼센트 올라간다는 거죠." 이번에는 그래도 군데군데서 환호가 나옵니다.

"아무튼." 상사는 이렇게 마무리합니다. "회사가 잘돼야 다들 잘되는 거죠."

이게 바로 낙수 효과의 핵심입니다.

낙수 효과는 부자가 더 부유해지면 넘치는 부가 '아래로 흘러내려' 저소득층에게도 이익도 돌아간다는 개념입니다. 돈을 번 부자는 남는 돈을 사업에 투자하고, 물건을 사들이고, 일자리를 창출합니다. 주머니가 두둑한 사람은 어딘가에 돈을 쓰기 마련이며, 그러면 경제가 활성화되고 성장을 촉진한다는 것이죠.

1970년대에 이 개념이 보편화된 데는 미국의 경제학자 아서 래퍼 Arthur Laffer의 역할이 컸으며, 래퍼의 이론은 여전히 정부의 세율 정책에 영향을 미치고 있습니다. 래퍼는 세율을 늘리면 실제로는 전체 세수가 오히려 줄어들 수도 있다고 주장했습니다. 사람들이 허리띠를 졸라

매고 소비를 줄이기 때문이죠. 소비 감소는 경제에 악영향을 미칩니다. 사람들이 새 TV를 사지 않으면 가전업체 매출이 그만큼 줄어듭니다. 매출이 떨어지면 회사는 월급을 깎고 비용을 줄이고요. 그러면 회사 직원들은 소비할 돈이 더 적어지죠. 반대로 세율을 낮추면 시장에 돈이 많아지고, 다들 거대한 TV를 새로 사고, 온 세상 경제학자들이 행복해진다는 거죠.

물론 세금을 너무 낮추면 정부 수입이 아예 없어집니다. 이런 관계를 설명하기 위해 래퍼는 종 모양인 '래퍼 곡선'을 제시했습니다. 이 그래프는 한쪽 끝의 너무 높은 세금(사람들이 돈을 쓰지 않음)과 다른 쪽 끝의 너무 낮은 세금(정부 수입이 없음) 사이에 최적의 세율이 존재한다는 점을 강조합니다.

유감스럽게도 낙수 효과에 기반한 정책이 성공적이었는지 아닌지를 잘라 말하기는 어렵습니다. 하지만 '레이거노믹스Reaganomics'는 연구해볼 만한 흥미로운 사례입니다. 1981년 레이건 대통령은 경기 부양을 기대하며 대규모 세금 삭감 정책을 발표했습니다. 하지만 효과가 없었죠. 실업률은 계속 올라갔고, 물가 상승률은 20퍼센트로 뛰었습니다. 래퍼 곡선에서 미끄러지고 만 겁니다. 이후 6년간 세금은 딱 적당한 선에 도달할 때까지 서서히 올라갔습니다. 그렇게 해서 1980년대 후반 미국 경제는 엄청난 호황을 누리게 되었죠.

하지만 경제는 워낙 복잡하므로 한 가지 요인만이 성장의 동력이라고 보기는 어렵습니다. 물론 세금 삭감도 도움이 되었을지 모르지만, 연방 정부가 도로 건설과 국방에 투자한 것 역시 마찬가지입니다. 아니면 규제 완화 정책이나 컴퓨터, 무선통신, 생명공학 산업 발전의 영향이 더 컸는지도 모르죠. 경제 관련 문제가 다 그렇듯 간단한 정답은 없습니다.

# 복지국가
## 낙오되는 사람이 없도록

　인터넷과 세계화, 값싼 국제여행 시대를 사는 우리는 한때 지역공동체가 얼마나 소중했는지 실감하지 못할 수도 있습니다. 최근까지는 (인류 정착 이래로) 자기 고향에서 몇 킬로미터 바깥으로 거의 나가지 않고 사는 것이 일반적이었습니다. 지금은 누가 그렇다고 하면 신기하게 여기겠죠. 하지만 당시 사람들이 살던 동네는 단순한 거주지가 아닌 일종의 지원 체제였습니다. 교회는 가난한 자들을 보살폈고, 수도사들은 환자를 돌봤습니다. 당신이 나이 들면 가족과 이웃이 당신을 뒷바라지했고요. 공동체가 모든 구성원을 책임진 것이죠.

　고문서 기록에 따르면 고대 바빌론에는 일종의 빈민 구제 정책이 있었습니다. 그리고 아시다시피 거의 모든 종교 경전에는 자비를 베풀라는 말이 있죠. 예를 들어 유교에서는 노인을 봉양하라는 양로養老가 기본 윤리에 해당합니다. 이슬람교의 자카트zakat(자선 헌금)는 교도의 5대 의무인 '이슬람의 다섯 기둥' 가운데 하나고요. 비록 이 책에 반증이 많기는 하지만, 인간은 대부분 그럴 기회가 있으면 친절하게 행동합니다. 곤란에 빠진 이웃을 돕는 것은 제2의 천성이죠.

　공식적인 '복지국가'는 19세기에 생겨났다고 알려졌지만, 실제로는 그 전에도 다양한 복지 제도가 존재했습니다. 이집트의 비지르vizier (지역 행정관)는 빈곤층에 식량을 지원했습니다. 기원전 3세기 로마의 '곡식 수당'은 지위와 관계없이 누구에게나 돌아가는 지원 물자였고요 (어쩌다 지원이 끊기면 폭동이 일어났죠). 칼리프가 다스리던 이슬람

국가에는 사회복지기금으로 따로 떼어둔 국고인 바이트알말Bayt al-Mal 이 있었습니다. 중앙아메리카의 잉카와 아스텍은 둘 다 곤궁한 이들을 지원할 목적으로 복지세를 거뒀습니다. 그러니 산업화가 시작되고서 야 복지가 생겨났다는 것은 근거 없는 생각입니다. 인간의 연민을 평가 절하하는 오해죠.

하지만 개혁가들이 복지를 체계화하려고 팔을 걷어붙인 것은 19세기가 맞습니다. 나라마다 세세한 부분이 다르기는 하지만, 세계 각 국은 대부분 '비스마르크식' 사회보장제도를 운영합니다. 직장인과 고 용주, 정부가 각각 일정 금액을 내서 돈을 모은 다음 아프거나 다쳤거 나 은퇴한 사람에게 재정적 지원을 제공하는 방식이죠. 언젠가 보상받 기 위해 미리 돈을 내는 겁니다. 한편, 영국 경제학자 윌리엄 베버리지 William Beveridge가 만든 '베버리지식' 제도에서는 세금으로 특정 형태의 지원(건강보험 등)이 누구에게나, 지급 당시에는 무상(또는 최소비용) 으로 제공됩니다.

오늘날 복지는 논란이 많은 주제입니다. 복지를 아예 없애야 한다 고 주장하는 사람은 거의 없습니다. 어쨌거나 복지는 인도적이고 문명 화된 사회가 가장 취약한 이들을 어떻게 대우하는지 보여주는 기준이 니까요. 하지만 커다란 문제가 하나 있습니다. 바로 은퇴죠. 예전에 은 퇴란 병약해지고 일을 할 수 없는 상태가 되었다는 뜻이었습니다. 죽기 전에 마지막으로 몇 년간 조용히 보내는 세월을 돌려 부르는 말이 은퇴 였죠. 하지만 이제 은퇴는 휴가이자 꿈을 이루는 삶에 가깝습니다. 긴 은퇴를 즐기는 사람은 그만큼 국가에서 연금도 오래 받겠죠. 이 문제를 해결할 간단한 정답은 없지만, 옛날 방식으로 돌아가는 것이 한 가지 방법일지 모릅니다. 구성원이 자기 공동체를 책임지고 이웃끼리 서로 보살피던 시절의 방식으로요.

# 광고
## 구글 검색 최상위 노출

당신이 책상 앞에 앉아 있는데, 린지가 춤추듯 걸어 들어옵니다. 미소를 띠고 콧노래를 부르는 린지는 입이 간지러워 죽겠다는 표정이네요. 당신은 한숨을 푹 쉽니다.

"뭐 좋은 일 있어, 린지?"

"냄새 맡아봐." 린지가 말하며 향을 퍼뜨리려고 한 바퀴 돕니다.

"그거… 비누야?!" 린지의 미소가 한층 커집니다.

"맞아." 린지가 끄덕입니다. "신문 광고를 보고 샀는데 진짜 끝내 줘. 여기, 네 것도 샀어."

비누 없이 씻던 시대를 상상하기는 어렵습니다. 한때는 너무 자주 씻으면 건강에 좋지 않다는 게 상식이었습니다. 씻으면 모공이 열려서 '나쁜 공기(30쪽 참조)'가 들어온다고들 생각했죠. 17세기 프랑스의 한 의사는 이렇게 말하기도 했습니다. "씻으면 머리에 수증기가 찬다. 또한 신경과 힘줄이 느슨해져서 몸에 해롭다." 하지만 19세기에 접어들고 몇 년 사이에 상황은 완전히 달라졌습니다. 이건 모두 영국 사업가 토머스 배럿Thomas Barratt의 페어스Pears 비누 광고 덕분이었죠. 가장 오래되고 가장 성공적인 '광고 캠페인'의 한 예였고, 이후 본격적으로 현대적 광고의 시대가 열렸습니다.

기초적인 수준을 갖춘 광고는 상업과 함께 시작되었습니다. 자기 상품이 더 매력적으로 보이게 하려는 노력도 하지 않고 물건을 파는 상인은 아마 없겠죠. 깎아드린다는 과일 장수의 외침, 자기 가게 방향으로 벽에 그려 넣은 화살표도 광고입니다. 폼페이의 폐허에서도 나무 표지판과 걸이식 광고판이 발견되었죠.

하지만 대량으로 생산되어 대중에게 노출되는 현대식 광고는 한 가지 중요한 발명 이후에야 등장했습니다. 바로 구텐베르크의 인쇄술(246쪽 참조)이었죠. 이후 불과 몇 년 만에 지역 교회 모임이나 만능 물약, 의사의 솜씨("이번 달에 사망한 환자는 고작 2명!") 등을 홍보하는 소책자와 전단이 쏟아졌습니다. 나아가 두어 세기 후 인쇄 효율이 발전해서 커다란 신문까지 찍어낼 수 있게 되면서 더 큰 가능성이 열렸고요. 1800년대 초반 런던에는 최초의 '광고대행사'가 설립되었습니다. 윌리엄 테일러William Tayler와 제임스 화이트James White 같은 광고인들은 전국구 제품(대도시에서 생산된) 광고를 지역 신문에 실어주고 중개수수료를 받는 방법을 고안해냈습니다.

예로부터 지금까지 광고는 대중 매체의 진화에 발맞춰 발전했습니다. 라디오가 발명되고 20년 뒤 첫 라디오 광고가 팔렸죠(자그마치 10분짜리였습니다). TV가 발명되고 10여 년이 지난 뒤에는 부로바Bulova 시계 광고가 처음으로 TV 방송을 탔고요. 광고업계를 소재로 삼은 드라마 〈매드맨Mad Men〉의 배경인 1960년대에서 1980년대까지가 광고 산업의 '황금기'였습니다. 창의성과 소비자 심리학, 천재들이 쓴 광고 문구를 무기로 기업들이 전쟁을 벌이는 시기였죠.

오늘날에는 온라인 광고의 비중이 큽니다. 유튜브 광고, 타임라인에 불쑥불쑥 뜨는 제품 홍보 글, 구글 검색에서 최상단에 뜨는 결과 몇 개까지 전부 광고에 속하죠. 우리 개개인은 구글에게 약 200달러, 아마존에게는 약 750달러의 가치가 있습니다. 화면을 쳐다보고 마우스 버튼을 클릭할 때마다 누군가가 우리에게 뭔가를 팔려고 한다는 뜻입니다.

# 넛지 이론
## 귓가에 들리는 속삭임

스마트미터smart meter는 에너지 사용량을 실시간으로 알려주는 계량기입니다. 시간당 킬로와트 단위로, 아니면 아예 전기 요금으로 환산해서(제가 선호하는 선택지) 볼 수도 있습니다. 처음 스마트미터를 설치하고 나서 저는 완전히 중독되고 말았죠. 순전히 전기세를 확인할 목적으로 온 집 안의 전기기구를 껐다 켜기를 반복했습니다. "여보, 이 주전자는 시간당 전기세가 10유로나 나와!"나 "샤워 너무 오래 하지 마!" 같은 소리를 하면서요. 일주일 뒤 스마트미터는 봉인당했습니다. 보일러실 선반 후미진 곳에 처박혔죠. 스마트미터는 '살짝 쿡 찌르기'라는 뜻인 '넛지nudge' 이론의 좋은 예입니다(저는 너무 세게 푹 찔리고 말았지만요…). 넛지는 더 나은 방향으로 행동을 바꾸도록 살짝 밀어주는 은근한 암시를 가리킵니다.

2000년대 중반 행동경제학자 리차드 탈러Richard Thaler와 법학자 캐스 로버트 선스타인Cass Robert Sunstein이 처음으로 '넛지 심리학'이라는 이론을 세상에 선보였습니다. 사람들에게 특정 서사나 암시를 제공해서 향후 행동에 영향을 미칠 수 있다는 주장이 담긴 이론이죠. 넛지 이론의 목적은 주로 공동체 의식이나 애국심 함양입니다. 가령 사람들에게 '투표 완료' 스티커를 나눠주거나 녹지 주변에 "미국을 한결같이 아름답게" 같은 표어를 붙여서 일종의 책임감을 느끼게 유도하는 방식입니다. 하지만 과중한 세금이나 규제 없이도 커다란 연쇄 효과를 거두도록 설계된 사소한 변화나 법안도 '넛지'에 해당합니다.

넛지 이론을 보여주는 전형적인 예로 '비닐봉지 유료화'가 있습니다. 2002년 아일랜드에서는 상점에서 비닐봉지를 받으려면 15센트(약 200원)를 내야 하는 법안이 도입되었습니다. 유료화 이전에는 비닐봉지가 배출되는 쓰레기 총량의 5퍼센트를 차지했죠. 2015년경에는 0.1퍼센트로 줄었습니다. 마찬가지로 영국에서도 비닐봉지에 5페니(약 100원)를 내게 되자(주로 자선단체에 기부했죠) 사용량이 97퍼센트 급감했습니다. 환경에도 좋고, 자선기금 마련에도 좋은 일이었죠. 장바구니를 잊고 와서 장 본 물건을 꾸역꾸역 안은 채 몇백 미터를 걸어 차로 돌아가는 고집쟁이들을 보면 참 재미있기도 했고요.

넛지는 근본적으로 아주 영리한 방식의 광고입니다. 소비자의 머릿속에 들어가서 원하는 방향으로 가도록 조종하니까요. 좋은 넛지는 대상이 되는 사람들의 선택을 '제한'하지 않습니다. 사람들은 여전히 투표하지 않아도 되고, 아일랜드에서 장을 볼 때 비닐봉지를 사도 됩니다. 더불어 탈러와 선스타인은 넛지가 대상의 이익을 위해서만 사용되어야 한다고 믿었습니다. 이를테면 식당 메뉴판에 열량 정보를 적어두는 것은 사람들의 식습관 개선을 목적으로 하는 넛지입니다. 스마트미터는 에너지 사용을 줄이기 위한 것이고요.

넛지 이론에도 논란은 있습니다. 이를 조종이라고 여기는 사람도, '과보호 국가'의 간섭주의라고 부르는 사람도 있거든요. 하지만 마케팅과 소비자 심리학의 역사에서 넛지가 손꼽히게 강력하고 성공적인 개념이라는 점만은 틀림없습니다.

# 상호확증파괴
## 내가 가면 너도 가는 거야

터무니없는 방어 전략을 쓰는 해양생물이 있습니다. 와편모충의 일종인 이 생물은 포식자가 다가오면 계속 빛을 발합니다. 이 빛은 너무 강해서 더 몸집이 큰 다른 포식자를 끌어들이죠. 자신과 첫 번째 포식자까지 한꺼번에 먹어 치울 만큼 큰 녀석을요. 그 결과 근처에 있는 포식자들은 와편모충을 건드리지 않게 됩니다. 솔직히 미친 짓이니까요. 다른 포식자까지 불러들여서 죽을 거면 같이 죽자고 덤비는 동물을 굳이 먹을 필요가 있을까요? 차라리 해초나 좀 뜯어 먹고 말죠.

어처구니없는 전략이지만, 전 세계 사람들은 70년이 넘도록 이 전략에 의존해 살아왔습니다.

핵폭탄은 전쟁의 개념을 바꿨습니다. 갑자기 한 나라가 도시 전체를 지워 없앨 힘을 소유하게 되었죠. 군대 전체가 버섯구름 속에서 재가 되어 사라질 수도 있는 상황이 되었습니다. 처음으로 핵폭탄을 개발한 미국은 일본에 핵을 사용해서 엄청난 결과를 불러왔지만, 그렇다고 당장 핵무기가 판도를 지금처럼 바꿔놓지는 않았습니다. 핵폭탄이 별로 없었을뿐더러 투하 방식(B-29 폭격기)의 문제로 사거리가 제한되었기 때문이죠. 그래서 가령 트루먼 정권이 1945년에 핵폭탄을 썼더라도 소련에 승리할 가능성은 별로 없었습니다.

어쨌거나 4년 안에 소련도 자체적으로 핵무기를 개발했습니다. 역사상 최초로 두 맞수, 즉 세계관이 극명하게 다른 두 나라가 상대방을 지워버릴 수단을 손에 넣은 겁니다. 여기 맞불을 놓기 위해 미국은

'오버킬overkill' 정책, 즉 핵무기 우위를 점하는 전략을 추진했습니다. 아이젠하워 정권에서 전쟁 억제란 압도적인 힘의 격차를 유지한다는 뜻이었습니다. 소련이 한두 발을 쏘면 100배로 되갚아주겠다는 것이었죠.

하지만 문제는 소련이 한두 개에서 그치지 않고 미국 예상보다 훨씬 빠르게 핵무기를 늘려나갔다는 데 있었습니다. 이에 대응해서 1950년대에서 60년대 사이에 미국은 핵무기 보유량을 150퍼센트 늘리고 살상력을 두 배로 올렸습니다. 1960년대 후반에 만들어진 핵폭탄은 히로시마와 나가사키에 떨어진 두 폭탄의 위력을 합친 것보다 더 강력했죠.

처음에 케네디 정부는 공식적으로 '시가지 회피' 정책을 채택했습니다. 소련군이나 전략적으로 필요한 곳만을 대상으로 폭격하겠다는 것이었죠. 하지만 소련은 같은 방식으로 대응할 생각이 없음을 분명히 했습니다. 그래서 결국 미국도 지구 멸망 시나리오에 해당하는 상호확증파괴Mutually Assured Destruction(머리글자만 따면 '미쳤다mad'는 뜻이 되죠) 노선을 걷게 되었습니다.

오늘날 우리는 '미친' 세상에서 살아갑니다. 핵무기 보유국 하나가 '선제공격'을 택하면 그 나라도 절멸하게 되죠. 멸망을 목전에 둔 것처럼 급박했던 냉전 시대는 지나갔지만, 인류의 존속이 다섯 (핵 보유) 국가수반의 이성에 달렸다고 생각하면 여전히 마음이 편치 않습니다. 인류가 비이성적으로 굴었던 길고 끔찍한 역사를 생각하면 밤에 잠이 오지 않는대도 이상하지 않을 정도입니다.

# 정치

아무 공간에나 사람을 두 명 집어넣으면 정치가 생겨납니다.
정치란 곧 권력관계니까요. 누가 권력을 잡을지,
누가 잡아야 하고 누구는 평생 권력 근처에도 절대로 가면
안 되는지가 중요하죠. "자, 여러분, 이제 조를 짜세요!"라는
말로 시작되는 활동에 참여한 적 있는 사람은 권력이
필요할 때가 꽤 많다는 사실을 잘 압니다.
결과를 내야 할 때는 누군가가 총대를 메야 하거든요.
하지만 정치의 역사를 돌아보면 배울 점이 하나 있습니다.
일을 처리하는 방식에 관한 생각은 사람마다 다르며,
이것이 갈등의 불씨가 된다는 점이죠.
정치란 권력과 그 분배 방식에 관한 것입니다.

# 군주제
## 왕관은 무거우나
## 족쇄는 더 무거울지니

　디즈니 영화 〈라이온 킹〉에는 행복한 왕국이 나옵니다. 대초원의 지배자 무파사는 자비로우면서도 더없이 강력한 앞발로 백성들을 다스리죠. 영양과 코끼리, 미어캣과 흑멧돼지는 모두 사자 왕조의 권위에 머리를 조아립니다. 고귀한 혈통의 지배자와 복종하는 동물 무리가 '자연의 섭리' 속에서 어우러져 사는 세상입니다. 실력주의는 존재하지 않습니다. 아들 심바에게 "빛이 닿는 모든 것이 네 것"이라던 무파사의 말대로요. 기린이 풀을 뜯는 풀밭도, 흰개미가 힘개여 만든 둥지도, 원숭이가 사는 나무 위 집도 전부 먼 곳에 있는 군주의 소유입니다. 동물들이 거의 만나볼 일도 없는 왕의 것이죠.

　수많은 현대인에게 군주제라는 개념은 생소하게 느껴집니다. 한 혈통이 다른 모든 사람을 제치고 나라를 다스릴 직접적 권리를 독점하는 이유는 뭘까요? 왕자가 저나 당신보다 나은 지도자가 되리라고 어떻게 확신하죠? 그런데도 인류 최초의, 그리고 가장 기본적 형태의 정부는 왕정이었습니다.

　족장이나 장군, 지역 거물이 왕관을 쓰면 군주가 됩니다. 사실 군주제에도 종류가 많습니다. 절대왕정, 대표군주제, 선거군주제, 세습제 등 매우 다양하죠. 어쩌면 단순히 '강력한 지도자' 체제라고 정의하는 편이 나을지도 모르겠네요. 어쨌거나 군주제에서는 권력 또는 주권(166쪽 참조)이 한 사람에게 주어진다는 것이 핵심이죠. 세습제(역사적으로 가장 흔한 유형)에서는 군주가 사망하면 이 권력이 같은 혈통의 자손에게 건네집니다.

이런 왕족 가문은 대개 역사적 전례("내 선조는 조국의 적을 물리쳤지!")나 왕권신수설("신께서 나를 왕으로 삼으셨다!"), 기이하고 신비로운 설화 등을 활용해 정통성을 강화합니다. 영국 왕실은 왕가 혈통이 아서왕 전설까지 거슬러 올라간다고 주장합니다. 고대 아일랜드에는 왕가의 선조가 주신主神인 루Lugh의 가마솥에서 물을 마셔서 통치권을 얻었다는 설화가 있었습니다. 에티오피아의 황제들은 솔로몬 왕과 시바의 여왕 사이에서 태어난 선조의 후손으로 알려졌고요. 아즈텍 신화에 따르면 황제들의 선조는 하늘에서 해와 달이 굴러떨어지며 태어났다고 합니다.

산업혁명 이전, 아직 공동체끼리 긴밀히 연결되지 않은 농경사회에서 군주제는 안정적이고, 실용적이고, 효과적이었습니다. 왕은 관리들을 임명해 강력한 관료제를 운용했고, 사람들이 모여드는 문화적 구심점 역할까지 했죠. 여러 면에서 왕실은 국가가 존재하는 이유 자체였습니다.

하지만 너무 많은 권력이 한 개인에게 집중된 만큼 군주제의 성공은 필연적으로 개인의 성품에 좌우되었습니다. 엘리자베스 1세, 진시황, 페르시아의 다리우스 1세 시대에 각 나라는 번영했습니다. 로마의 황제 칼리굴라, 오스만 제국의 '미친 왕' 이브라힘 1세, 신바빌로니아제국의 네부카드네자르Nebuchadnezzar 2세 시대는 누가 봐도 그렇지 못했고, 많은 사람이 죽었죠. 그래서 지금은 아무래도 권력을 좀 분산하는 편이 낫다는 쪽으로 전반적인 정치 추세가 바뀌었습니다.

# 정교분리
식탁에서 종교 들먹이지 마세요

아니, 그러니까, 종교 얘기를 꺼낼 때와 장소가 따로 있죠, 안 그래요? 점잖은 저녁 모임에서 그러는 건 아니죠. 일요일에 뭘 하시든 그쪽 자유지만, 이러시면 밥 먹다 체하겠어요!

종교는 종교적인 장소에서 따로 지정된 시간에 논해야 한다는 이 생각은 현대사회에서 꽤 이례적인 태도로 보입니다. 하지만 사실 이는 서구 학계의 유구한 전통이기도 합니다.

스승 소크라테스와 마찬가지로 플라톤은 종교에 별로 관심이 없었습니다. 아니면 있더라도 입 밖에 내는 것은 좋지 않다고 여겼죠. 종교란 개인의 문제이며 이상적으로는 자기 머릿속에 담아두는 편이 좋다고 믿었기 때문입니다. 자신의 저서 『법률』에서 플라톤은 이렇게 말했습니다. "신은 공적이거나 사적인 모임에서 꺼낼 만한 주제가 아니다." 후대에 가장 큰 영향을 미친 성직자로 손꼽힐 만한 아우구스티누스는 이런 플라톤의 생각을 받아들여 교회와 정치의 분리라는 개념을 확립했습니다. 『신국론』이라는 대작에서 아우구스티누스는 세상을 세속적인 인간의 나라와 신성한 신의 나라로 나누었습니다. 인간의 나라는 욕심과 이기심, 악이 판치는 곳입니다. 신의 나라는 선하고 이타적이며 고결한 것들이 높이 평가되는 곳이고요.

어떻게 보면 '종교에서 분리되었다'는 뜻인 '세속적secular'이라는 개념 자체도 아우구스투스가 만들어냈다고 볼 수 있습니다. 라틴어로 '세쿨룸saeculum'은 본래 인간의 수명을 가리키는 말입니다. 그래서 아우구스투스는 신의 완벽함과 대조를 이루도록 이 단어를 썼죠. 세쿨룸은 덧없고 유한합니다. 신은 변함없고 무한하고요. 이렇게 아우구스투스 덕분에 중세 교회 교리에는 한 가지 원칙이 확립되었습니다. 인간은 세속적인 일을, 신은 경건한 일을 맡는다는 것이죠. 물론 이로써 기독교 교회는 세속적 법정의 영향에서 벗어날 수 있었습니다. 아무리 권력이 강해도 왕과 황제들은 항상 신의 율법(과 신의 그릇인 교황)에 종속된다는 뜻이었죠. 기독교 국가에 깊이 뿌리내린 법치주의와 인권 개념도 이러한 신념에 영향받았을 가능성이 큽니다.

혁명과 국가 탄생의 시기였던 18세기 이후에는 정교분리를 기반으로 삼은 헌법이 만들어졌습니다. 미국에는 다음과 같은 수정헌법 제1조가 있습니다. "의회는 종교 설립과 관련 있거나 자유로운 종교 활동을 금지하는 법률을 만들어서는 안 된다." 프랑스 혁명 시대에는 교회 불신이 극에 달한 나머지 교회를 '이성의 사원'이라고 바꿔 불렀고, '최고 존재 신앙Culte de l'Être suprême'이라는 계몽주의적 종교가 생겨나기도 했습니다. 오늘날 현대 민주주의 국가 가운데 국민에게 특정 방식의 신앙을 강요하는 나라는 없습니다(다만 정치인이 무신론자로 비치는 것은, 특히 미국에서는 득이 될 게 없지만요).

정교분리는 매우 중요합니다. 그 덕분에 각국 정부는 신성 모독죄나 사상경찰에 발목 잡히는 일 없이 자유롭게 일합니다. 또한 국민들도 굳이 수천 년 된 경전을 뒤적거리지 않고도 윤리와 법적 문제를 논할 수 있죠. 이제 권력은 성직자가 아니라 사람들의 손에 있습니다.

# 주권
## 여기서 당신은 아무런 힘이 없어요

국가의 '주권'이라는 개념은 중요한 만큼 논란이 되기도 합니다. 언뜻 보면 아주 명쾌한 개념처럼 보입니다. 특정 영토에 권한을 행사할 힘이죠. 하지만 이를 세계화와 상호연결성 같은 현대적 개념과 함께 적용하면 어떻게 될까요? 주권의 주체는 무엇 또는 누구인가, 주권이 적용되는 범위는 어디까지인가 하는 문제는 답을 내기 어려운 논쟁을 부르는 단골 소재입니다.

"권력은 어디에서 나오는가?" 하는 질문은 적어도 고대까지 거슬러 올라갑니다. 한 세대 남짓 만에 로마 공화국(과 원로원)에서 임페라토르(아우구스투스)에게로 권력이 이양되는 것을 목격한 철학자들은 이 개념을 정확히 이해하려 애썼습니다. 하지만 주권 개념을 가장 조리 있게(최초는 아닐지 몰라도) 설명해낸 사람은 16세기 법학자 장 보댕 Jean Bodin이었습니다. 이때의 프랑스가 30년 전쟁으로 한창 난장판이었던 시기라는 점은 그리 놀랍지 않습니다. 권력을 두고 경쟁하는 제후들이 나라를 조각내고 있었기에 보댕은 권력이 어떻게 작동해야 하는지 정의할 필요성을 느꼈던 것이죠.

보댕의 설명에 따르면 주권은 "국가의 절대적이며 영속적인 권력"이어야 합니다. 즉, 주권은 그보다 상위의 권력이 없어야 하며, 안정되고 고정된 것이어야 한다는 뜻이죠. 주권 국가는 타국과의 관계에서 지켜야 할 선이 있지만, 궁극적으로는 그 누구 또는 무엇도 주권국에 명령을 내릴 수는 없습니다.

　물론 보댕이 글을 쓰던 시대는 죽음과 폭력으로 세상이 곧 멸망할 것 같던 때였으므로 그가 내놓은 주권 개념은 질서의 필요성을 공고히 재확립하려는 시도였습니다. 얼마 뒤 영국의 철학자 토머스 홉스Thomas Hobbes는 우리, 즉 국가의 본체인 국민에게 절대적 권력과 주권이 있다는 이론을 내놓았습니다. 홉스는 사람이 자기 권력을 일종의 상위 주체(왕, 의회, 과두제 대표 등등)에게 양도하는 계약은 영속적이라고 생각했습니다. 계약을 무를 수 없다는 뜻이죠. 취소할 수 없는 계약이라는 부분은 이제 적용되지 않지만, 여전히 현대 국가는 '우리'가 동의했기에 정부가 존재한다는 홉스의 생각을 토대로 돌아갑니다. 진짜 주권은 우리에게 있으며, 정부는 우리의 동의가 있어야 통치할 수 있다는 것이죠.

　보댕은, 더 폭넓게 보면 근대 초기 사상가들은 주권이란 절대적이며 세상에서 가장 높은 권위라고 믿었습니다. 하지만 지금처럼 국가 간 상호연결성이 강해진 상황에서도 이 말이 통할까요? 국제무역, 외교 또는 군사 협정에서는 양측의 양보가 필요합니다. 나토 회원국은 분담금을 내야 한다는 규칙은 주권 침해일까요? 국제형사재판소는 원하는 대로 일을 처리하려는 국가의 주권을 침해하는 걸까요?

　이렇듯 아주 명쾌해 보이는 주권 개념은 조금만 파고들어도 문제가 줄줄이 쏟아지는 주제입니다.

# 귀족정치
## 좋은 가문과 고귀한 혈통

어원상으로 보면 실력주의meritocracy와 귀족정치aristocracy는 별 차이가 없습니다. 하지만 실제로는 하늘과 땅만큼 큰 차이가 있죠. 귀족의 어원인 아리스토스aristos는 고대 그리스어로 '최고' 또는 '가장 적합한 자'를 가리킵니다. 그러니 귀족이 다스리는 귀족정치는 따지고 보면 가장 뛰어난 자가 권력을 잡는다는(실력주의) 뜻이 되죠. 하지만 우리는 귀족정치를 그런 식으로 바라보지 않습니다. 사람들은 대개 귀족이 자격도 없으면서 남을 깔보며 거들먹대는 속물이라고 여깁니다. 불공평했던 과거의 케케묵은 유물이라고요.

하지만 현대 국가 체제에 어울리지 않는다고는 해도 귀족정치라는 개념은 다양한 문화권에 깊이 뿌리박혀 있습니다.

20세기 프랑스 철학자이자 인류학자인 클로드 레비스트로스 Claude Lévi-Strauss는 모든 인간이 어디서든 한 가지 뚜렷한 특징을 보인다고 주장했습니다. 바로 '우리'와 '저들'을 만들어낸다는 것이죠. 우리는 늘 세상을 이분법적으로 나눕니다. 시민과 이방인, 어른과 아이, 귀족과 서민. 영국은 '계급'에 집착하기로 악명 높지만, 다른 나라에도 비슷한 것들이 있습니다. 기준이 돈인지, 신분인지, 나이인지만 다를 뿐이죠. 레비스트로스의 말대로라면 조각내고 선을 긋는 것이 인간의 본성이니까요.

여기에는 부정하기 어려운 역사적 증거가 있습니다. 민주주의의 원형을 보여준 선봉장인 고대 그리스에서 약 30만 명의 주민 가운데 실제로 투표에 참여한 것은 고작 2만 명이었습니다. 여성, 어린이, 노예, 외국인에게는 투표권이 없었고요. 그리스의 '황금기'를 지배한 것은 귀족이었습니다. 페리클레스Perikles, 헤로도토스Herodotos, 플라톤은 모두 명망 있는 엘리트 집안 출신이었죠. 역시 민주주의의 귀감으로 알려진 로마 공화정에서도 집정관 중 절반은 똑같은 10개 가문 출신이었습니다. 기사도와 화려한 휘장의 시대였던 유럽 중세에는 혈통 중심주의가 노골적으로 강화되었습니다. 왕을 꼭대기에 두고 귀족에서 소작농 계급까지 계단식으로 내려가는 봉건제도까지 생겨났죠. 중국에서는 비교적 최근까지 차례로 바뀐 왕조의 소수 인원에게만 권력이 집중되었습니다. 사실 어느 정도 복잡해진 문명에서는 어떤 형태로든 귀족정치가 나타나기 마련입니다. 마야에는 권력층인 아아우ahau가, 로마에는 도시귀족patrician이, 마오리에는 귀족인 아리키ariki가 있었습니다.

엘리트 지배층이라는 개념은 불공평하고 반민주적이지만, 아이러니하게도 역사적으로 현대의 자유민주주의 국가로 가는 길을 닦은 것은 바로 귀족이었습니다. 더 큰 권력과 부를 손에 넣은 귀족들은 최상위 지배자(왕 또는 황제)에게 더 많은 권리를 요구합니다. 한데 뭉쳐서 자유를 요구하는 거죠. 결국에는 낙수 효과로 모든 이가 누리게 될(이상적으로는) 자유를요. 영국의 마그나 카르타, 고대 중국의 주周 왕조, 일본의 사무라이는 이런 현상을 보여주는 예시입니다.

이렇게 보면 귀족정치는 사회가 복잡하게 발전하면서 불가피하게 나타나는 요소일 뿐만 아니라 사회경제적 변화를 이끄는 촉매로 보이기도 합니다. 역사적으로 보면 귀족이 거만하고 남을 깔본 것은 사실이지만, 자기 위에 있는 더 힘세고 더 나쁜 폭군에게 맞서기도 했으니까요.

# 민주주의
## 민중에게 민중이 원하는 것을

한때 민주주의는 말도 안 되는 생각으로 취급받았습니다. 수 세기 동안 사회를 지배한 것은 통치하는 법을 교육받은 소수의 엘리트였고, 이들의 권력은 세습되었습니다. 그러다 누군가가 '민중'에게 발언권을 주는 편이 합리적이라는 생각을 해냈죠. 아테네에서 초창기 민주주의를 직접 목격한 플라톤은 일개 선원에게 배의 선장을 맡기는 것만큼 어리석은 생각이라고 여겼습니다. 민중이 무슨 정치를 안다고?

하지만 그 생각은 오래도록 살아남았고, 알고 보니 인류 역사상 가장 효율적이고 강력하며 혁신적인 통치 형태라는 것이 밝혀졌습니다.

우리는 민주주의 개념에 너무 익숙해진 나머지 그게 얼마나 복잡한 제도인지 종종 잊어버립니다. 고대 그리스의 민주주의는 '직접' 민주주의였습니다. 투표권이 있는 사람들(전체 인구에서 매우 제한적인 일부)이 무슨 중요한 일이 있을 때마다 직접 투표해야 한다는 뜻이죠. 전쟁을 하자고? 투표해야지. 세금을 올려? 투표. 새로 학교를 짓자고? 음, 투표해야겠네. 요즘 사람들은 투표가 너무 많아 피곤하다고 하지만, 그리스인들이 들으면 토가 자락을 펄럭이며 웃을 겁니다.

오늘날 가장 널리 자리 잡은 제도는 '대표' 민주주의입니다. 우리 대신 이 모든 일을 맡아서 해줄 사람을 뽑는 방식입니다. 아무래도 이 대표들(하원의원, 상원의원, 대리인 등)이 평범한 사람보다는 잘 알 테고, 그렇게 하면 일반인들은 시간을 뺏기지 않고 생업에 전념할 수 있다는 게 핵심입니다. 우리는 대표들을 뽑고, 이들이 하원이나 상원에 모여서 논쟁을 벌이고 법을 만드는 일을 하는 거죠.

역사적으로 민주주의를 둘러싼 가장 큰 쟁점은 '민중', 즉 투표권이 있는 사람의 범위였습니다. 아테네에서는 토박이 남성만이 유권자였습니다. 로마 공화국에서도 남성만 투표할 수 있었고, 계급과 지위에 따라 한 표의 가중치가 정해졌죠. '모든 사람'이 투표할 수 있다는 급진적인 주장은 19세기에 들어서야 탄력을 받기 시작했습니다. 전 세계에서 다양한 투표권(참정권) 운동이 일어났으며, 가장 널리 알려진 것은 영국의 여성 참정권(서프러제트suffragette) 운동과 미국의 세네카폴스 집회Seneca Falls Convention였습니다.

하지만 역사를 살펴보면 알 수 있듯, 기득권자들은 권력을 순순히 나누려 하지 않는 법입니다. 반백 년이 훌쩍 넘는 세월과 한 차례의 세계대전이 지나고 나서야 1920년대에 미국과 영국에서 마침내 여성에게 참정권이 부여되었습니다. 뉴질랜드의 경우인 1893년보다 한참 늦은 시기였죠. 세계 주요 민주주의 국가들이 투표 연령을 18세로 낮춘 것은 다시 몇십 년과 두 번째 세계대전이 지나간 뒤였습니다. 이런 맥락에서 보면 지금과 같은 형태의 민주주의가 존재한 것은 사실 50년 정도밖에 되지 않았습니다. 세계 역사를 기준으로 하자면 겨우 걸음마 단계인 셈이죠.

민주주의는 고정된 개념이 아닙니다. 민주주의가 국가 체제를 변화시켰듯 민주주의 제도 자체도 끊임없이 달라지고 변모하죠. 여기서 중요한 질문이 떠오릅니다. 내일의 민주주의는 어떤 모습일까요? 외국의 간섭과 사이버 공격, 허위 정보 유포와 인공지능의 시대에도 민주주의는 살아남을 수 있을까요?

# 현대 국가의 역학 구조
정치는 왜 지루해야 하는가

독재자는 자기 마음대로 법을 재단하는 사람입니다. 이 경우 대체로 탐탁한 결과가 나오지 않죠. 로마 황제 칼리굴라는 자기 말을 집정관으로 삼겠다고 우겼고, 아이티 대통령 프랑수아 뒤발리에François Du-valier는 검은 개를 전부 사살하라고 명령했으며, 리비아 독재자 무아마르 알 카다피Muammar al-Qaddafi는 경호원으로 젊고 매력적인 여성만을 고집했습니다. 모든 권력을 한 사람에게 몰아주는 것은 결코 좋은 일이 아닙니다. 전 세계 거의 모든 민주주의 국가(안정된 현대 국가 전체)가 기본적으로 '삼권분립' 체제를 채택하는 이유가 바로 여기 있습니다.

정부가 제 기능을 하려면 법을 만드는 이들, 집행하는 이들, 해석하는 이들이 따로따로 필요합니다. 정치학 개론에 나오는 용어로 설명하자면 입법부, 행정부, 사법부가 있어야 한다는 말이죠.

입법부는 정치가와 지도자들이 국가의 법을 만들고, 논하고, 통과시키는 곳입니다. 우리가 도둑질하거나 유리창을 깨거나 도로에서 역주행하지 못하는 이유는 입법부가 어딘가에서 그걸 법으로 만들어놨기 때문이죠. 가끔은 경찰이나 법이나 그게 그거 아니냐고 생각하는 사람도 있지만, 경찰의 권한은 선출된 입법부가 만든 법에 전적으로 제한됩니다.

이렇게 만들어진 법을 이행하는 역할은 행정부 몫입니다. 대체로 행정 업무는 수상이나 대통령 등의 국가수반을 필두로 한 수많은 공무원이 수행합니다. 공무원이라는 직업은 고대 중국에서 시작되었으며,

당시 부모들은 자식이 국가의 과거시험에 통과하도록 교육했습니다. 유교 사상과 문장력, 산술, 시사 지식을 보는 엄격한 시험이었죠. 평민과 귀족 양쪽에 유망한 직업을 얻을 가능성을 열어주는 실력 위주의 제도였습니다.

현대적 삼권분립의 세 번째 권력 기관은 사법부입니다. 사법부는 법을 만들거나 시행하지 않는 대신 법을 해석합니다. 판사, 특히 대법관들은 두 가지 임무를 수행합니다. 첫째는 특정 사건을 구성하는 사실들이 법을 위배하는지 아닌지 결정하는 것입니다. 두 번째 역할은 다른 두 권력을 견제하는 것이고요. 한 정당 또는 카리스마 있는 지도자가 입법부와 행정부를 장악하면 실질적으로 독재자의 권력을 손에 넣게 됩니다. 일반적으로 헌법에 명시되는 불가침의 법조문을 누군가가 위반하지 못하게 막는 최후의 보루가 바로 사법부입니다.

지금까지 다룬 현대 정치 담론에서는 한 가지가 빠졌습니다. 정치란 참 지루하다는 것이죠. 정치는 기나긴 위원회 회의, 끝없이 이어지는 문서 수정, 그리고 협상으로 이루어집니다. 이는 정확히 의도된 대로입니다. 민주주의는 느릴지언정 신중하게 움직입니다. 변화의 바람에 민첩하게 대응하지는 못할지라도 세상이 어지러울 때 안정을 제공한다는 뜻입니다.

# 공산주의
## 마르크스주의의 나무

　'공산주의'라는 단어는 마치 로르샤흐 테스트의 잉크 얼룩 같습니다. 사람들은 그 말에서 자신의 편견을 보게 되거든요. 공산주의는 마르크스의 철학 사상일까요? 아니면 마오쩌둥이 만든 하나의 중국? 티셔츠에 찍힌 체 게바라의 멋진 이미지? 공산주의는 하나로 정의하기 어렵습니다. 철학 사상이 다 그렇듯 구불구불한 곁가지가 있는 나무에 가깝죠. 공산주의가 나무라면 카를 마르크스는 둥치입니다. 거기서 레닌주의와 마오주의라는 커다란 가지 두 개가 뻗어나오죠.

　「공산당 선언」(1848)에서 마르크스는 결국 자본주의 세계가 과도하게 부풀어 올랐다가 무너지며 전 세계 차원의 공산화가 이루어질 것이라 주장했습니다. 모든 재산이 공동으로 소유되고 사회 계급이 사라진 세상이 온다고요. 그러니 팝콘이나 먹으며 기다려보도록 하죠.

　1917년 러시아에서 권력을 잡은 레닌의 사상은 철저하게 러시아 역사를 토대로 삼았습니다. 러시아에는 마르크스가 말했던 민주주의나 자유주의 전통은 존재하지 않았죠. 그래서 레닌은 공산주의 혁명을 이끌 '선봉'이 필요하다고 역설했습니다. 정치적으로 의식화된 지식인 엘리트가 앞장서서 프롤레타리아가 압제자의 족쇄를 벗어던지게끔 이끌어야 한다고 여겼죠. 러시아의 농민과 노동자들은 부르주아를 몰아내거나 사회주의 국가를 운영할 역량이 없다고 보았기 때문입니다. 마르크스는 언젠가 필연적으로 변화가 일어난다고 생각했지만, 레닌은 짧고 강렬하게 밀어붙이는 방법이 필요하다고 본 겁니다.

레닌주의는 대부분 1989년 베를린 장벽과 함께 무너졌지만, 2차 대전 이후 중국의 국가주석 마오쩌둥이 보인 행보는 공산주의라는 나무에 아직 생명력이 남았음을 보여주었습니다. 마르크스가 보기에 공산주의 혁명은 중국이나 러시아에서 일어날 게 아니었습니다. 산업화 이후 후기 단계에 이른 자본주의 국가, 즉 독일, 프랑스, 영국에서 일어나야 마땅했죠. 제2차 세계대전으로 파괴되고 국가 경제가 극도로 농업에 의존하던 중국은 이와 거리가 멀었습니다. 그런데도 어쨌거나 공산주의 이념이 마오주의라는 형태로 뿌리내렸습니다.

철학적으로 마오주의는 두 가지 주요 신념에서 마르크스주의와 차별화됩니다.

첫째, 마르크스는 모든 역사가 경제적 필연성의 결과라고 믿었지만, 마오쩌둥은 이데올로기가 더 큰 원동력이라고 생각했습니다. 마오쩌둥이 생각하기에 '계급 투쟁'은 굳이 공장 노동자와 소유주의 대결일 필요가 없었습니다. 한 계급 내부에서, 심지어 개인의 마음 안에서도 투쟁이 일어날 수 있다고 본 것이죠.

둘째, 마르크스는 계급 투쟁의 결과가 유토피아의 도래로 이어진다고 보았습니다. 프롤레타리아가 계급이 없고 평화로운 공산주의 사회를 이룩한다는 것이죠. 하지만 마오쩌둥은 삶의 모든 것은 나란히 존재하며, 자신과 반대되는 요소가 있어야 더 명확히 정의된다고 믿었습니다. 영원한 혁명과 투쟁만이 존재한다는 뜻입니다.

공산주의는 복잡하며, 정치 문제를 다룰 때 늘 그렇듯이 추종자들은 문제점을 얼버무리고 반대론자들은 이를 과장합니다. 하지만 1980년대에는 세계 인구 가운데 약 3분의 1이 공산주의 정부 치하에 살았습니다. 그렇다면 마르크스주의라는 나무 둥치만큼 현대 정치 판도에 큰 영향을 미친 정치 이념은 없다고 봐도 무방하겠지요.

# 파시즘
## 징후를 포착하는 방법

미국의 변호사 마이크 고드윈Mike Godwin이 제시한 '고드윈의 법칙'에 따르면 인터넷 토론이 길어질수록 한쪽이 상대방을 나치에 비유하며 공격할 가능성이 커진다고 합니다. 왜 사람들은 이렇게 나치 타령을 할까요? 파시즘에 대한 집착은 1945년에 진작 끝나지 않았나요? 어쩌면 실제로는 파시즘이 완전히 사라지지 않아서, 사회 주변부에서 유령처럼 떠돌고 있어서일지도 모르겠네요.

따지고 보면 기본적으로 파시즘은 극단적 형태의 민족주의일 뿐입니다. 민족 정체성을 그 무엇보다 우위에 두고 이상화하는 정치 체제죠. 각종 선전과 애국심, 이런저런 반감을 활용해서 파시즘은 특정 국가를 유사종교적 광신으로 끌고 갑니다. 사람들은 그 제단 앞에 머리를 조아려야 하고요. 파시즘 체제에서는 대개 히틀러나 무솔리니, 프랑코처럼 카리스마 있는 지도자가 등장하지만, 그건 그들이 민족주의적 이상을 대표하기 때문일 뿐입니다. 당신의 직업, 가족, 심지어 삶 자체마저 위대한 민족국가에 봉사하기 위해 존재하죠.

실질적으로 파시즘은 전체주의와 불가분의 관계입니다. 전체주의는 '파시즘의 철학자'로 불리는 조반니 젠틸레Giovanni Gentile가 만들어낸 용어입니다. 정부가 정치적 과정, 국가 행정, 군대, 경찰과 비밀경찰, 경제 발전 방향, 그리고 물론 나팔수 노릇을 할 대중 매체까지 모든 것을 전체적으로 통제한다는 뜻이죠. 파시즘이 근대적 개념인 이유는 대중 매체를 활용하는 방식에서 찾을 수 있습니다.

파시즘 선전에는 두 가지 특징이 있죠.

첫째, 파시즘 선전은 적대적 태도를 조장합니다. 지나치게 단순한 이분법으로 사람들을 '우리'와 '저들'로 나눠버리죠. '저들'은 거의 항상 다른 민족 집단이며, 원래 이 땅에 살던 선량한 시민보다 열등해야만 합니다. '저들'은 인간 이하이며 어떤 식으로든 악하고 국가에 해를 끼치는 존재라는 거죠. 우리를 저들에게서 보호하고 저들을 우리 사회에서 몰아내는 것이 파시즘 정부의 역할입니다. 이런 우월감이 바로 일반적 민족주의나 애국심과 파시즘을 가르는 기준입니다. 보통은 다른 민족과의 차이점과 독창성을 강조하기는 해도 굳이 우열을 가리지는 않으니까요.

둘째, 파시즘 선전은 사람들의 향수에 호소합니다. 주로 허구에 가까운 황금기, 즉 마음에 들지 않는 것들이 하나도 존재하지 않았던 시대를 들먹이죠. 파시즘은 혈통 또는 이념 면에서 순수하며 올바른 가치만을 지닌 시민들로 완벽한 사회를 (재)창조한다는 이상을 제시합니다. 소비지상주의, 자유주의, 동성애, 무신론, 기타 부적절해 보이는 모든 사상을 몰아내겠다고 하면서요. 한 마디로 파시스트들은 우리의 나라를 다시 위대하게 해주겠다고 약속합니다.

파시즘을 객관적으로 바라보기는 무척 힘듭니다. 그건 증오의 이념이거든요. 틈만 나면 특정 유형의 인간이 열등하다고 주장하고, 폭력과 전쟁을 꾀하는 철학이죠. 600만 명을 죽인 홀로코스트의 토대가 된 신념 체계이기도 합니다. 사람들이 나치 이야기를 자주 꺼내는 데에는 그럴 만한 이유가 있습니다. 배워야 할 교훈이 있기 때문이죠. 그렇기에 혹시라도 파시즘이 다시 슬그머니 고개를 든다면 우리는 한층 준비된 자세로 맞설 수 있을 겁니다.

# 자유
## 알고 보면 복잡한 개념

영화 〈브레이브 하트〉에서 "프리덤!" 하고 목청껏 부르짖는 멜 깁슨은 감명 깊었지만, 그렇다고 '자유'가 절대적 선은 아닙니다. 자유도가 높다고 꼭 더 나은 사회가 되지는 않는다는 뜻이죠. 예를 들어 누구나 마음만 내키면 살인, 절도, 폭행을 저지를 '자유'가 있는 세상에서 살고 싶은 사람은 없을 겁니다. 오늘날 우리가 '자유주의' 국가라고 부르는 곳에는 사실 사회와 경제에 적용되는 수많은 각종 규제가 있습니다. 술을 마시고 운전하면 안 되고, 집에서 사제 폭탄을 만들어도 안 되죠. 한편으로 너무 적은 자유는 비참한 전체주의 사회의 주된 특징입니다. 심지어 오늘날에도 무엇이 '너무 많은', 또는 '너무 적은' 자유인지를 두고 시시때때로 정치 분쟁이 일어납니다.

근대 이전의 역사에서 자유는 개인적인 것(자기가 원하는 대로할 자유)이 아니라 집합적인 것(정치 공동체로서 우리 전체가 누리는권리)으로 인식 되었습니다. 그리스 도시국가와 로마 공화국에서 자유란 문제 처리 절차에 말을 보탤 발언권이었습니다. 국가에서 간섭받지않을 자유가 아니라 국가에 의견을 낼 자유였던 것이죠. 이런 자유는대개 민주주의를 뜻합니다. 18세기 프랑스와 미국에서 사람들이 혁명을 일으키는 동기가 되었던 것도 이런 개념의 자유였습니다. "대표 없이는 과세도 없다!" 미국 독립운동가들은 이렇게 외쳤죠. 이런 혁명에관련된 철학자와 사상가들이 자신을 로마 공화국이나 그리스 사람들에 즐겨 비유했다는 사실은 많은 것을 시사합니다. 이를테면 미국 건국의 아버지 존 애덤스John Adams는 미국인이 자유를 사랑하던 그리스인이나 영국이 압정을 펼치던 시절의 페르시아인에 해당한다는 비유를 자주 활용했죠.

민주적 자유만큼 개인적 자유라는 개념도 꾸준히 존재했습니다. 이 유형의 자유는 대개 영국의 전통으로 여겨집니다. 마그나 카르타Magna Carta는 이를 잘 보여주는 예시죠. 마그나 카르타는 13세기에 영국 '국민(사실은 부유한 제후들)'이 요청한 자유민으로서의 권리를 담은 문서입니다. 그로부터 4세기 후 영국의 철학자 존 로크는 통치자가 국민의 "생명, 건강, 자유, 소유물"에 권리를 행사하지 못한다고 주장했습니다. 정부의 권한에 명확한 경계선을 그은 것이죠.

하지만 영국 이전에 다른 문화권에서는 자유를 논한 적이 없다고 하면 거짓말(그리고 모욕)이 되겠지요. 첫째, 마그나 카르타보다 한참 전에 기독교가 그 길을 닦았다는 주장이 있습니다. 기독교에서는 신만이 모든 것에 우선하는 최고의 권위자이므로 남에게 간섭받지 않을 개인의 권한을 강조합니다. 둘째, 수많은 비영국인 사상가가 자유를 주제로 다양한 글을 썼습니다. 몽테뉴, 마키아벨리, 토마스 아퀴나스, 아우구스티누스, 벵자맹 콩스탕이 대표적이죠.

오늘날 '자유'에는 너무 많은 의미가 담기는 바람에 오히려 의미가 사라져버릴 지경입니다. 자유는 벽에 그라피티를 그리고 다니는 무정부주의자의 신조일 수도, 카디건을 입은 나이 지긋한 노인의 투표 성향일 수도 있습니다. 규제가 아예 없는 체계일 수도 있고, 수많은 규제를 지닌 체계일 수도 있고요. 정치적이고 사회적인 문제이거나 경제적인 문제일 수도 있고, 문화적인 문제일 수도 있습니다. 하지만 이 말이 아무리 뚜렷하게 정의하기 어렵다고 해도 세계 역사는 '자유주의'라는 박자에 맞춰 움직이고 있습니다.

# 표현의 자유
## 다양한 관점을 보장하기

그럴 마음만 있다면 당신은 남이 해낸 필생의 업적을 깔아뭉개는 글을 발표하거나, 인터넷에서 남의 의견을 헐뜯거나, 대통령에게 야유를 퍼부을 수 있습니다. 다 표현의 자유가 있는 나라에서 태어난 덕분이죠. 자기 생각을 입 밖에 내거나 하고 싶은 (거의 모든) 말을 뒷감당 걱정 없이 (거의 모든) 사람들에게 할 수 있다는 개념은 오래전에 등장했습니다. 하지만 그렇다고 이 개념이 간단하거나 명료하다는 뜻은 아닙니다.

아테네 철학자들은 정치적 의견을 논하거나 서로 반박할 수 없다면 민주주의 또한 존재할 수 없음을 일찌감치 깨달았습니다. 한 가지 의견만 내놓을 수 있다면 경쟁 관계인 정치가들이 어떻게 다양한 미래상을 제시할 수 있을까요? 파레시아parrhesia, 즉 '제한 없는 말하기'는 아테네 민주주의의 핵심 가치였습니다. 그러나 바로 그 민주주의를 통해 소크라테스는 "국가에서 인정하는 신들을 인정하기를 거부했다"라는 죄목으로 사형을 선고받았죠. 초창기에는 표현의 자유라는 개념에도 한계가 있었음을 보여주는 일화입니다.

예로부터 비유럽 문화권에서 종교의 자유가 허락되었던 예시는 많지만(인도의 아소카 대왕이나 몽골 제국 칭기즈칸이 내린 칙령 등), 유럽 역사에서처럼 '표현의 자유'가 강조된 예는 별로 없습니다. 이런 특징은 그리스와 로마의 유산이죠. 하지만 강력한 제후들이 앞다퉈 주도권을 잡으려는 상황에서 생겨난 자유주의(178쪽 참조)와 개인주의에 발맞춰 발전한 것이기도 합니다. 남작, 공작, 영주들은 자신을 막을 권력자가 없으면 뭐든 말할 수 있었죠.

종교 개혁 덕분에 개인 신자는 상당한 권한을 얻었습니다(이를테면 구교 앞잡이들에게 간섭받지 않고 말할 권리). 더불어 인간의 이성을 강조하는 계몽주의 덕분에 자유로운 토론과 논쟁이 장려되었죠. 19세기 영국 철학자 존 스튜어트 밀John Stuart Mill이 내놓은 표현의 자유 옹호론은 지금 봐도 감탄스러울 만큼 논리정연합니다. 밀은 표현의 자유가 필요한 이유를 세 가지로 정리했습니다.

첫째, 사람이 교만해지지 않게 막아줍니다(누가 당신 의견에서 결점을 찾아낼 수도 있으므로).

둘째, 신념에 정당성 또는 진실성을 부여합니다(신념을 공격할 수 있어야만 그 신념의 신빙성을 확인할 수 있으므로).

셋째, 개념이 쇠퇴해서 '시든 신조'가 되는 일을 방지합니다. 자유와 민주주의, 정직함과 정중함 같은 개념은 계속 논쟁의 주제가 되어야 합니다. 그렇지 않으면 녹이 슬고 잊히기 마련이죠. 논쟁이 없으면 신념이 왜 중요한지 잊어버리기 쉬우니까요.

오늘날 완전한 표현의 자유를 허용하는 국가는 없습니다. 가령, 자기 것이 아닌 자료를 배포하면 곤란합니다. 국가 기밀을 떠벌려서도 안 됩니다. 소셜 미디어에 폭탄 만드는 법을 올리는 것도 금지입니다. 증오 발언을 금지하는 법을 채택하는 나라가 점점 늘어나고 있습니다. 그러니 고대 그리스식 '제한 없는 말하기'는 예나 지금이나 현실적이지 않죠. 하지만 논쟁과 토론의 자유는 분명히 필요합니다. 자기주장을 방어하고 지킬 권리뿐 아니라 항의하고, 도전하고, 조롱할 권리도 있어야 한다는 뜻입니다. 다양한 관점을 보장하지 않으면 민주주의 또한 존재할 수 없으니까요.

# 인권
## 더 나은 대우를 받을 권리

제2차 세계대전이 끝났을 때 연합국은 난관에 봉착했습니다. '명령에 따랐을 뿐인' 정보원, 동조자, 방관자들을 어떻게 처리해야 할까 하는 문제였죠. 어쨌거나 아무리 가증스럽고 부도덕하고 비인간적일지라도 나치가 저지른 짓은 일단 그 땅의 법에 따르면 '합법'이었거든요. 독일인들이 독일법을 따른 것뿐이었습니다.

뉘른베르크 전범 재판에서 나타난 문제는 보편적인 국제법이 없다는 것이었습니다. 베스트팔렌 조약(137쪽 참조) 이후 세계 각국은 대부분 "자기네 나라 문제는 자기네가 알아서" 정책을 택했습니다. 못 본 체하기가 대세인 시대였죠. 하지만 홀로코스트를 못 본 척할 수는 없었습니다. 집단 학살로 수백만 명이 살해당했고, 나치 점령 지역이 연합국에 의해 해방되면서 끔찍한 참상이 대중에게 널리 알려졌습니다. 인권이 주요 관심사로 떠오른 것이죠.

인권의 역사는 순탄치 않았습니다. 사람에게 일종의 '권리'가 있다는 생각은 최초의 법전에도 담겨 있었습니다. 하지만 학자들은 고대 그리스와 로마에 들어서야 더 구체적인 인권 개념이 생겨났다고 봅니다. 로마의 만민법ius gentium은 세상에 자연법이 적용된다는 개념에 토대를 두었습니다. 어디 출신이든 상관없이 모든 사람에게 똑같이 적용되는 '국제법'이라는 뜻입니다. 하지만 일부 인종 전체를 노예로 삼았던 문화(188쪽 '민권' 참조)에서 인권 개념이 탄생했다고 보기는 어렵습니다. 이방인, 여성, 피지배민을 2등시민 취급한 것도 만민법 정신에 들어맞지 않죠.

　인권이 뜬구름 잡는 소리에 그치지 않으려면 법으로 성문화되어야 합니다. 정말 그렇게 된 것은 18세기에 들어서였죠. 미국 건국의 아버지들은 영국 철학자 존 로크의 '자연권' 개념에 깊은 관심을 보였고, 그중 토머스 제퍼슨은 미국 독립선언서에 이런 유명한 말을 남기기도 했습니다. "우리는 모든 인간이 평등하게 창조되었으며 창조주에게서 양도할 수 없는 몇몇 권리를 부여받았음을 자명한 진리로 받아들인다." 10년이 지나고 뒤이어 일어난 프랑스 혁명에서는 이런 선언문이 발표되었죠. "인간은 자유롭고 평등하게 태어나 살아간다. (…) 모든 정치 결사의 목적은 인간의 자연적이며 소멸하지 않는 권리를 보존하는 데 있다."

　하지만 이는 특정 국가들에 국한된 이야기였습니다. 1948년이 되어서야 국제연합(184쪽 참조)이 세계인권선언을 채택했죠. 그런데도 아직 인권은 보편성과 거리가 멉니다. 아프가니스탄 소녀들은 학교에 가지 못하고, 불교도가 대부분인 미얀마에서 이슬람교를 믿는 로힝야족은 고향에서 강제로 퇴거당합니다. 전 세계에는 아직도 4000만 명이 넘는 노예가 있습니다. 하지만 인권은 법률과 재판정에만 존재하는 것이 아니라 실제로 사람에게 힘을 주는 개념입니다. 억압적인 독재국가에서도, 창문 없는 감옥이나 학대 가정 안에서도 사람들은 이제 자기 권리가 뭔지 압니다. 자신이 더 나은 대우를 받을 권리가 있다는 사실을 안다는 뜻이죠. 물론 인권에는 아직 보호와 집행의 과정이 필요하기에 갈 길이 멉니다. 하지만 보편적 권리라는 개념 자체는 모르는 사람이 거의 없을 만큼 널리 퍼졌습니다.

# 국제연합
## 새로운 세계 질서

국제관계에서 '국가의 우선권'이란 최상위 권력과 궁극적 주권이 각 나라 정부에게 있다는 개념입니다. 국가는 조약이나 협약을 맺을 수 있지만, 내키면 언제든 이를 파기할 수도 있습니다. 국가는 최상위 권력이니까요. 현대사회에는 이런 국가의 우선권을 저해하는 문제가 많습니다. 그중 가장 심각한 것은 국가 존립에 대한 위협이죠. 국가 간 테러 행위, 국제 인신매매, 무기 거래, 지구온난화, AI 같은 최신기술의 영향 등은 홀로 감당하기 어려운 문제입니다. 초국가적 문제를 단독으로 해결할 수 있는 나라는 없습니다. 그래서 국제기구가 필요하죠. 다자간 협력을 도모하고 집단 주권을 행사하기 위해서요.

즉, 국제연합이 필요하다는 말입니다.

다치고 기진맥진한 채로 제2차 세계대전의 여파를 추스르던 사람들은 "다시는 안 돼"라며 마음을 다잡았습니다. 다시는 세계가 대학살을 못 본 척하거나 한 세대 전체가 전투에서 희생당하는 일이 결코 없어야 했습니다. 원자폭탄이 발명되면서 "다시는 안 돼"라는 말은 생존을 위해 반드시 지켜야 하는 원칙이 되었죠. 제2차 대전 이전에 사람들은 국제연맹 결성이 이런 일을 막아주리라 기대했습니다. 1920년 국제연맹은 국가들을 보호하고 전쟁을 방지할 국제기구로 설립되었습니다. 하지만 군대도 없고 자금도 부족한 조직을 진지하게 받아들이는 이는 없었죠.

1942년 이후 제2차 세계대전의 연합국은 '국제연합'으로 불리게 됩니다. 1945년 10월 국제연합, 즉 UN 조직이 정식으로 출범하면서 주축 국가들은 스스로 '상임이사국' 권한을 부여했습니다. 중국, 프랑스, 러시아, 영국, 미국의 5개 상임이사국은 UN이 내리는 모든 결정에 거부권을 행사할 수 있습니다. 짐작하시겠지만, 이 나라들은 각자의 이해관계가 판이하므로 조금이라도 논쟁의 여지가 있는 주제에 다 같이 동의하는 일은 극히 드물죠.

UN은 평화를 유지하고 문제를 (되도록) 키우지 않고 논의할 외교 무대를 마련하기 위해 설립되었습니다. 실제로 이스라엘─팔레스타인 분할에서 중요한 역할을 했고(1947), 쿠바 미사일 위기 때 중재를 맡았으며(1962), 기후변화 문제에 앞장서서 교토의정서(1997)와 파리협정(2015) 같은 해결책을 끌어내기도 했습니다.

여러 면에서 UN은 엄청나게 성공적이었습니다. 창설 이후 지금까지 세계대전도, 핵 공격도 일어나지 않았습니다. UN에는 인권 문제를 조사하고 제네바협약, 즉 국제적으로 합의된 '전쟁 규칙' 이행을 강제하는 국제형사재판소가 있습니다. 하지만 정치학자가 아니더라도 세상에 평화와 조화로움이 넘쳐나지 않는다는 사실은 쉽게 알 수 있죠. UN은 느리고 관료적일 때가 많습니다. 회원국이 193개나 되니 합의를 끌어내기도 어렵고요. 예산은 고작 30억 달러에 불과합니다. 많은 것 같지만, 미국의 해외 원조 예산이 63억 달러임을 생각하면 초라하죠.

UN은 좋은 공론장이기는 하지만, 가장 강력하고 부유한 회원국들의 적극적인 후원이 없으면 할 수 있는 일이 별로 없습니다. 그렇게 보면 여전히 국제관계에서 가장 영향력 있는 존재는 국가인지도 모르겠네요.

# 페미니즘
## 권력의 분배

역사와 인류학 연구에서 가모장 사회가 단 한 번이라도 존재했었다는 확실한 증거는 발견된 적이 없습니다. 몇몇 모계 상속 사회(예를들어 남수마트라의 미낭카바우족은 모계 혈통으로 재산을 상속합니다)나 여성 중심 사회(이로쿼이족은 여성을 매우 존중해서 대대로 그들에게 중요한 결정을 맡겼습니다)는 있지만, 여성이 의미 있는 권력을 쥔 사례는 전혀 없죠. 다시 말해서 유사 이래 거의 항상 여성은 남성의 주도와 통제 아래 살아왔다는 뜻입니다. 물론 역사적으로 몇몇 강력한 여성 통치자가 있었던 것은 사실이지만, 이 또한 연구의 주장을 뒷받침하는 소수의 예외일 뿐입니다.

페미니즘은 정의하기 쉬운 단어는 아니지만, 사람들은 일반적으로 이를 여성이 지금보다 더 큰 권력과 존중, 인정을 얻어야 한다는 개념으로 이해합니다. 사실 근대 이전에는 페미니스트가 없었느냐 하면 당연히 그렇지는 않습니다. 하지만 '사회 운동'으로서의 페미니즘은 상당히 최근에 시작되었으며, 일반적으로 세 번의 '물결'로 구분됩니다.

첫 번째 물결은 주로 법적·정치적 권리에 초점이 맞춰졌고, 이와 관련해서 자주 거론되는 이름은 영국의 작가 메리 울스턴크래프트Mary Wollstonecraft와 미국의 세네카 폴스 집회 등입니다. 사회적·문화적 부당함에 중점을 둔 두 번째 물결은 시몬 드 보부아르와 미국의 여성운동가 베티 프리던Betty Friedan 등의 인물들이 주도했습니다. 세 번째 물결은 보통 두 번째 물결을 반박 또는 수정한 버전으로 여겨지며, 법학자 킴벌리 크렌쇼Kimberlé Crenshaw가 '교차성'으로 이름 붙인 개념과 관련됩니다. 페미니즘이 계급, 인종, 장애 등의 정체성과 서로 연관된다는 개념이죠.

오늘날 페미니즘은 문화와 정치 어느 한쪽이 아니라 양쪽을 모두 아우르며 발전해왔습니다. 예를 들어 여성운동계에서 커다란 화두로 여겨지는 공적/사적 영역의 문제를 생각해보죠. 1960년대에는 분명한 사실이었고 많은 곳에서는 지금도 사실인 것이 하나 있습니다. '공적 영역', 즉 정치, 노동, 경제, 법률 분야를 남성이 지배하고 있다는 점입니다. 사적 영역, 즉 가정과 가족은 여성의 주 무대고요. 남자는 정치 지도자나 회사 대표로 일하고, 여자는 어린이집에서 아이들을 데려오고 살림을 꾸립니다. 남자는 집을 떠나서 공적으로 동료들과 어울립니다. 여자는 거의 온종일 집 안에서 시간을 보내고, 소수의 친한 친구들만 만나고, 생필품을 사러 잠깐 '외출'할 때만 집을 벗어납니다.

문제는 사회가 각 역할에 매기는 '가치'입니다. 가치는 보통 임금으로 정의되고, 성공은 권력으로 측정되죠. '무임금 노동자'와 '전업주부'라는 이름표에는 무거운 짐이 따라붙습니다. 덜 중요하고 경제적으로 가치가 떨어지는 사람으로 평가되는 것이죠.

공적/사적 영역의 구분은 사회 전반에서 나타나는 성차별 문제와 그로 인한 폐해를 한눈에 보여주는 예시입니다. 성 역할 고정관념과 그에 따르는 압력은 사람을 망가뜨릴 수도 있습니다. 남성은 끊임없이 성과를 내고 남들 앞에서 허세를 부리는 삶을 사느라 지치고, 정신적 문제까지 겪을 수 있습니다. 여성은 바깥세상으로부터 소외당해 외로움과 우울함, 답답함을 느끼기도 합니다. 페미니즘은 사회를 더 나은 곳으로 바꾸고자 하는 시도입니다. 모든 이를 위해서요.

# 민권
옳은 일을 요구하기

　　나라마다 사람들의 편견이 다르고, 억압과 복잡한 분열의 역사도 각기 다릅니다. 한 예로 흑인을 향한 인종차별을 살펴보죠. 미국에서 아프리카계 미국인들은 미국 땅에서 계속 살아가고 일해야만 했습니다. 미국의 저널리스트 배럿 홈스 피트너Barrett Holmes Pitner는 이를 다음과 같이 표현했습니다. "아프리카계 미국인은 마음을 둘 고국이 없다. 대신 이들은 끊임없이 자기 나라에서 소외되고, 비인간화되고, 범죄자 취급받으며 두려움 속에 살아간다."

　　1865년 미국에서 수정헌법 13조가 발표되며 노예제가 폐지되었지만, 그렇다고 하루아침에 인종차별과 착취가 끝난 것은 아니었습니다. 뭔가를 금지하는 법이 생겼다고 한 세기가 넘게 지속된 억압이 쉽사리 사라질 리 없죠. 저 멀리 떨어진 국회에서 통과된 종이 쪼가리가 미국이라는 광대한 땅 전체에 깊이 뿌리박혀 노예제를 유지했던 사회, 경제, 정치 구조를 단번에 뒤집을 수는 없었습니다. 이런 구조는 지금도 여전히 존재합니다.

　　이런 사실을 인식하는 것이 민권 운동의 핵심입니다. 1950년대 미국 남부에서 시행된 짐 크로Jim Crow 법은 애초부터 흑인들을 정치적·사회적으로 통제하고 경제적으로 착취할 목적으로 만들어졌습니다. 남북전쟁 이후 흑인들은 비숙련 저임금 노동으로 내몰렸고, 고등교육과 관리직에서 배제당했습니다. 흑백 분리 정책이 시행되면서 흑인들은 훨씬 뒤떨어지는 서비스와 시설만을 이용해야 했죠. 게다가 투표

권까지 박탈당해 정치에서 밀려나면서 자신들을 차별하는 정책에 반대할 법적 수단마저 **빼앗기**고 말았습니다.

**빼앗긴** 민권을 찾는 과정은 곧 사회 운동이 되었으며, 이 흐름 속에는 역사책에 실리지는 못했어도 정의를 위해 용감히 싸웠던 사람들이 있었습니다. 그런 투쟁에서 등불 역할을 한 맬컴 엑스Malcolm X, 로사 파크스Rosa Parks, 제임스 볼드윈James Baldwin, 앤젤라 데이비스Angela Davis 같은 인물 가운데서도 한층 밝게 빛났던 이가 있었으니, 바로 마틴 루서 킹 주니어입니다.

킹 목사는 비폭력 저항을 강력히 지지했습니다. 비폭력만이 "우정과 이해를 얻으려는 시도"이며 "증오보다 사랑을 택하는" 방법이라고 생각했기 때문이죠. 하지만 비폭력을 수동성과 혼동해서는 곤란합니다. 킹은 아프리카계 미국인들이 손 놓고 변화를 기다려야 한다는 '무위無爲주의'에 반대했습니다. 대신 "성장에 필요한 생산적 긴장"를 만들어내는 시위가 필요하다고 주장했죠.

그 유명한 「버밍엄 감옥에서 보내는 편지」에서 킹은 민권 운동을 지지한다고 공언하면서도 "흑인들이 '더 알맞은 시기'를 기다려야 한다"고 충고하는 '백인 중도파'를 비판했습니다. "자유란 절대 저절로 주어지지 않는다"는 사실을 이해하고 있었기 때문입니다. 자유는 요구해서 얻어내는 것이죠.

킹의 비폭력주의가 늘 인기 있었던 것은 아니며, 폭력을 동반한 혁명이냐 비폭력 시위냐 하는 논쟁은 지금도 끝나지 않았습니다. '건강한 불만'만으로는 변화를 일으키기에 부족해 보일 수도 있는가 하면, 다른 한편으로 흑인들에게 목소리를 조금 낮추라고 말하는 '백인 중도파'가 여전히 건재합니다. 하지만 마틴 루서 킹과 그가 이끈 민권 운동이 남긴 용기와 지성만큼은 아무도 부정할 수 없을 겁니다.

# 환경주의
## 망가진 세상

환경주의가 요즘 화제입니다. 사람들은 재활용 쓰레기를 분류하고, '지속가능성'을 논하죠. 자연환경을 대하는 우리 태도가 뭔가 잘못되었다는 사실을 인정하는 문화적 시대정신이 생겨난 겁니다. 실제로 여기저기서 피해가 눈에 보입니다. 자연의 생물학적 다양성이 줄어들었고, 녹지도 점점 적어지고, 1977년 이래로 연평균 기온이 20세기 평균보다 낮았던 적이 한 번도 없습니다.

자연환경을 보호하는 데 초점을 맞춘 환경주의 운동은 1960~1970년대에 주류에 편입되었습니다. 환경주의가 대두하는 과정에는 빠뜨릴 수 없는 중요한 이름과 개념이 하나씩 있습니다.

중요한 이름은 바로 레이첼 카슨Rachel Carson입니다. 카슨의 저서 『침묵의 봄』의 핵심은 기본적으로 농약과 해로운 화학물질을 향한 비판입니다. 벌레, 새, 그 외의 작은 야생동물들이 내던 은은한 배경음이 사라지고 말았음을, 그 소리를 기억하는 것은 쉰이 넘은 사람들뿐임을 탄식하는 내용이죠. 카슨은 이렇게 역설했습니다. "인간은 위험하고 심지어 치명적인 물질로 공기, 흙, 강, 바다를 오염시켜 환경을 공격한다." 하지만 『침묵의 봄』에는 이런 비판뿐 아니라 인간이 자연을 대하는 태도에 관한 지적도 담겨 있습니다.

1973년 노르웨이의 철학자 아르네 네스Arne Næss는 중요한 개념을 세상에 내놓았습니다. 네스는 자연계에서 우리가 자기 자리를 인식하는 방식을 재조정해야 한다는 의미에서 '심층 생태학'이라는 용어를

만들었습니다. 코페르니쿠스 이전의 천문학자처럼(68쪽 참조) 우리
는 모든 것이 인간을 중심으로 움직인다고 믿습니다. 나무는 잘려서 무
언가로 만들어지거나 그저 멋진 풍경을 조성하기 위해 존재한다는 식
인 거죠. 새들은 노래로 우리를 즐겁게 해주려고 있는 거고요. 벌레요?
글쎄, 징그러운 벌레에 누가 신경이나 쓰나요?

하지만 이는 모두 네스의 말대로 "생태계 관계에 대한 인간의 무
지"에서 나온 태도입니다. 우리는 자신이 생태계 먹이사슬의 최상위에
군림한다고 생각하지, 서로 얽힌 공생관계의 일원이라고 여기지 않습
니다. 네스는 이 점을 이렇게 표현했죠. "생태적 자아는 고립된 존재가
아니라 환경과 구분되는 명확한 경계선 없이 전체와 매끄럽게 연결되
는 일부분이다." 심층 생태학의 핵심은 '재평가'입니다. 인간은 다른 생
명체보다 근본적으로 더 가치 있지 않습니다. 우리가 환경을 살려야 하
는 이유는 인간의 생존 때문만이 아닙니다. 그 자체로 살릴 가치가 있
기에 살려야 한다는 것이죠.

심층 생태학 이론이 너무 급진적이라고 여기는 사람도 많습니다.
종교적·문화적 전통뿐 아니라 진화상의 본능 때문에 우리는 인간이 만
물의 중심이라고 여기지 않기가 어렵습니다. 하지만 우리가 그저 공동
체의 일원일 뿐이라는 개념에는 커다란 지혜가 깃들어 있죠.

환경주의는 사람들을 귀찮게 하는 시위 중심의 사회운동이라는
인식이 있지만, 당연히 그게 전부는 아닙니다. 우리가 선을 넘었다는
사실에 주의를 환기하자는 운동이죠. 인류는 자연계와의 관계를 망가
뜨렸고, 자연 자체까지 망가뜨리고 있습니다. 어쩌면 돌이킬 수 없을
만큼요. 환경주의 정당은 노상 지지를 얻지 못하고, 환경 이야기가 나
오면 사람들은 채널을 돌리고 못 본 척하지만, 환경주의야말로 이 책에
나오는 가장 대단한 개념일지도 모릅니다.

# 유토피아
## 비현실적 사고의 힘

완벽한 세상은 어떤 곳이라고 생각하시나요? 가능하다면 현재 상황이나 '바람직한 사회상'은 옆으로 치워두고 당신이 생각하기에 최고로 좋은 세상을 상상해보세요. 사람들은 어떤 일에 종사할까요? 누가 제일 많은 돈을 받고, 누가 가장 좋은 집에 살까요? 돈이 존재하기는 할까요? 범죄는 있나요? 아니라면 왜죠?

가끔은 유토피아에 관해 생각해보는 것도 매우 중요합니다. 유토피아라는 단어는(어쩌면 개념 자체도) 16세기의 지식인 토머스 모어 Thomas More가 만들어냈죠.

모어가 쓴 『유토피아』에서 화자는 '유토피아'라는 섬에서 온 여행자를 만납니다. 이 유토피아 주민은 불평등도 폭력도 전혀 없는 완벽한 사회 이야기를 들려주죠. 사유재산이나 재화의 불균등한 분배가 없는 곳입니다. 직업도 공평하게 할당되고요. 유토피아에서 폭력은 가장 심각한 금기로 여겨지며, "모든 이가 열심히 공공의 이익을 추구"합니다.

하지만 이 유토피아에도 어두운 구석은 있습니다. 나라를 떠나려고 시도하는 사람은 일단 감옥에 갇힙니다. 다시 시도하면 그 사람은 노예로 전락합니다. 거리는 모두 똑같이 생겼고, 10년마다 사람들은 제비뽑기로 집을 바꿔야 합니다. 문은 전부 열려 있고, 누구든 내키는 대로 오고 가죠. 네 것도 내 것도 전혀 없습니다.

학자 두 명에게 토머스 모어가 『유토피아』를 쓴 이유를 묻는다면 두 가지 다른 답이 나올 겁니다.

먼저 이 작품을 보면 체제의 전복과 혁명이 떠오릅니다. 마르크스 이후의 세상을 사는 우리는 『유토피아』를 읽으면 자연스레 공산주의와의 공통점을 눈치챌 수밖에 없죠.

다른 한편으로 이를 조롱과 풍자라고 보는 사람들도 있습니다. 내용이 너무 극단적이어서 부조리극이나 패러디로 보이는 부분이 꽤 있다는 것이죠. 이 유토피아에서는 고압적이고 간섭이 심한 태도, 인간의 본성과 상충하는 특성이 자주 나타나거든요.

하지만 이런 해석도 하나하나 뜯어보면 딱 들어맞는 것은 아닙니다. 그 이후에 나온 다른 이상향 개념과 마찬가지로 『유토피아』도 일종의 도발입니다. 우리, 즉 독자들에게 사회가 어떻게 운영되어야 마땅할지를 묻는 열린 질문인 것이죠. 다시 말해 사람들이 당연시하는 모든 것을 뒤집은 다음 그것들이 어떻게 달라져야 할지를 묻는 사고실험입니다.

오늘날 우리는 유토피아를 가슴에 품고 살아갑니다. 그게 어떤 모습인지는 사람마다 다르겠죠. 인간이 머나먼 은하계에 사는, 과학소설에 나올 법한 세상일까요? 나노기술과 AI가 고도로 발달한 세상? 아니면 자연으로 돌아가 환경을 존중하는 삶일까요? 세상에는 사람 수만큼 다양한 유토피아가 있습니다.

유토피아주의는 용감하게 현 상태에 문제를 제기하는 목소리입니다. 그뿐 아니라 변화를 불러오는 목소리이기도 하죠. 유토피아를 가장 잘 설명하는 비유는 무지개가 아닐까 합니다. 가까이 다가갈수록 무지개는 멀어지니까요. 이는 결코 도달할 수 없는 목표인 동시에 모든 사람이 앞으로 나아가게 하는 원동력이기도 합니다.

# 전쟁
## 최후의 수단이어야 하건만

이 책은 인류 역사에 등장했던 대단한 개념들을 다루는 책인데도 안타까울 만큼 익숙한 주제 하나가 계속 튀어나온다는 것을 눈치채셨을지 모르겠네요. 네, 바로 전쟁입니다. 금속공학에서 핵물리학까지, 역사상 가장 큰 규모의 기술 몇 가지는 전쟁이 일어나면서 자금을 지원받아 발전하고 제품화되어 대량생산에 이르렀죠. 정부를 세우고 정치 이념을 발전시킨 것도 전쟁이고요. 17세기 영국의 철학자 토머스 홉스 Thomas Hobbes는 인간이 사회를 이룬 것 자체가 전쟁의 존재와 위협 때문이라고 주장하기도 했습니다.

전쟁은 인류 역사에서 가장 추악한 장면들을 끌어냅니다. 대륙을 파괴하고 수많은 사람을 죽이죠. 하지만 기술 발전 면에서 단일 사건으로는 가장 효과적인 촉매이기도 합니다.

인간이 호전적인 종임을 보여주는 증거는 무수히 많습니다. 농경이 시작되기 전 수렵과 채집을 하던 부족들은 대부분 거의 항상 전쟁을 치렀고, 이런 공동체에서는 전체의 10~20퍼센트에 달하는 사람들이 비명횡사했다고 추정됩니다. 농경(130쪽 참조)과 도시(134쪽), 제국(138쪽)이 등장하면서 사회는 한층 안전해졌고, 제명대로 살지 못하고 죽을 확률은 2~5퍼센트로 떨어졌습니다. 하지만 대규모 정착지와 돌로 지은 성벽도 그리 오래가지는 못했습니다. 결국 사람들은 말을 활용해서 효과적으로 유리하게 습격하는 방법을 알아냈죠. 빠르게 움직이고 예측이 어려운 기마 공격은 로마제국, 진나라, 아바스Abbās제국에 승리를 가져다주었습니다.

하지만 갈등을 통해 위대한 것이 생겨나기도 하는 법입니다. 재에서 되살아나는 불사조처럼요. 역사적으로 거의 예외 없이 장기적이고 격렬하고 빈번한 전쟁이 있었던 시기에는 목적이야 어쨌든 굉장한 기술 혁신이 일어났죠. 자동차, 통조림(201쪽 참조), 레이더, GPS(230쪽), 인터넷(232쪽), 등자(210쪽), 핵에너지(86쪽)는 모두 전쟁 중에, 또는 전쟁에 자극받아 등장한 발명품입니다.

근대 초 유럽에서도 한 가지 예시를 찾아볼 수 있습니다. 16세기 유럽은 아주 작고 서로 교류가 없는 나라들로 쪼개졌고, 이들은 거의 항상 서로 물어뜯지 못해서 안달이었습니다. 동시대에 안정된 제국을 이뤘던 중국과 달리 유럽은 피로 얼룩진 들판과 시커멓게 타버린 마을이 널린 참혹한 상태였습니다. 이런 폐허 속 실험실에서 개발된 총과 대포는 곧 전쟁 필수품이 되었죠. 이렇게 군사력에 집중적으로 투자한 결과 한 세기 만에 유럽은 세계에서 가장 치명적이고 강력한 군대를 보유하게 되었습니다. 이윽고 이들의 제국은 거의 지구 전체로 뻗어나갔고요.

하지만 그리스 철학자 헤라클레이토스Heracleitos가 말했던 대로 과연 전쟁은 "모든 것의 아버지"일까요? 어떤 면에서 전쟁은 확실히 진보를 촉진하지만, 다른 면에서는 오히려 발전을 저해할 수도 있습니다. 과학과 기술은 언제나 민간에서 발전합니다. 전쟁에서 두드러져 보이는 것은(핵폭탄 등) 그런 발전의 결과물일 뿐이죠. 사회 발전에는 경제 번영과 안정성, 교육도 필요합니다. 그러니 전쟁은 반드시 좋은 결과로 이어지게 되어 있다고 말하는 사람을 조심하세요.

이 책에 나오는 여러 개념들이 그렇듯이 전쟁 또한 그것을 수행하는 인간만큼이나 복잡합니다.

# Technology

# 기술

인간은 기술을 사용하는 유일무이한 존재라는 말을
누가 감히 꺼냈다고 치죠. 조금만 숨죽이고 기다리면
당연히 이런 반응이 돌아올 겁니다. "사실 기술을 쓸 줄 아는
동물도 많아요." 물론 까마귀는 막대기로 구멍을 쑤실 줄
알고 문어는 조개껍데기를 방어구로 쓰지만, 아무리 그래도
똑같지는 않잖아요? 인간은 달에도 날아갔잖아요.
원자도 쪼갰고요. 페니실린, 전기, 슬링키(인류 3대
발명품이죠)도 발명했죠. 다른 동물들도 도구를
사용하고 기술을 만들 줄 알지만, 인간은 기술로 세상을
바꿔놓았는걸요.
기술은 인간이 세상을 더 편리하게 바꾸어놓은(가끔은
그 과정에서 세상을 망가뜨리기도 했지만) 다양한 방식을
가리킵니다.

# 관개
## 인공 물길

인간이 떠돌기를 그만두고 정착하여 먹거리를 기르기로 마음먹었을 때 작물을 잘 기르는 것은 생사가 달린 문제가 되었습니다. 방랑 시절에는 한 계곡에서 사냥이 시원찮거든 다른 곳으로 옮겨가면 그만이었죠. 정착한 뒤에는(130쪽 참조) 한 해 농사를 망치면 배를 곯아야 했습니다. 농사를 잘 짓는 가장 오래되고 가장 기본적인 방법 중에는 관개가 있습니다. 사람들이 힘을 합쳐 운하와 수로를 파서 농장에 물을 대는 방법이죠. 시간이 지나면서 농사와 원예의 달인들이 작물에 물을 주는 혁신적인 방법들을 새로 개발했고, 마침내 결정적이면서 궁극적인 발명품을 만들어냈습니다. 바로 자동 살수장치죠.

오늘날 이집트에서는 1억 1000만 인구의 95퍼센트가 나일강 범람원에 가까이 모여 삽니다. 이 지역 위성사진을 보면 물 가까이 사는 것이 얼마나 중요한지 새삼 실감할 수 있습니다. 그러니 고대 파라오들이 건기에는 오아시스에 물을 저장하고, 나일강 물을 멀리 떨어진 농장까지 끌어가려고 복잡한 수로를 건설했던 것도 놀랄 일이 아니죠. 비슷한 시기에 누비아인들은 최초로 수차를 발명했습니다(페르시아인들은 이를 완성했고요). 양동이를 단 바퀴를 소(또는 사람)가 끌어 돌리는 수차는 우물에서 물을 길어 관개 수로에 부어주는 기구였습니다.

사람들이 가장 많이 아는 관개 수로는 그리스와 로마의 수도관이지만, 이는 동시대 중국에서 수도 기술자들이 만들던 것에 비하면 애들 장난으로 보일 정도입니다. 중국 발명가들은 동물의 힘으로 움직이는 사슬 펌프로 지상에 있는 수원에서 물을 퍼서 높은 곳으로 올려보내는 기구를 고안했습니다. 거기서부터는 지방 행정관이 택한 수로를 따라 중력이 물을 운반해주었죠. 고대 공학의 쾌거였습니다.

이런 기발함에 버금갈 만한 풍력 펌프가 등장한 것은 이로부터 1000년이 지나서였습니다. 방앗간에서 쓰이는 풍차와 똑같이 풍력 펌프 몸체에는 날개 또는 터빈(시대에 따라)이 달렸습니다. 날개가 돌아가는 힘으로 움직이는 피스톤은 예전에 쓰이던 어떤 방법보다 효과적으로 우물에서 물을 퍼내 엄청나게 넓은 면적에 금방 물을 댈 수 있었죠. 이 발명 이후 수백 년간 풍력 펌프가 세워지는 곳마다 인구가 급증했습니다. 원활한 물 공급은 작물 생산량을 높이는데, 이는 곧 사람들에게 돌아갈 식량이 늘어난다는 뜻이니까요. 15세기에는 풍력 펌프의 작고 값싼 후계자인 수동펌프가 발명되면서 누구나 쉽게 물을 길어 쓸 수 있게 되었습니다.

오늘날 관개는 지정학적 측면에서 뜨거운 감자입니다. '아시아의 급수탑'으로 불리는 티베트가 전략적으로 그렇게 중요한 이유는 수량이 풍부한 고지대 저수지들이 수많은 나라의 관개에 필수적이기 때문이죠. 티베트의 물이 없으면 수많은 중국 농민은 한 해도 채 지나지 않아서 말라붙은 밭에 망연자실하게 될 겁니다. 마찬가지로 에티오피아가 나일강 상류를 통제하는 것은 하류 쪽 이집트에 위협이 됩니다. 에티오피아가 강에 댐을 건설해서 전기를 생산하면(현재 하는 것처럼) 수많은 이집트인이 굶을 위험에 처하죠. 그러니 지금도 관개는 생사를 가르는 문제임이 틀림없습니다.

# 식품 보존
## 훈제, 염장, 스팸

올해 초에는 아무래도 제가 잠깐 정신이 나갔던 모양입니다. 전쟁, 대참사, "식량 공급망 붕괴" 같은 기사가 잔뜩 실린 신문을 샅샅이 훑어보는 데 시간을 너무 쏟았거든요. 그러다 보니 '종말 대비론자'로밖에 보이지 않는 행동에 푹 빠지고 말았죠. 어떤 음식이 가장 오래가는지 조사해서 어마어마한 양을 사들였습니다. 건조식품, 진공포장 식품도 잔뜩 들여놨고요. 온갖 것들을 피클로 만들고 염장했죠. 통조림도 엄청나게 들여놔서 공간이 부족해질 지경이었습니다.

요즘 사람들은 슈퍼마켓에 가면 신선한 과일과 채소가 매대마다 그득그득 쌓인 광경을 당연하게 여깁니다. 하지만 아주 최근까지 이는 상상할 수 없는 사치였죠. 음식은 보존이 필요한 물건이었습니다. 긴 겨울, 흉년이 든 해, 몇 주간의 여정을 버티려면 보존식품이 있어야 했다는 뜻입니다.

가장 오래된 '식품 보존' 방법은 열을 가하는 것이었습니다. 최초의 방화광들이 불을 발견하고 나서 얼마 지나지 않아 사람들은 익힌 음식이 날것보다 오래 보존된다는 사실을 깨달았습니다. 더불어 우연이었는지 의도였는지는 몰라도 고기를 연기가 많이 나는 곳에(제대로 된 굴뚝이 없던 시절에는 집 안 어느 곳이나 그랬겠죠) 매달아두면 더 맛있어지고 더 오래간다는 것도 알아냈죠.

훈제는 좋은 방법이었지만, 번거롭기도 하고 적용할 수 있는 재료가 한정적이었습니다. 다음으로 발견된 효과 좋은 식료품 보존법은 소금이었습니다. 18세기까지 군인이나 여행자를 위한 보존식품에는 소금이 주로 쓰였습니다. 특히 로마인들에게 소금은 무척 중요했기에 '월급salary'이라는 단어도 '소금값salt-money'에서 유래했다고 하죠. 소금으로 절이면 음식의 수분 함량이 줄어듭니다. 미생물이 자라고 반응이 일어나게 하는 것은 수분이고요. 그러니 수분을 줄이면 부패 가능성이 줄어들기 마련입니다.

그러다 1795년경 프랑스의 기술자이자 '밀폐보존법의 아버지'로 불리는 니콜라 아페르Nicolas Appert가 획기적인 발명에 성공했습니다. 아페르는 다양한 음식물을 유리병에 넣어 진공 처리하고 끓는 물에 장시간 담가서 내부의 박테리아를 죽였습니다. 긴 행군을 몹시 사랑했던 나폴레옹은 이 발명을 해낸 아페르에게 상금을 수여했죠. 10여 년 뒤 영국인 피터 듀런드Peter Durand는 유리병 대신 깡통을 활용하는 방법에 특허를 냈습니다. 이렇게 해서 참치와 감자 통조림, 스팸의 길고 흥미로운 역사가 시작되었죠.

요즘 가장 많이 쓰이는 식품 보존법은 냉장입니다. 추운 지역에 사는 사람들은 물고기를 얼리면 보존 효과가 좋다는 사실을 일찌감치 알아냈습니다. 하지만 미국의 발명가 올리버 에번스Oliver Evans가 냉장고를 만들어내고 나서야 다들 주방에 이누이트 방식을 도입할 수 있게 되었죠. 최근에는 식품을 '급속냉동(미국 생물학자 클래런스 버즈아이 Clarence Birdseye가 널리 퍼뜨린 방법)'하거나 진공포장하고, 심지어 이온화방사선으로 균을 죽이기도 합니다.

식품 보존은 이 책에 소개된 편리한 발명 가운데서도 특히 저평가된 쪽에 속합니다. 수많은 사람이 목숨을 부지하는 것도, 제가 다가오는 종말에 대비해 음식을 사재기할 수 있는 것도 다 식품 보존법 덕분입니다.

# 항해술
## 와, 육지다!

    휴대전화를 집에 놔두고 나왔거나, 신호가 영 잡히지 않으면 우리는 길을 잃기가 얼마나 쉬운지 금세 깨닫게 됩니다. 큰 건물과 표지판, 물어볼 사람이 있어도 낯선 도시에서 길을 찾기는 쉽지 않죠. 똑같이 생긴 나무와 사람을 조롱하듯 뛰어다니는 다람쥐만 잔뜩 있는 숲속에서 길을 잃으면 더욱 당황스럽고요. 그러니 코끝에서 수평선까지 온통 잔잔하게 반짝이는 푸른빛만 눈에 들어오는 망망대해에서 길 찾기가 얼마나 어려울지 상상해보세요. 소금에 절인 생선과 마실 물만 조금 남은 배 위에서 아무런 도구도 없이 길을 찾아 저 멀리 항해해야 하는 상황을요. 처음으로 바다에 배를 띄운 최초의 선원들은 대체 얼마나 용감했던 걸까요.

    이게 바로 인류 역사에서 항해술이 그토록 중요했던 이유입니다.

    땅에 발붙이고 사는 우리 인간에게는 다행스럽게도 어딜 가든 방향을 알아낼 기준이 되는 지형지물이 하나는 있습니다. 바로 태양이죠. 먼 옛날 선원들은 별과 태양의 위치를 활용해서 가야 할 방향을 알아냈습니다. 예컨대 태양이나 특정 천체(북반구에서는 주로 북극성)가 수평선에서 얼마나 떨어졌는지 측정하면 자기가 탄 배의 위도(남/북)를 대강 알아낼 수 있습니다. 경도(동/서) 측정은 조금 더 까다롭습니다. 매일 같은 시간에 별의 위치를 확인해야 하죠. 물론 시계가 없던 시대에는 언제 위치를 측정해야 할지 알아내기도 쉽지 않았습니다. 하지만 밤하늘이 맑고 천문학에 밝은 사람이 배에 타고 있으면 별과 태양을 기준 삼아 항해하는 것은 실제로 그렇게까지 어렵지 않습니다. 물론 지구가 돌면서 별이 움직이고, 당신이 탄 배도 움직이죠. 하지만 별들의 상대적 위치를 알면 가야 할 방향을 꽤 정확하게 알아낼 수 있거든요.

인류가 천문 항해술을 언제 처음 배웠는지는 밝혀진 바가 없습니다. 가장 오래된 예는 (아마도) 별을 활용해서(더불어 철새들의 패턴도) 자기 섬 주변을 몇천 킬로미터씩 누비고 다녔던 폴리네시아인들이죠. 하지만 이런 항해술은 남아 있는 기록보다 훨씬 오래되었을 확률이 높습니다. 호모 사피엔스가 처음으로 아프리카를 떠나(128쪽 참조) 전 세계로 퍼져나갔을 때 이들은 동남아시아에서 오스트레일리아까지 끝없이 펼쳐진 깊고도 위험한 바다를 건너야 했을 겁니다. 무려 6만 5천 년 전에 이런 일을 해낸 거죠. 물론 절박한 시도에 운이 따랐을 수도 있지만, 호모 사피엔스는 지구상에 존재하는 내내 여기저기 옮겨 다녔던 종인 만큼 바다에서 길을 찾는 법도 알았을 가능성이 큽니다.

항해술은 나침반과 더 정확한 지도(204쪽 참조)가 등장하면서 완벽해졌지만, 인류는 그보다 수천 년 전부터 멀리까지 배를 타고 다녔습니다. 오늘날 아무 특징 없이 막막하게 펼쳐진 물길을 며칠, 몇 주, 몇 달이고 항해할 줄 아는 사람은 거의 없을 겁니다. 아니, 남북도 구분할 줄 모르는 사람이 많죠. 하지만 그럴 필요가 어디 있나요? 이제 우리에게는 스마트폰이 있는걸요.

# 지도
## 세계를 보는 관점

여러 면에서 지도 보기는 영화 관람과 비슷합니다. 안에 담긴 메시지에 집중하느라 자기도 모르게 전달 매체를 무시하게 되거든요. 영화를 볼 때 우리는 스크린 자체를 보지 않고 전달되는 이야기를 봅니다. 마찬가지로 사람들은 지도가 세상을 객관적이고 있는 그대로 보여주는 창이라고 생각하지만, 사실 지도는 현실의 축소판이 아니라 별개의 서사라고 보는 편이 정확합니다. 도식이라기보다는 특정 문화의 역사와 제작자의 의도가 담긴 작품에 가깝다는 뜻이죠.

지금껏 발견된 동굴 벽화 중에서 가장 오래된 것은 최소 4만 년 전에 그려졌고, 인류가 글을 쓰기 시작한 것은 대략 5000년 전입니다(244쪽 참조). 그러니 그 뒤로 얼마 지나지 않아서 지도가 등장했으리라 짐작하시겠죠. 그런데 실제로 지도가 존재했더라도 고고학자들이 알아보기 어렵고(사실적이지 않은 비례로 대강 그린 탓에), 시간이 지나면서 거의 소실되었으리라는 문제가 있습니다. 그래서 누가 봐도 "아, 이건 지도네"라고 할 만한 지도는 기원전 6세기경 바빌론에서 겨우 등장했습니다. 글자가 발명된 뒤 사람들이 지도를 만들어보자고 마음먹을 때까지 엄청나게 긴 시간이 걸린 셈입니다. 아마도 고향을 떠날 일 없는 대다수는 지도가 필요하지 않았기 때문이겠지요.

모든 지도는 사용자의 필요에 맞춰 제작됩니다. 로마인들은 지도에 별 관심이 없었는데(관광객, 장군, 여행자들이 지도를 쓰지 않았음은 거의 확실합니다), 그나마 있었던 지도에는 가운데에 지중해를 두고('지중'은 말 그대로 '땅의 중심'이라는 뜻이죠) 전부 로마로 연결된 도로를 그려 넣었습니다. 중국 지도는 격자선이 들어간 것이 많았지만, 축척과 입면을 그린 방식이 지역에 따라 달랐습니다. 17세기에 니콜라스 피스허르Nicolaes Visscher가 그린 네덜란드 지도에는 각 지역의 권력 구도에 관한 언급이 들어가 있죠. 말리의 도곤Dogon족은 거의 항상 지도에 천문학적 기준(동서 방향을 표시하기 위해 태양이 움직이는 궤도를 그려 넣는다든가)을 표시했고요. 런던 지하철 지도는 지하철역을 표시하기 위한 것이기에 런던의 지리를 정확하게 반영하지는 않습니다. 이 모든 예가 다 지도에 해당하지만, 실제 세계를 반영할 뿐 아니라 지도 제작자의 제작 동기 또는 편견까지 담고 있죠.

일반적으로 좋은 지도는 두 가지 역할을 해야 합니다. 첫째로는 '실제 세상'과의 상관관계를 제공해야 하며, 둘째로는 우리가 세상을 더 잘 이해하게 하는 등의 도움을 주어야 합니다. 하지만 두 번째에서의 공리주의적 목적은 간과될 때가 많죠. 예를 들어 차에 달린 위성 내비게이션을 생각해봅시다. 이 지도에서는 운전과 관계없는 지형적 특성이 의도적으로 제거되어 있습니다. 길거리 조형물이나 기타 자질구레한 것들은 필요하지 않습니다. 도로와 경로, 교통 상황만 표시되죠. 여기서 중요한 것은 목적지까지 가는 데 걸리는 시간뿐이니까요. 승차 공유 차량 운전자의 내비게이션도 비슷하지만, 수요와 공급이 많은 지역, 즉 고객을 더 많이 태우기 좋은 지역이 따로 강조되어 표시됩니다. 데이터가 지도에 녹아든 것이죠.

이렇게 지도는 사람들이 주변 환경을 파악하는 방식에 강력한 영향을 미칩니다. 지도는 항해사들이 길을 잃지 않게 도울 뿐 아니라 우리가 세상을 바라보는 관점을 정의하기도 하는 발명품입니다.

# 바퀴
## 대단한 아이디어의 원조

때는 2022년, 소셜 미디어를 뜨겁게 달군 논쟁이 일어났습니다. 주제는 다음과 같았죠. "세상에는 문이 많을까, 바퀴가 많을까?" 사람들은 각 진영으로 나뉘었고, 유명인들도 참전했습니다. BBC나 NBC 같은 방송국에서는 전문가나 업계 종사자들을 불러서 의견을 물었습니다. 이 논쟁은 우리 삶에서 바퀴가 얼마나 일상적이고 필수적인지를 보여줍니다. 바퀴 없이 돌아가는 세상은 상상조차 하기 어려울 정도죠.

위대한 발명품들이 대개 그렇기는 하지만, 나중에 생각해보면 사람들이 바퀴를 '생각해내지' 못했던 시대가 있었다는 게 놀라울 따름입니다. 어떻게 그걸 생각지 못하죠? 이렇게 유용한데.

사실 바퀴는 자연계에 존재하지 않습니다. 똥 덩어리를 굴리는 딱정벌레도 있고, 굴러서 (일종의) 장소 이동을 하는 박테리아도 있지만, 이건 우리가 생각하는 바퀴는 아닙니다. 바퀴의 조건을 충족하려면 둥글고 회전축이 있어야 하죠. 최초의 바퀴는 기원전 3500년경에 등장했습니다. 고고학적 관점에서 볼 때 묘한 사실은 바퀴가 세계 곳곳에 갑자기 나타났다는 점입니다. 고대 역사에서 가끔 보이는, 엄청난 발명품 하나가 동시다발적으로 온 사방에 나타나는 신기한 순간이었죠.

바퀴가 생기기 전 사람들은 '굴림대와 썰매'를 써서 물건을 운반했습니다. 무거운 짐을 일종의 굴림대(통나무 등) 위에 놓고 밀어서 옮기는 거죠. 그런 다음 맨 뒤에 남은 통나무를 다시 앞으로 옮기기를 반복합니다. 힘이 많이 드는 방법이었지만, 당시 사람들은 이 방법으로 고인돌도 만들어냈습니다.

그러다가 똑똑하고 과로에 지친 건설 노동자가 우연히 옹기 공방에서 시간을 보내게 됩니다. 도공들은 바퀴와 비슷한 물레로 점토를 회전시켜 완벽히 둥근 항아리와 접시를 제작했죠. 짐수레를 만드는 데 이걸 활용할 수 있겠다는 번뜩이는 아이디어가 탄생하는 순간이었습니다. 이렇게 해서 10명이 열흘 걸려 옮기던 짐을 혼자 거뜬히 옮길 수 있게 되었습니다. 신기한 것은 그리스 아니면 중국에서(어느 학자에게 묻느냐에 달렸는데, 어차피 다들 "바퀴냐 문이냐" 논쟁으로 지금 정신없이 바쁠 겁니다) 외바퀴 손수레가 발명되기까지는 여기서 또 3000년이 걸렸다는 점입니다.

유럽인들이 유입되기 전까지 아메리카 원주민들은 바퀴의 존재를 몰랐다는 설이 있습니다. 하지만 실제로 이들은 장난감과 옹기 제작에 바퀴를 사용했습니다. 다만 짐수레를 끌 대형 가축(소나 말)이 없었기에 짐을 옮기는 데 사용하지 않았을 뿐입니다. 유럽에서 농사와 짐 운반, 건축에 유용하고 중요하게 쓰였던 바퀴가 아메리카 대륙에서는 아이들 장난감에 지나지 않았던 것이죠.

처음 발명된 뒤 압축공기와 고무의 조합이 발견되기 전까지 바퀴의 형태는 거의 바뀌지 않고 그대로였습니다. 심지어 고무 타이어도 재발명이라기보다는 단순한 개선에 그친 수준이었죠. 어쨌든 바퀴는 좋은 발명품 하나가 세상에 얼마나 큰 영향을 미칠 수 있는지를 완벽하게 보여주는 증거입니다. 우리가 사는 세상에서 바퀴란 지극히 단순하고 당연한 물건이어서 사람들이 바퀴를 몰랐던 시대를 상상하는 것조차 어려우니까요.

# 검
## 잘 벼려낸 예리한 무기

　나무막대와 돌멩이는 분명히 뼈를 부러뜨릴 수 있습니다. 그래서 오랜 세월 무기로 사용되었죠. 고고학자들이 찾아낸 최초의 무기로는 돌촉이 달린 화살이나 창, 매머드만큼 큰 동물(또는 진짜 매머드) 뼈로 만든 거대한 곤봉과 도끼가 있습니다. 하지만 이 아득한 옛날의 유물 가운데서 검은 찾아볼 수 없습니다. 자연에서 날이 선 물건은 구하기 어려웠고, 찌르는 무기가 필요하다면 화살이나 창이 더 나은 선택지였 거든요. 그러다 어느 창의력 넘치는 고대 금속공학자가 청동 만드는 법을 알아내면서 상황이 완전히 달라졌죠.

　무기 만들기에 적합한 금속은 드문 편입니다. 금과 은은 모양 잡 기는 쉽지만 비싼 데다 너무 빨리 이가 나갑니다. 주석은 냄비와 프라 이팬을 만들기에는 좋지만 덩치 큰 사람이 휘두르는 나뭇등걸 곤봉을 막아내기엔 역부족이고요. 여기서 필요한 것은 인류의 최초의 합금, 즉 청동이죠.

　청동은 대체로 구리와 주석을 섞어 만드는 합금입니다. 강도나 유 연성을 더할 목적으로 다른 성분을 섞기도 하죠. 주석과 구리 광석은 한 군데서 발견되는 일이 거의 없었기에 고대 대장장이들은 여러 귀찮 음을 감수해야 했습니다. 오늘날에는 두 가지를 모두 보유한 국가가 많 지만, 작디작은 왕국들이 서로 다투던 고대에는 둘 다 가진 나라가 거 의 없었죠. 그러니 둘 중 하나라도 가지고 있으면 아주 귀중한 무역 상 대 또는 매력적인 침략 대상이 된다는 뜻이었습니다. 키프로스는 고대 그리스의 구리 광산이었고, 솔로몬 왕은 구리 광산으로 자신의(그리고 고대 이스라엘의) 재산을 모았습니다. 영국을 가리키는 명칭인 '브리튼'은 페니키아어로 '주석의 땅'이라는 뜻인 '바라타낙Baratanac'에서 왔다는 설도 있습니다.

청동은 철보다 강하지만, 손이 많이 가고 다루기 어려웠기에 청동기는 철기에 자리를 내줘야 했습니다. 바퀴가 그랬듯 철기 제작법 또한 전 세계에서 거의 동시에 발견되었습니다('외계인 문명 전파설'에 힘을 실어줄 마음은 없지만, 이런 일이 얼마나 자주 일어나는지 생각하면 기묘한 것은 사실이죠). 철기를 제작하려면 철광석을 제련할 만큼 온도가 높이 올라가는 용광로, 그리고 철을 두드려 모양을 잡을 헤라클레스의 어깨가 있어야 합니다. 그래도 여전히 청동보다는 다루기 쉽죠. 그래서 검과 갑옷뿐 아니라 문이나 난간, 장난감을 만드는 데도 사용되었습니다. 고대에도 철의 사촌 격이자 더 강하고 질 좋은 강철이 있기는 했으나 드물었고, 특히 유라시아 서부에서는 거의 쓰이지 않았습니다. 중국이나 '다마스쿠스 강철'로 유명했던 페르시아처럼 강철을 썼던 고대 문명에 관한 기록이 있기는 하지만, 중세 후기 이전까지는 강철이 널리 퍼지지는 못했죠.

역사적으로 인류는 기다란 금속으로 서로를 찌르며 오랜 세월을 보냈습니다. 심지어 제2차 대전 중에도 검이 사용되었죠(주로 산업화가 진행되기 전에 위기를 맞은 중국이 총을 들고 나타난 일본을 상대로). 오늘날 검은 대개 장식용이나 오락용으로 사용됩니다. 벽난로 위에 걸린 일본도나 로마식 단검처럼요. 어쨌거나 총싸움에 칼을 들고 나타날 수는 없는 법이니까요.

# 등자
이랴!

이 책에는 대단한 발명품 이야기가 많이 나옵니다. 글자, 바퀴, 화약, 핵무기 등은 누가 봐도 인류 발전에 크게 이바지한 발명이죠. 하지만 안장에 매달린 금속 두 조각이 그만큼 중요한 역할을 하리라고 생각한 사람은 거의 없을 겁니다. 그걸 생각해내는 데 그렇게 오래 걸릴 거라고 예상한 사람도요.

6000년 전 처음 가축화된 이래로 말이 유라시아 사람들의 삶에서 여러모로 중심적 역할을 했다는 증거는 무척 많습니다. 사람들은 말의 힘을 빌려 이동하고, 밭을 갈고, 멀리까지 사냥을 나갔죠. 말이 얼마나 일상과 밀착되어 있고 유용했는지를 고려하면 기원전 800년까지 안장이 발명되지 않았다는 사실이 오히려 특이합니다. 3000년 동안 말 털에 쏠려 허벅지 안쪽이 따가웠을 텐데요.

말타기의 문제점은(말을 타본 사람이라면 누구나 알게 되듯) 말 등에 탄 채로 다른 일을 하기가 몹시 어렵다는 데 있습니다. 심지어 지금은 등자가 있는데도요. 옛날 사람들은 평생을 들여 승마 기술을 연마했으리라는 점을 고려해도 등자 없이 말 위에서 할 수 있는 행동에는 한계가 있죠. 바퀴와 외바퀴 손수레의 사례처럼(207쪽 참조) 한 중국 기수가 안장에 작은 부속 두 개를 달면 유용하다는 사실을 깨달을 때까지 다시 500년이란 세월이 걸렸다는 사실이 참으로 믿기 어렵습니다. 등자를 달면 기수는 훨씬 편안히 앉을 수 있고, 말 위에서 균형을 잡기도 쉬워집니다. 이 덕분에 경마와 마장마술, 취미 승마라는 새로운 가능성이 열렸죠. 하지만 솔직해지기로 하죠. 등자는 주로 사람들이 더 쉽게 서로를 죽이도록 돕는 역할을 했습니다.

어쩌다 큰 행사에 가서 말 탄 사람 옆을 지나가면 거대하고 압도적인 말의 존재감을 실감하게 됩니다. 이제 갑옷을 두르고 휘장을 단 말 수백 마리가 3미터짜리 창을 치켜든 기사를 태운 채 돌진해온다고 상상해보세요. 몽골 궁수 수천 명이 함성과 야유를 퍼부으며 말을 달려 당신을 포위하는 장면을 떠올려보세요. 유럽의 기사단, 아랍의 중기병, 유목민 궁기병은 모두 자기 시대의 전투를 평정하고 선도했습니다. 등자가 없었다면 그러지 못했을 테죠.

등자는 전투 판도를 바꿨고, 그에 따라 사회도 바뀌었습니다. 군대는 어딜 가려면 터벅터벅 걸어 몇 달씩 걸리는 보병으로 더 이상 시간을 낭비하지 않았습니다. 말을 타고 급습하고 신속하게 후퇴하는 전격전이 주를 이뤘죠. 그 어느 때보다 빠르게 승패가 결정되었고, 진격 속도만큼 빠르게 제국이 무너지기도 했습니다. 예를 들어 승마술과 등자 활용에 있어 첫손에 꼽히는 몽골이 13세기에 진나라(중국 북부)와 호라즘Khorezm 왕조(터키-페르시아)를 무너뜨리는 데는 채 10년도 걸리지 않았습니다.

가죽띠 두 줄과 금속 아치 두 개가 미친 영향치고는 참 어마어마하네요.

# 화약
## 예쁘고 치명적인 가루

이 책에 소개된 발명품 가운데 화약만큼 치명적인 것은 별로 없습니다. 우리 인간은 늘 사납고 욕심 많고 전쟁을 일삼는 종이었는데, 화약이 발명되면서 살상 능력이 비약적으로 향상되었죠. 영생을 추구하던 중국 화학자들이 화약을 처음 만들어냈다는 사실은 참 아이러니합니다. 한자로 화약은 원래 '불 속성의 약'이라는 뜻이었으며, 가벼운 진균 감염과 부스럼 치료제로 쓰였습니다. 약장수가 파는 약 또는 공연용 불꽃놀이에 활용되던 마법의 가루였던 셈이죠.

하지만 잘 타고 쉽게 폭발하는 물건이 무해한 채로 남아 있기는 어려운 법입니다. 많은 경우에 그렇듯이(232쪽 '인터넷' 참조) 군대가 어떤 기술에 눈독을 들이면 개발이 급격히 빨라지기 마련이죠.

유럽인들이 가져다가 전쟁 무기로 바꿔놓기 전까지 중국에서는 화약을 불꽃놀이에만 썼다는 다소 희한한 설이 있습니다. 실제로는 화약이 등장하고 몇십 년 만에 중국인들은 화염방사기와 '로켓' 발사기(대나무 관으로 창과 화학물질을 발사하는 무기)를 개발했죠. 하지만 그 설에는 진실도 약간 담겨 있습니다. 13세기 중국에도 대포가 있었다는 증거는 있지만, 유럽인들이 대량 파괴 무기를 제작하려고 화약을 개량한 것은 수 세기가 흐른 뒤의 일이기 때문입니다.

화약을 사용한 총포 제작에는 두 가지 기술 발전이 필요합니다. 첫째는 입자가 굵어 연소가 빠르고 더 강력한 '알갱이형 화약'의 제작 기술입니다. 두 번째 기술은 금속공학과 관련되어 있습니다. 기독교 중심의 유럽에서는 교회나 성당의 종을 만드는 금속주조 기술이 발달했죠. 주형 제작자들의 일거리는 알갱이형 화약의 강력한 폭발을 견딜 만큼 튼튼한 대포를 만드는 것으로 자연스럽게(내친김에 돈도 더 받으면서) 옮겨갔습니다. 그러니 아이러니가 두 배로 늘어난 셈입니다. 병을 치료할 목적으로 개발된 화약이 사랑을 전파하는 종교를 위해 일하던 사람들의 손을 거쳐 대량 파괴 무기로 변신했으니까요.

　이때부터 포병과 석공 간의 군비 경쟁이 시작되었습니다. 큰 대포가 등장하자 성벽은 더 높아졌습니다. 더 큰 대포가 생기자 거대한 성벽이 필요해졌고요. 결국 승리는 화약 쪽으로 돌아가 18세기 무렵부터는 돈을 들여 성을 쌓는 의미가 사라졌습니다.

　오늘날에는 전통적인 흑색화약은 멸종하고 더 깨끗하고 싸고 강력한 친척인 '무연화약', 또는 '니트로 화약'이 그 자리를 차지했습니다(52쪽 참조). 화약은 여러 대륙과 세대를 거치며 발명품의 쓰임새가 달라지고 개량되는 과정을 보여주는 놀라운 예시입니다(246쪽에 나오는 인쇄 기술과 비슷하죠). 더불어 사람을 죽일 획기적인 방법이 새롭게 등장하면 머지않아 주류의 역사에 편입된다는 우울한 사실을 보여주는 증거이기도 합니다.

# 시계
## 시간의 노예

"자, 스튜어트, 오늘 밤이 기회야. 우린 브라운 남작의 보물을 몽땅 털 거야. 금성이 지평선에 닿을 때 예배당 앞에서 만나자."

"물론이죠, 대장." 스튜어트가 대답합니다. "어… 근데… 오늘 밤은 상당히 흐리네요. 금성이 안 보이는데요?"

"그렇네. 좋아, 그러면 이 모래시계 속 모래가 다 떨어질 때 예배당에서 보자."

"좋은 생각이에요, 대장. 모래시계는 누가 갖고 가죠?"

"흠. 귀찮네. 알았어, 종이 네 번 치면 만나는 걸로 하자."

"예배당 종이요, 아니면 남작네 종이요? 아니면 수도원 종 말씀이세요, 대장?"

이렇듯 시간 맞추기가 쉬운 일이 아니었던 시절이 있었습니다. '시계'는 고대 이집트 시대에 이미 발명되었지만, 사람들은 시간을 정확히 맞추는 데 큰 관심이 없었습니다. 해시계, 물시계, 모래시계는 대략적인 시간을 알아내는 데는 적합했지만, 각각 커다란 단점이 있었죠 (해가 떠 있어야 한다든가, 물을 계속 공급해야 한다든가). 어쨌거나 중세 후기까지는 '이만하면 괜찮은' 방법만으로도 충분했습니다. 일이 처리되고 수확물이 제때 들어오기만 하면 아무도 시간에 연연하지 않거든요. 사람들은 대개 해가 떠 있는 동안 일했습니다. 해가 긴 여름에는 16시간, 겨울에는 8시간 일하는 식이었죠. 하지만 기계가 발명되고 유럽이 효율성을 중시하는 산업 사회 시대에 진입하면서 이것만으로는 부족해졌습니다.

각각의 시계는 저마다 측청 기준이 다르다는 문제가 있었습니다. A마을 사람들은 15분마다 한 번씩 울리는 교회 종소리에 맞춰 생활했습니다. B마을 사람들은 지역 유지가 새로 들여놓은 최신 진자시계(네덜란드의 물리학자 크리스티안 하위헌스Christiaan Huygens가 1656년에 발명)를 활용했고요. C마을은 전통적인 해시계에 의지했습니다. 16세기쯤에는 회중시계도 출시됐지만, 사치품인 데다 시각도 제각기 달랐죠. 그 탓에 지역 간 사업이 불가능했습니다.

그런데 지역 간 사업은 우편 제도의 핵심이었습니다. 그래서 1800년대 유럽을 선도한 산업국이었던 영국에서는 모든 우편마차 차장이 영국에서 가장 정확한 관측소, 즉 그리니치 천문대의 시각에 맞춰 조정된 시계를 휴대하도록 했습니다. 그렇게 해서 그리니치 표준시(GMT)가 생겨났죠. 여러 집단에서 쓰이는 시간을 통일하려는 역사상 최초의 시도였습니다. 그다음에는 철도 사업이 등장했죠(증기를 뿜는 거대한 열차가 몇 시에 선로를 따라 들어오는지 아는 것은 매우 중요한 일이었습니다). 1840년에 그레이트웨스턴 철도회사는 GMT에 맞춰 모든 열차를 운행한다는 방침을 최초로 세웠습니다. 1895년에 이르러 모든 공공장소의 시계 중 95퍼센트가 GMT에 맞춰졌죠.

이 책에 나오는 기술은 대부분 우리가 사는 방식에 맞춰지거나 우리 삶을 편하게 해주는 방식으로 만들어졌습니다. 시계는 흥미로운 예외죠. 시계가 우리 삶에 맞춰지는 것이 아니라 우리가 시계에 맞춰 살거든요. 사람들은 꼭 피곤해서 자는 게 아니라 '잘 시간'이 되어서 잡니다. 꼭 배고파서가 아니라 '점심시간'이라서 밥을 먹고요. 지켜야 하는 근무 시간이 있으니 거기 맞춰 출근합니다. 여러 면에서 우리는 시계 덕분에 해방된 게 아니라 오히려 노예가 된 셈입니다.

# 증기기관
## 칙칙폭폭!

    다른 주제를 몇 가지 살펴본 다음 이 꼭지에 이르렀다면 당신은 '획기적 발명' 같은 것은 거의 없음을 이미 알아차리셨을 겁니다. 발견과 발명의 역사는 개개인의 천재성보다는 그것의 융합이 더 중요한 역사입니다. 기가 막힌 발견을 해냈더라도 그 발견이 빛을 발하게 하려면 다른 발명품이 등장할 때까지 기다려야 하는 경우도 적지 않거든요. 비행 장치는 수 세기 동안 존재했지만, 비행기를 만들려면 연소기관이 필요했습니다. 활자는 옛날부터 있었지만, 인쇄기를 만들려면 질 좋은 금속이 필요했고요. 대단한 기술 혁명은 여러 조건이 한데 모이면서 일어납니다. 증기기관도 정확히 이런 식으로 탄생했죠.

    증기기관이 발명되려면 먼저 두 가지 조건이 선행되어야 했습니다.

    첫째는 기술적 조건입니다. 증기기관을 처음 접하면 왜 인류가 이걸 발견하는 데 수천 년이 걸렸는지 의아해집니다. 고대 메소포타미아 도시 유적에서도 금속 주전자가 출토되었으니, 증기를 분출시키는 방법쯤은 당연히 알았을 텐데요. 하지만 고대 인류에게는 효율 좋은 압력 용기가 없었습니다. 증기를 정확히 전달해서 무언가를(기차 바퀴에 달린 봉이라든가) 움직이려면 고압 용기에 증기를 모아야 합니다. 하지만 이런 수준의 압력을 견디려면 강도가 높은 금속이 필요하죠. 그러려면 고도의 금속 가공 기술이 필요하고요. 그런 기술은 18세기에 들어 산업화가 진행될 무렵에야 본격적으로 등장했습니다.

증기기관 발명에 선행되어야 할 두 번째 조건은 사회경제적 상황입니다. 가령 로마인들은 재정과 물류 면에서 증기기관을 발명할 동기가 없었습니다. 노예는 싸고 구하기 쉬웠으며, 제국을 세우는 데는 말이면 충분하고도 남았으니까요. 이렇듯 1600년대까지는 증기기관의 필요성이 대두되지 않았습니다. 인간과 동물의 힘만으로도 아무 문제가 없었죠. 하지만 17세기부터는 산업화에 따른 두 가지 문제가 생겼습니다. 첫째, 인력으로는 탄광에서 물을 효율적으로 퍼내기 어려워 증기 펌프가 필요해졌습니다. 둘째, 탄광 주변에서는 말이 무거운 짐을 쉽게 옮길 수 없었습니다. 임시로 대강 만든 길이 너무 엉망이었거든요. 거의 진창이나 마찬가지였죠. 그래서 기차 같은 운송 수단이 필요해졌고, 그러려면 증기기관이 있어야 했습니다.

증기기관의 구조는 하나하나 뜯어보면 놀랄 만큼 간단합니다. 먼저 연료로 연소실을 가열하면 압력 보일러가 물을 증기로 바꿉니다. 이 증기가 피스톤에 전달되고, 피스톤은 바퀴에 연결된 막대를 움직여 바퀴가 앞으로 굴러가게 합니다. 그러므로 증기기관과 증기력은 천재적 발명이라기보다는 놓쳤던 부분이 채워지며 생겨난 것에 가깝죠. 사회가 먼저 문제를 제시해야 그 문제를 해결할 뛰어난 방법이 등장하기 마련입니다.

# 전기
## 현대의 마법

"세상에 그런 건 없어, 친구." 선원이 배에서 내리는 당신에게 퉁명스레 말합니다. "아틀란티스 대륙이나 헤라클레스의 활을 찾는 거나 마찬가지라고."

당신은 예의 바르게 감사를 표하지만, 속으로 투덜거립니다. 당신은 밀레투스Miletus의 돌을 찾아 여기 왔죠. 전설에 따르면 이 돌은 신비한 힘을 지닌 빛나는 호박琥珀입니다. 옷에 가까이 가져다 대면 옷이 해지고, 머리에 갖다 대면 머리카락이 거꾸로 선다고 합니다. 철학자들은 심지어 그 돌이 살아 있다고도 했습니다. 어리석은 선원 같으니, 자기가 뭘 안다고?

고대 설화와 역사책에는 전기와 관련 있어 보이는 물건들에 관한 이야기가 많이 나옵니다. 번개는 물론이고 전기뱀장어, 중국산 발광충, 호박 등이 있죠. '밀레투스의 돌'은 정전기로 유명한 호박이었고요. '전기electricity'라는 단어도 호박을 가리키는 그리스어 '엘렉트론electron'에서 나왔습니다. 오늘날에도 여전히 전기는 왠지 모르게 마법 같은 느낌을 줍니다. 스위치만 누르면 방 전체가 밝아지는 게 흑마법이 아니라면 대체 뭘까요? 리모컨은 거의 마법 주문이나 마찬가지 아닌가요?

우주의 모든 원자는 전기를 만들어낼 잠재력이 있습니다. 모든 원자에는 음전하를 띤 전자가 있기 때문이죠. 세상이 끊임없이 내리치는 번개에 시달리지 않는 것은 원자가 보통은 균형 잡힌 상태를 유지하기 때문입니다. 전자의 음전하는 원자핵 속 양성자가 띤 양전하로 상쇄되죠(84쪽 참조). 하지만 가끔 원자가 서로 마찰하면 전자가 옮아가기도 합니다. 그러면서 한 원자는 음전하가 많아지고, 다른 원자는 양전하가 많아집니다. 그래서 어떻게 되냐고요? 전기가 발생하죠. 영화〈그리스〉에서 존 트라볼타가 노래했듯 서로 몸이 닿으면 전기가 통하기 마련이거든요.

그래서 전기의 역사는 어떤 원자들이 (접촉할 때) 정전기를 가장 잘 일으키는지, 어떻게 해야 그 에너지를 잘 전달할 수 있는지를 알아내는 과정이었습니다. 무수한 실험을 거치며 전기충격을 겪고 회로판을 태워 먹은 끝에 우리는 금속이 좋은 전도체임을 알게 되었습니다. 고무나 나무 같은 소재는 부도체고요.

전기에 관련된 발견에서 빠져서는 안 될 이름으로는 이탈리아의 물리학자이자 1800년대에 전지를 발명한 알레산드로 볼타Alessandro Volta가 있습니다. 최초의 전지인 볼타 파일Voltaic pile(무슨 거창한 병명처럼 들리네요)은 아연과 구리판을 겹쳐 쌓고 그 사이사이에 바닷물로 흠뻑 적신 판지를 끼운 것이었죠. 전기를 꾸준히 흐르게 하는 데 성공한 볼타의 전지는 지금 우리가 쓰는 스마트폰 배터리로 이어지는 역사적 도미노의 시발점이었습니다.

전기는 세상을 바꿔놓았습니다. 산업혁명에 힘을 실어주었고, 메리 셸리의『프랑켄슈타인』에 영감을 주었습니다. 지금은 상상하기 어렵지만, 전기가 발명되기 전에 사람들은 대체로 어두워지면 잠자리에 들었습니다. 물론 초를 켤 수는 있었지만, 한동안 초는 일반 대중이 사용하기에는 너무 비싼 물건이었거든요. 지금은 삶의 거의 모든 면에서 어떤 식으로든 전기가 사용되죠. 전기는 문자 그대로(그리고 은유적으로도) 이 세상에 빛을 가져다주었습니다.

# 컴퓨터
## 현대사회의 필수품

　지금 우리가 컴퓨터를 쓸 수 있는 것은 강압적인 육아 덕분입니다. 어려서 어머니를 여의고 아버지에게 집중적으로 교육받은 신동이었던 블레즈 파스칼Blaise Pascal은 바스노르망디Basse-Normandie 지역의 세금 구조를 개편하던 아버지를 도우려고 1642년에 계산기를 발명했습니다. 그 이래로 계속 컴퓨터는 유용하게 쓰였습니다. 일을 더 쉽게 해주거나 우리가 원래는 하지 못했던 일을 해내도록 도왔죠. AI의 미래가 판도를 바꿔놓을 가능성은 있지만(236쪽 참조), 기본적으로 컴퓨터는 덤벙대는 인간의 부족함을 메워주는 도구입니다.

　1930년대까지 모든 '컴퓨터'는 기본적으로 계산기였습니다. '컴퓨터의 아버지'로 불리는 찰스 배비지Charles Babbage가 처음 컴퓨터를 고안한 것도 영국 해군이 쓸 항해용 별자리표를 더 쉽게 계산하기 위해서였죠. 배비지는 더 일반적인 '범용' 컴퓨터를 개발하려는 원대한 계획을 품었지만, 안타깝게도 건강이 나빠져 곧 세상을 떠나는 바람에 이 계획은 이루어지지 못했습니다. 그의 꿈은 에이다 러브레이스Ada Lovelace가 이어받았습니다.

　러브레이스는 컴퓨터 알고리듬이 별자리표 계산에 한정될 필요가 없다는 걸 처음 깨달은 인물입니다. 컴퓨터로 음악, 이미지, 텍스트까지 만들 수 있다고 본 거죠. 컴퓨터용 '언어'가 필요하다는 사실을 파악했기에 러브레이스는 최초의 '컴퓨터 프로그래머'로도 불립니다. 다시 말해서 음표나 글자를 숫자로 바꿀 수 있다면 배비지가 계획했던 컴퓨터인 '해석 기관'을 발전시켜 컴퓨터의 잠재력을 펼칠 수 있다고 예견한 겁니다.

시대를 한 세기나 앞서갔던 여성인 러브레이스는 생전에 거의 인정받지 못했습니다. 하지만 컴퓨터 시대를 연 것은 바로 문자를 해석하는 이러한 능력이었죠. 제2차 세계대전 중 영국 블레츨리 파크Bletchley Park의 암호해독팀(앨런 튜링Alan Turing이 이끌었죠)은 독일의 통신 암호를 깨기 위해 첫 번째로 봄브Bombe, 다음으로 콜로서스Colossus라는 이름이 붙은 컴퓨터를 만들었습니다. 당시의 컴퓨터는 그야말로 거대했죠. 당시에 사용됐던 컴퓨터를 넣을 만큼 큰 방이 있는 집에 사는 사람은 별로 없으리라 장담합니다.

개인용 컴퓨터(PC) 혁명은 '집적회로'의 발명과 함께 찾아왔습니다. 여기에는 기술의 수렴 진화를 보여주는 이야기가 얽혀 있습니다. 독립적으로 일하던 두 팀이 각각 마이크로칩 비슷한 물건을 만들어낸 것이죠. 나중에 인텔(현재 세계 최대의 반도체 생산업체)의 공동창업자가 되는 로버트 노이스Robert Noyce는 실리콘 기반 회로를 연구했습니다. 한편, 텍사스 인스트루먼트에서 일하던 경쟁자 잭 킬비Jack Kilby는 얇은 원판에 반도체 물질 한 겹을 덧입히는 방식을 만들어냈습니다. 양쪽 모두 뛰어난 발명이었습니다. 다만 노이스의 집적회로가 더 싸고 만들기 쉬웠기에 승자로 남게 되었죠.

집적회로 덕분에 방을 가득 채우던 컴퓨터는 손톱만 한 크기로 줄어들었고, 오늘날 6000억 달러 규모의 반도체 업계가 전 세계를 떠받치고 있습니다. 거의 모든 미래 기술에는 반도체가 들어갑니다. 스마트폰, 자동차, 군 장비, 청정에너지, 그리고 물론 컴퓨터에도요. 곰곰이 생각해보면 세계를 통틀어 몇 안 되는 반도체 생산업체가 지나치게 막강한 권력을 쥔 상황이 아닌가 싶기도 합니다.

# 전화
## 어어이!

　'여보세요'라고 말할 때마다 우리는 200년 묵은 문화 전쟁에서 한쪽 편을 드는 셈입니다. 선진국 전체에서 전화가 대중화되기 전, 선구자가 두 명 있었습니다. 토머스 에디슨(미국)과 알렉산더 그레이엄 벨(스코틀랜드)이죠. 그레이엄 벨은 바다에서 다른 배를 부를 때 쓰는 '어어이Ahoy!'가 대화를 시작하는 말로 적당하다고 여겼습니다. 에디슨은 '여보세요hello!'를 밀었고요.

　결과는 미국인의 승리였죠.

　이 일화는 전화가 얼마나 혁신적인 발명품이었는지를 보여줍니다. 새로운 통신 방법일 뿐만 아니라 아예 새로운 소통 방식이었죠. 그때까지 인류는 자기 근처에 있는 사람하고만 이야기할 수 있었습니다. 새롭게 증기기관이 등장하면서 사람을 만나러 가는 시간이 확 짧아졌지만, 통신 면에서 사람들은 여전히 글로 쓴 메시지, 즉 편지 또는 전보에 의존했습니다.

　이런 상황이 극적으로 바뀐 것은 19세기 말이었습니다. 그레이엄 벨의 어머니는 난청이었습니다. 그래서 벨은 어머니가 목소리의 진동을 느낄 수 있도록 머리 가까이에 입을 대고 말하곤 했죠. 어쩌면 당연하게도 벨은 음성과 음향, 청력을 과학적으로 연구하는 데 일생을 바쳤습니다. 1863년 벨은 금속 필라멘트 진동을 활용해 전기와 자석으로 소리를 전달하는 방법에 관한 책을 읽었습니다. 13년 뒤에는 이 필라멘트를 이리저리 연구하다가 이 방식으로 목소리를 전달할 수 있다는 사실을 발견했고요. 몇 달 안에 벨은 지역 전신선을 써서 13킬로미터 떨어진 곳에서 아버지와 대화하는 데 성공했습니다. 같은 해에 수백 킬로미터 밖에서도 전화를 연결하는 실험을 마쳤죠. 1876년에는 특허 등록에 성공했습니다. 우리가 그의 이름을 정확히 아는 이유는 바로 여기에 있습니다. 이 특허에는 600건이 넘는 법적 이의가 제기되었고, 그중 세 건은 대법원까지 올라갔습니다. 전화 기술을 연구했던 건 벨뿐만이 아니었던 모양입니다. 하지만 벨은 결국 특허권을 유지했습니다.

1876년 이후 전화가 유용한 자산임이 명백해지자 정부와 기업들은 앞다투어 전화 통신망을 확장하려 했습니다. 1877년 토머스 에디슨은 목소리가 더 또렷하고 크게 들리도록 그레이엄 벨의 송신기를 개선했습니다(그전에는 지옥에서 들려오는 것처럼 으스스하고 흐릿하며 갈라지는 소리였죠). 사실 이 '탄소 마이크'의 성능이 너무 뛰어난 나머지 벨의 전화 회사는 거의 도산할 뻔하기도 했죠. 1881년에는 전화 교환기가 등장했고, 20세기로 넘어갈 무렵에는 뉴욕에서 런던까지 장거리 전화가 가능해졌습니다.

지금 와서 생각하면 이 모든 것은 거의 마법에 가깝습니다. 목소리를 파동으로 바꿔서 지구(또는 은하) 반대편에 보낸 다음 완벽히 재현해낸다니 말이죠.

요즘의 전화기는 사실 목소리 전달에 쓰이지 않을 때가 더 많습니다. 1970년대에 등장한 최초의 휴대전화는 무선통신 기술로 전화를 거는 데 쓰였지만, 1992년 문자 메시지가 개발되고 2007년에 아이폰이 나오면서 '전화기'는 '오락 및 통신 기기'를 아우르는 명칭이 되었죠. 그러나 지구 반대편에 있는 사람과 수다를 떨 수 있다는 것이 얼마나 놀라운 일인지 여전히 되새겨볼 가치가 있습니다.

# 라디오
## DJ와 백색소음

　　라디오, 즉 무선통신의 역사는 발명보다는 지식의 퇴적에 가깝습니다. 무선전신의 발명가는 이탈리아의 굴리엘모 마르코니Guglielmo Marconi로 알려졌지만, 그건 마르코니가 잽싸게 특허를 낚아챘기 때문입니다. 마이클 패러데이Michael Faraday나 한스 크리스티안 외르스테드Hans Christian Ørsted, 제임스 클러크 맥스웰James Clerk Maxwell, 하인리히 헤르츠Heinrich Hertz, 올리버 로지Oliver Lodge, 데이비드 휴스David Hughes, 자가디시 찬드라 보스Jagadish Chandra Bose, 니콜라 테슬라Nikola Tesla에게도 얼마든지 모든 영광이 돌아갈 수 있었죠.

　　19세기 초에는 전류가 흐르는 전선이 꽤 멀리 떨어진 곳에 놓인 나침반 바늘을 움직이게 한다는 사실이 발견되었습니다. 허공을 통해서, 마치 마법처럼요. 마이클 패러데이가 여러 가지 자기장을 활용해 각기 다른 전류를 발생시키는 데 성공하면서 무선통신이라는 기술이 탄생했습니다. '공중에서' 메시지를 전달할 수 있게 된 것이죠. 19세기 내내 니콜라 테슬라 같은 발명가들은 더 정교하고 효율적으로 전자기파를 만들어낼 방법을 개발했고, 자가디시 찬드라 보스 같은 과학자들은 이 전류를 안정적으로 통제하는 법을 연구했습니다. 기술과 과학이 힘을 모았고, 대단한 발견을 위한 무대가 마련되었죠. 여기서 마르코니가 등장합니다.

　　제법 뛰어난 기술자였던 마르코니는 전송 거리를 약 3킬로미터까지 늘려 무선통신의 발전에 크게 이바지했습니다. 하지만 그의 진짜 재능은 상업적 혜안이었습니다. 1897년에 회사를 설립한 마르코니는 이듬해 대서양 건너편으로 무선전신을 보낼 수 있음을 증명했습니다. 통신의 역사에 한 획을 그은 순간이었죠. 그렇게 멀리는 고사하고 물 위로 전파를 보낼 수 있다는 생각조차 하지 못할 때였거든요. 곧 돈을 대겠다는 후원자들이 줄을 섰습니다. 마르코니의 기술은 주로 선박용 통신수단으로 홍보되었습니다. 타이태닉호가 조난신호를 보낸 것도 이 '무선전신'을 통해서였죠. 이를 계기로 바다에서 무선전신 사용이 보편화되었습니다.

마르코니가 대성공을 거둔 뒤 무선통신은 재발명이 아닌 개량을 거치며 발전했습니다. 초기 버전에서는 전파를 잠깐씩만 보낼 수 있었으므로 간단한 신호나 모스부호를 보내는 데만 유용했습니다. 1906년 레지날드 페센든Reginald Fessenden은 연속파를 내보낼 수 있는 송신기를 개발했고, 그 해에 첫 라디오 '방송broadcast'이 개시되었습니다('브로드캐스트'는 원래 농부들이 씨를 넓게 퍼뜨리는 방식을 가리키는 농업 용어죠). 2년 뒤 신혼여행 중이던 한 프랑스인이 에펠탑에서 음악을 방송하면서 사상 최초의 DJ가 탄생했습니다. 1974년에는 혹시 듣고 있을지도 모를 외계인들을 향한 라디오 신호가 최초로 발신되었고요.

UN에 따르면 현재 세계에는 라디오 방송국이 4만 4천 개쯤 있고, 50억 명이 방송을 듣는다고 합니다. 세계 인구의 70퍼센트에 달하는 이 숫자를 보면 여전히 라디오가 인터넷이나 TV만큼 대중적이라는 사실을 알 수 있습니다. 수많은 사람이 아직도 라디오로 뉴스를 접하고 군인과 경찰, 뒤뜰에서 야영하는 어린이는 무선통신으로 대화합니다. 19세기 기술이 지금까지 일상적으로 쓰이는 드문 예에 해당하죠.

# 비행
## 저 하늘 끝까지

윌버는 늘 하던 대로 짜증 나는 미소를 지어 보입니다. 이해할 수 없는 이유로 여자들은 그 미소에 넋을 잃지만, 그의 동생으로 평생을 지낸 입장에서는 그저 형의 얼굴에 한 방 먹이고 싶을 뿐입니다.

"고글 써라, 동생아!" 형이 외칩니다.

당신 머릿속에 익숙한 대사가 떠오릅니다. '이게 될 리가 없어. 안 될 거야. 무거운 물체는 날지 못해. 우린 새가 아니잖아. 풍선도 아니고. 난 그냥 곧 죽게 될 멍청이일 뿐이야.'

윌버가 엔진에 시동을 거는 동안 동생은 날개에 몸을 고정한 채 수평으로 누워 있습니다. 기계가 털털거리며 흔들리기 시작합니다. 바람으로 생긴 사구沙丘에서 모래알이 얼굴로 사정없이 튀어오릅니다. 몸이 앞으로 천천히, 이윽고 좀 더 빠르게, 더욱더 빠르게 움직입니다. '음, 이제 확실히 죽겠네.'

"지금이야!" 옆을 달리던 윌버가 귀에 대고 외칩니다. 조종간을 힘껏 잡아당기자 라이트 플라이어Wright Flyer가 멈칫대고 비틀거리며 날아오릅니다. 공기보다 비중이 큰 유인 조종 동력 비행기가 비행에 성공하는 순간입니다. 고작 12초 동안이기는 했지만요.

때는 1903년입니다. 하룻밤 만에 오빌Orville과 윌버 라이트Wilbur Wright 형제는 누구나 아는 이름이자 혁신의 대명사가 되었습니다. 이로부터 약 60년 뒤에 인간은 우주로 날아가게 되죠.

인류는 옛날부터 날고 싶어 했습니다. 심심한 선사시대 소년이 우아하게 나는 제비를 바라보다 한숨을 쉬며 '아, 저렇게 자유로워지고 싶다'라고 생각하는(단 네안데르탈인답게 으르렁거리는 소리로) 장면을 쉽게 떠올릴 수 있죠. 인간이 시도했던 비행은 대부분 어느 정도는 새의 구조를 모방한 것이었습니다. 어쨌거나 인간에게는 자연이 만든 것을 모방하는 능력이 있으니까요. 하지만 그리스 신화를 제외하면 성공 사례는 거의 없었습니다. 레오나르도 다빈치가 설계한 헬리콥터와 비슷한 기계가 유명하기는 하지만, 당시에는 그런 아이디어를 실현할 기술이 존재하지 않았죠.

처음으로 성공을 거둔 유인 비행기구는 19세기에 조지 케일리 경Sir George Cayley이 만든 행글라이더였습니다. 수천 년 전에 이미 중국에서 연이 발명되었는데, 케일리에게는 이를 비행기구로 바꿀 물리학 지식이 있었습니다. 매우 이타적이었던 케일리는 유명세를 독차지하지 않고 자기 마부에게 최초의 유인 비행이라는 영광을 양보했습니다. 물론 '매우 높은' 사망 위험과 '거의 확실한' 부상 위험도 함께 양보하기는 했지만요. 제가 보기에 행글라이더는 세계에서 가장 멋진 축에 드는 발명품입니다. 저로서는 대체 왜 사람들이 일상적으로 행글라이더를 타고 다니지 않는지 이해가 가지 않네요.

내연기관(54쪽 참조)이 발명되고 개선되면서 전 세계 발명가들은 너도나도 모터가 달린 글라이더를 최초로 개발하려는 경주에 뛰어들었습니다. 프랑스, 러시아, 영국에도 항공학의 선구자들은 있었지만, 역사는 패자의 이름을 기억하지 않습니다. 그렇게 라이트 형제의 이름만이 역사에 남았죠.

# 우주탐사
## 내 커다란 로켓을 좀 봐

　　크리스토퍼 콜럼버스가 "세계를 반대로 돈다는" 계획에 자금을 대줄 후원자를 구하는 데는 오랜 시간이 걸렸습니다. 결국 스페인이 도박을 걸었지만, 콜럼버스가 도착한 '신세계(물론 아니었지만)'는 여러모로 평범했습니다. 새로운 동식물 몇 종에 은 광맥, 멋진 풍경 정도는 있었지만, 콜럼버스가 스페인에 약속했던 엘도라도는 아니었죠. 그래서 콜럼버스는 성공적인 모험가라면 누구나 할 만한 행동, 즉 거짓말을 했습니다. 진주가 끝없이 널렸고, 금이 산더미를 이루고, 계피와 후추가 그득하다고요.

　　투자를 받고 싶으면 그럴싸한 보상을 제시할 필요가 있음을 콜럼버스는 잘 알았던 겁니다. 그저 모험이 좋아서 선뜻 돈을 내놓는 후원자는 거의 없죠. 20세기에 우주항공학을 발전시킨 우주 경쟁도 이러한 사실에 토대를 두고 있습니다.

　　인류가 별을 바라본 이유는 광물 자원이나 더 빠른 무역로 개척이 아니라 '명예' 때문이었습니다. 서로 가슴을 부풀리고 허세를 부리며 이념 전쟁을 벌이던 미국과 소련은 세계에 자기 방식이 최고의 방식임을 보여주려고 안달이 난 상태였습니다. 우주로 나가는 탐험에 엄청난 돈을 퍼붓는 것은 아주 좋은 방법이었죠. 우주 경쟁의 핵심은 기본적으로 자존심이었거든요. 세계에 어느 쪽의 제조 기술과 과학 기관이 최고인지 보여주려는 것이었죠. 한 마디로 누구 로켓이 더 큰가 하는 다툼이었습니다.

소련이 먼저 멋진 출발을 선보였습니다. 1957년 최초의 인공위성 스푸트니크 1호가 발사되었고, 4년 뒤에는 유리 가가린Yuri Gagarin이 인류 최초로 우주에 나갔습니다. 하지만 미국도 이에 질세라 곧바로 따라붙었고, 1969년에는 닐 암스트롱Neil Armstrong이 처음으로 달에 발을 디뎠습니다. 그때부터는 미국이 격차를 넉넉히 벌리며 앞서갔죠. 우주 탐사를 위한 로켓 연구와 제작에는 돈이 많이 듭니다. 부패와 생산성 침체, 1980년대의 유가 하락으로 경제 기반이 취약해진 소련은 경쟁을 따라갈 수 없게 된 겁니다.

우주탐사는 어려운 데다 자원이 엄청나게 드는 사업입니다. 로켓 뿐 아니라 우주복, 생명유지장치, 방사선 차폐 장비까지 필요하니까요. 최근 나사가 추진하는 유인 달 탐사 프로젝트인 아르테미스 계획에는 2025년까지 1000억 달러 가까운 돈이 들어갑니다. 슬로바키아의 연간 총생산과 맞먹는 금액이죠.

과연 그런 노력을 들일 가치가 있을까요? 어떤 면에서는 그렇습니다. 우주여행에서 인류는 기념비적인 발견을 여럿 해냈거든요. 빅뱅 이론(88쪽 참조)을 증명하는 우주배경복사를 관측했고, 생명이 존재할 가능성이 있는 외행성들을 찾아냈고, 인공위성을 띄워 GPS(230쪽 참조)와 일기예보 데이터를 얻고 통신망을 구축했습니다. 하지만 최근 들어 우주탐사는 동기 부족에 시달리고 있습니다. 냉전이 절정에 달했을 무렵(1966년) 미국 정부예산에서 우주탐사 비용은 4.4퍼센트를 차지했습니다. 지금은 0.44퍼센트에 불과하죠. 우주여행에는 그에 걸맞은 보상이 필요합니다. 달에서 돌아온 암스트롱이 달에서 석유가 난다거나 금이 산처럼 쌓여 있다고 했더라면 좋았을 텐데요. 그랬다면 지금쯤 우리는 다들 달 개척지에 살고 있겠죠.

# GPS
## 당신이 어디 있는지 알아

저는 '현재 위치' 화살표를 무척 좋아합니다. 크고 번쩍거릴수록 더 좋죠. 돈을 빨아들이는 미궁 같은 쇼핑센터에서는 지금 내가 어디 있는지 알고 싶어지거든요. 복잡하게 설계된 놀이공원에서 제일 가까운 아이스크림 가게가 어디인지 찾아 두면 편리하고요. GPS와 인터넷 덕분에 이제 우리는 개인화된 자기만의 '현재 위치' 화살표를 거의 언제든지 확인할 수 있게 되었습니다.

GPS가 없던 시대, 자신이 어디 있는지 알아내려고 눈을 가늘게 뜨고 도로 이름이나 동네의 높은 건물을 쳐다보느라 시간을 낭비해야 했던 시절로 돌아가보죠. 당신이 길 잃은 관광객이라도 몹시 답답하겠지만, 혹시라도 전투 중인 군인이라면 시간 낭비가 죽음으로 이어질 수도 있습니다. 그래서 다른 수많은 발명과 마찬가지로 GPS 또한 군사 분야에서 처음 등장했죠.

1910년대에 발명되고 제2차 세계대전 중에 완성된 '무선항행시스템'은 내비게이션 분야를 완전히 바꿔놓았습니다. 각기 다른 모스부호를 여러 방향으로 송신한 다음 이 송신의 중첩을 활용해서 자기 위치를 삼각측량으로 계산하는 방식이었습니다. 1970년대까지는 군대에서 위치를 파악할 때 이 방식이 계속 사용되었죠. 하지만 미 국방성에서는 물밑에서 훨씬 야심 찬 시스템을 개발했습니다.

이렇게 등장한 위성항법시스템, 즉 GPS에는 지구 주변을 돌며 지상으로 신호를 쏘아 보내는 위성이 필요합니다. GPS 위성은 놀라울 만큼 정확한 타임스탬프를 신호에 찍어 내보내므로 지상에서 신호를 수신하면 우주에서 신호가 날아오는 데 정확히 얼마나 걸렸는지 알아낼 수 있습니다. 신호가 도착하는 데 걸린 시간을 알면 위성과의 정확한 거리를 알 수 있고요. 이 작업을 수행하는 위성이 최소 네 개 있으면 지구상의 수신기 위치를 정확히 파악할 수 있죠.

처음 개발되었을 때 GPS는 대중에 공개되지 않고 제한적 목적으로만 쓰였습니다. 강력한 군사상 이점이었기 때문이기도 하지만, 수신기가 엄청나게 비싸다는 이유도 있었죠. 하지만 이렇게나 빨리 수신기 크기가 작아지고 가격이 내려가리라고는 아무도 예상하지 못했습니다. 너무 저렴해진 나머지 1990년대 걸프전이 일어날 무렵에는 '군용' GPS 장비 중 민간 기업에서 구매한 제품이 90퍼센트에 달할 정도였죠. 요즘은 굳이 전용 수신기도 필요하지 않게 되었습니다. 지금 우리 주머니에 든 휴대전화에 하나씩 내장되어 있거든요.

한편, GPS는 너무나 일상화되었기에 그것을 둘러싼 지정학적 관점을 간과하기 쉽습니다. 이건 미국에서 돈을 들여 운영하는 시스템입니다. 1995년에 세계적으로 활용되기 시작한 이래 미국에서 GPS 사용 권한을 무기화한 적은 없습니다. 하지만 마음만 먹으면 얼마든지 할 수 있죠. 그래서 미국에 의존하는 상태에서 벗어나려고 EU는 갈릴레오 시스템을, 러시아는 글로나스GLONASS를, 중국은 베이더우北斗 시스템을 자체적으로 개발했습니다.

오늘날 GPS는 우리가 이동하는 방식과 일상생활을 바꿔놓았습니다. 이제 어디서든 완전히 길을 잃는 일은 극히 드물죠. 심지어 허허벌판 한가운데에서도요.

# 인터넷
## 끊을 수 없는 중독

당신은 끔찍한 실수를 저질렀습니다. 한 번도 가본 적 없는 곳에 차를 끌고 간다고 장인어른에게 말해버린 것이죠. 장인이 호흡을 가다듬습니다. 아무래도 얘기가 길어지겠네요.

"자, 먼저 35킬로미터 정도 순환도로를 타야 하네. 그런 다음 동쪽 방면 43번 출구로 나가서 80킬로미터 정도 달려. 그러면 해피 다이너 카페가 나오는데, 거기서 꺾어서…" 당신은 한 귀로 흘려듣습니다. 늘 하던 대로 구글맵을 쓰면 그만이니까요.

이 예시는 인터넷이 우리 삶을 완전히 바꿔놓은 다양한 방식 중 한 가지를 보여줄 뿐입니다. 인류 역사상 이렇게 많은 정보와 도움 되는 자료가 주머니에 쏙 들어왔던 적은 한 번도 없었습니다.

인터넷이 뭔지 이해하려면 인류 멸망이 임박했던 즐거운 나날, 즉 냉전 시대로 돌아가야 합니다. 불안할 만큼 호전적인 두 초강대국이 서로 핵무기를 과시하던 이때 누구든 먼저 공격하는 쪽이 유리하다는 것은 자명했습니다. 핵무기 한 발로 상대편의 통신 시스템을 쓸어버릴 수만 있다면 상호확증파괴(158쪽 참조)가 아예 일어나지 않을 터였죠. 한 번 타격해서 적수를 반격 불능 상태에 빠뜨릴 수 있으니까요. 여기서 필요해진 것이 바로 중앙에 집중되었다는 약점이 없는, 다수의 컴퓨터로 구성된 '네트워크'였습니다. 단말기 하나가 열핵 반응으로 잿더미로 변해도 문제없이 작동하는 시스템 말이죠. 그렇게 해서 1970년대에 아파넷ARPANET이 탄생했습니다.

이 아파넷에서 군대는 군대가 하는 일을, 학자들은 학자가 하는 일을, 컴퓨터광들은 컴퓨터광이 하는 일을 했습니다. 무려 20년간 말이죠. 그동안 이들은 이메일, 모뎀, 게시판, 이모티콘, 도메인 등등을 개발했습니다. 그러다 1994년 몇몇 민간 기업이 이 재미있는 판에 끼어도 된다는 허락을 받았죠. 일부 프로그래머와 컴퓨터 과학자들의 비밀 놀이터였던 곳이 공공장소로 바뀐 겁니다.

이제 인터넷은 '범용기술general-purpose technology, GPT'이라 불립니다. 이것 없이는 현대사회가 제대로 돌아가지 않는다는 뜻이죠. 구글이나 위키피디아, 페이스북이나 왓츠앱 등등이 없는 세상을 상상해보세요. 유선전화와 편지, 백과사전과 종이 지도만 있던 때로 돌아가는 거죠. 하지만 오늘날 인터넷이 범용기술인 진짜 이유는 눈에 띄지 않는 분야, 이를테면 은행, 행정, 군사는 물론 비밀결사까지 모든 것이 인터넷에 의존하고 있기 때문입니다.

그런데 앞으로의 상황이 희망적이지만은 않습니다. 예전에는 모든 지식이 도서 편집자나 학자, 훈련받은 전문가 등 일종의 게이트키퍼gatekeeper를 거쳐야 했죠. 하지만 이제는 인터넷에 연결되기만 하면 누구든 내키는 대로 말할 수 있습니다. 그로 인해 사람들의 사고방식이나 지식을 습득하는 방식에 어떤 장기적 악영향이 있을지는 아직 모를 일입니다.

그래도 인터넷이 인간이라는 존재 자체와 삶의 방식에 그 어떤 기술보다 커다란 영향을 미쳤다는 점만은 확실합니다. 아주 오랫동안 인간은 바로 옆 동네에서도 무슨 일이 일어나는지 모르고 살았습니다. 이제 우리는 상하이에 있는 판다를 보고, 케냐의 몸바사에서 가구를 주문하고, 푸에르토리코에 있는 친구와 영상통화를 할 수 있습니다. 그것도 소파에 누운 채로요.

# 소셜 미디어
## 멈출 수 없는 스크롤

당신이 어떤 앱이나 웹사이트를 애용하는지 알면 저는 당신 나이를 상당히 정확하게 추측할 수 있습니다. 틱톡에 빠졌다고요? 16세에서 25세 사이일 것 같네요. 인스타그램요? 확실히 마흔은 안 되셨군요. 페이스북만 쓰신다고요? 아마도 자녀가 있고, 마거릿 대처가 세 번째로 연임하던 시절을 기억하실 것 같은데요.

이 책을 읽는 분들은 대부분 유튜브든 스냅챗이든 왓츠앱이든 소셜 미디어를 하나 이상 쓰고 계실 겁니다. 우리가 되돌릴 수 없을 만큼 스마트폰에 매이게 됐다는 사실을 보여주는 확실한 증거죠. 갑자기 발작적으로 기계문명이 두려워져서 스마트폰을 끊기로 한다고 쳐도 소셜 미디어의 유혹을 이기지 못하고 돌아오는 사람이 많습니다. 딴짓과 디지털 중독이라는 양대 산맥으로 속절없이 끌려가는 것이죠.

상황이 늘 이랬던 것은 아닙니다. 최초의 소셜 미디어인 프렌드스터Friendster나 마이스페이스MySpace 같은 웹사이트는 접속하려면 컴퓨터가 있어야 한다는 한계가 있었습니다. 하지만 머지않아 상황이 달라졌습니다. 하버드 동창생 전용이었던 페이스북은 대학 전체로, 이후 2006년에는 일반인 전체로 이용 범위를 확장했습니다. 성장세는 천문학적 수치를 기록했습니다. 15년 만에 이용자가 23억 명으로 늘어났죠. 사돈의 팔촌에 그 집 개까지(그냥 하는 말이 아니라 정말로) 거기 다 모여 있으니 잘될 수밖에요.

페이스북은 세상에(그리고 실리콘밸리 투자자들에게) '소셜 미디어'가 뜬다는 사실을 보여주었습니다. 수년 안에 유튜브, 트위터, 인스타그램이 등장해 각자 온라인에서 자기 영역을 확실히 차지했죠. 하지만 소셜 미디어의 성공을 이끈 진짜 촉매는 스마트폰이었습니다. 2007년 애플이 내놓은 아이폰과 함께 온갖 앱과 인터넷이 손안으로 들어오면서 소셜 미디어는 '자기 전까지 한 시간 정도 하는 거'에서 '화장실에 앉아서도 내 피드를 확인해야 하는 거'로 바뀌었습니다. 지금은 스마트폰으로 소셜 미디어에 접속하는 사용자가 데스크톱 사용자보다 두 배 많으며, 새로 생긴 소셜 미디어 회사들은 아예 웹 버전을 내놓지 않기도 합니다.

소셜 미디어는 사회를 바꾸었습니다. 이제 우리는 스마트폰만 꺼내면 친구와 가족이 뭘 하는지 알 수 있고, 오랫동안 만나지 못한 지인이 어떻게 사는지도 알 수 있죠. 소셜 미디어 덕분에 공통점이 없거나 외로운 사람들이 서로 연결되기도 하고, '#미투'나 '블랙 라이브즈 매터' 같은 사회운동이 힘을 얻기도 합니다. 세상은 훨씬 열려 있고 투명하며 서로 이어진 곳이 되었습니다.

하지만 이 책에 나오는 다른 여러 기술처럼 비교적 좋은 의도에서 출발한 아이디어는 어느새 수렁에 빠지고 말았습니다. 소셜 미디어는 알고리듬, 자료에서 유용한 상관관계를 캐내는 데이터마이닝, 사용자 생성 콘텐츠 수익화 등을 기반으로 돌아갑니다. 관심을 끌어 사용자의 정보를 팔려는 목적으로 설계되었다는 뜻이죠. 최근 들어서야 사람들은 일상이 노출되는 세상에 산다는 것이 우리 내면에 깊은 손상을 줄지도 모른다는 사실을 깨닫기 시작했습니다. 많은 면에서 소셜 미디어는 '소셜'이라는 단어의 의미를 뒤틀어버린 겁니다.

그건 그렇다 치고, 저는 제 인스타그램(@philosophyminis)을 확인하러 가봐야겠으니 많은 팔로우 부탁드립니다!

# 인공지능
다가올 미래

미국의 컴퓨터과학자 마빈 민스키Marvin Minsky는 인공지능을 '인간이 한다면 지능이 요구되는 일을 해내는 기계를 만드는 과학'이라고 정의했습니다. 어렵게 들리지만, 가만 생각해보면 허들이 그리 높지 않습니다. 인간은 낮은 지능만으로 해결할 수 있는 일도 많이 하거든요. 우리는 시계를 보고, 2 더하기 2를 계산하고, 소리를 냅니다. 다 지능이 필요한 행위이며, 기계로도 쉽게 처리되는 일이죠. 그러니 민스키의 정의대로라면 우리는 진작부터 인공지능을 활용하고 있는 셈입니다.

하지만 사람들은 대부분 인공지능이 이런 것이라고 여기지 않습니다. 인공지능이라고 하면 보통은 수준 높은 지능을 선보이기를 바라죠. 이를테면 얼굴을 인식하거나, 대화를 나누거나, 미래 계획을 세우거나, 심지어는 예술작품을 창작하기를 바란다는 거죠. 여기서 문제는 좀 더 복잡해집니다. 1980년대에 영국 철학자 존 설John Searle은 인간의 지성을 연구하는 데 매우 효과적인 도구라는 이유로 오랫동안 인공지능을 탐구했습니다. 그러면서 오늘날에도 활용되는 구분법, 즉 약弱인공지능과 강强인공지능이라는 개념을 제시했습니다.

현재 쓰이는 인공지능은 대부분 '약인공지능'입니다. 하나 또는 두어 가지 작업에는 매우 뛰어날지 몰라도 그 이상은 해내지 못한다는 뜻이죠. 안면인식 소프트웨어나 챗봇, 그림이나 글을 만들어내는 프로그램 등이 여기 해당합니다. 장애물을 피해 가며 방을 돌아다니는 로봇도 있고요. 이들은 모두 전문 분야가 따로 있는 인공지능이며, 대개는 매우 비싸고 오류를 일으키는 일도 적지 않습니다.

이 글을 읽는 여러분 주머니에는 아마 아주 많은 인공지능 작업을 해내는 초소형 스마트폰이 있겠지만, 실제 동작하는 '강인공지능' 또는 범용 인공지능 기기가 있는 사람은 아무도 없습니다. 설의 기준에 따르면 다양한 인지 기능을 수행할 수 있어야 강인공지능으로 분류되거든요. 이 말은 즉 온갖 종류의 작업을 훌륭하게(또는 최소한 능숙하게) 해낼 수 있어야 한다는 뜻입니다. 열두 살짜리 학생은 하루치 수업으로 수학, 미술, 프랑스어, 창의적 글쓰기를 합니다. 쉬는 시간에는 친구와 이야기를 나누고, 타인의 감정을 읽습니다. 점심시간에는 달리고, 공을 받고, 뜀뛰기를 하고요. 하루가 끝나갈 무렵에는 자기 경험을 되짚어 유용한 것을 골라 기억 속에 저장합니다. 이 모든 작업이 가능한 인공지능은 현재 존재하지 않죠.

하지만 점점 가까워지고는 있습니다. 미국 미래학자 레이 커즈와일Ray Kurzweil은 현재 기술 분야의 급격한 성장률로 볼 때 소름 끼칠 만큼 발전한 인공지능의 도래가 머지않았다고 주장합니다. 가령 매년 컴퓨터의 처리 능력이 두 배로 증가한다고 치면 이 증가세가 일곱 번만 반복되어도 컴퓨터 성능은 128배가 됩니다.

기술은 종종 통제를 벗어나는 습성을 가지고 있습니다. 세계 체스 챔피언 가리 카스파로프Garry Kasparov는 1992년 컴퓨터를 이긴 뒤 실력이 형편없다고 코웃음을 쳤습니다. 5년 뒤 컴퓨터는 카스파로프를 이겼죠. 어쩌면 인공지능도 지금 비슷한 시점에 있는지도 모릅니다. 우리는 엉뚱한 짓을 한다고 시리와 알렉사를 비웃지만, 나중에는 이들이 우리의 상사가 될지도 모를 일이죠.

# Culture

# 문화

때는 2054년, 세계 각국의 정부는 마침내 뭔가를
깨달았습니다. 문화가 의미 없다는 사실을요. 도무지 쓸모가
없거든요. 화랑은 귀중한 부동산 공간만 잡아먹고,
악기 연주는 국내총생산에 전혀 보탬이 안 되고, 독서는
제멋에 겨운 사치일 뿐입니다. 2054년 학교에서는
이과 과목만 가르칩니다. 사회는 뼛속까지 실용주의적으로
변했죠. 하지만 그렇게 되니 사람들은 그 어느 때보다도
불행해졌습니다. 세상은 칙칙하고, 재미없고, 차갑습니다.
문화란 삶을 빛나게 하는 인간의 창의성이 작용한 결과물을
아우르는 말입니다. 문화는 우리에게 공감을 가르치고,
아름다움을 보여주고, 우리 마음이 날아오르게 합니다.

# 시
운율, 암송, 여운

'부모어parentese'라는 언어가 있습니다. 이미 아시는 분도 많을 겁니다. 부모어는 어린아이에게 말할 때 쓰는, 모음을 강조하는 느리고 과장된 말하기입니다. 이는 진화 과정에서 생겨났을 가능성이 큽니다. 아이에게 언어를 가르치기에 가장 적합한 방식이기 때문이죠. 중요한 부분을 강조하는 부모어는 뇌의 언어 중추에 바로 전달됩니다. 부모어를 잘하는 방법 중 하나는 운율을 사용하는 것입니다. 단순한 운율의 박자와 패턴을 활용하면 아이는 다양한 단어를 접하는 동시에 그 단어들을 훨씬 쉽게 기억하게 됩니다.

노래나 시 같은 운문은 인류가 일찍부터 누렸던 예술 형식에 속합니다. 아마도 기억하고 전달하기 쉬웠기 때문이겠죠. 유라시아 전역을 정복하느라 바빴던 칭기즈칸은 몇 주는 걸리는 먼 거리를 건너 명령을 전할 전령이 필요했습니다. 그래서 모든 병사에게 정해진 가락 두세 개를 의무적으로 익히게 했습니다. 전령으로 뽑힌 병사는 전달할 내용을 가사로 바꾼 다음 이미 몸에 밴 가락에 붙여 외웠고요. 정복을 보조하는 기억 보조 수단이었네요.

『길가메시 서사시』와 『일리아드』는 아주 옛날부터 시가 존재했음을 보여주는 증거입니다. 이런 서사시는 선술집에서, 길거리에서, 궁정에서, 배 위에서 끊임없이 불리고 또 불렸을 겁니다. 우리가 샤워하며 노래를 흥얼거리듯 고대 사람들은 이런 시를 활용해서 전설과 설화를 즐겼겠지요.

먼 옛날 시는 오락거리일 뿐만 아니라 민족적·문화적 정체성의 핵심이기도 했습니다. 더불어 언어의 발달 과정을 보여주는 흥미로운 자료이기도 합니다. 『베어울프』나 『롤랑의 노래』 등을 보면 우리가 쓰는 단어들이 얼마나 많은 변화를 거쳤는지 알 수 있습니다.

인류 문화에서 시가 이토록 중요한 요소인 또 다른 이유는 평범한 산문으로는 불가능한 방식으로 우리 심금을 울리기 때문입니다. 셰익스피어는 『리처드 2세』에서 이렇게 썼습니다. "내 모든 슬픔은 안에 있으니 / 겉으로 드러난 온갖 비탄은 / 고통받는 영혼 속에서 침묵으로 부풀어 오른 / 아무도 보지 못한 슬픔의 그림자에 지나지 않네." 형언할 수 없는 무언가를 운문으로 풀어낸 겁니다. 일반적인 말로는 도저히 표현되지 않는 감정을 '이해받았다'라고 느끼게 해주는 언어죠. 은유와 상징 속에서 우리는 단어 뒤에 숨은 뜻을 느낄 수 있습니다.

오늘날 시는 노래로 대체되었습니다. 시집은 잘 팔리지 않고, 잘 팔리는 시인들은 대개 죽은 지 오래죠. 하지만 음악계는 한 해에 150억 달러를 쓸어 담습니다. 밥 딜런Bob Dylan, 조니 미첼Joni Mitchell, 레너드 코언Leonard Cohen, 패티 스미스Patti Smith, 켄드릭 라마Kendrick Lamar 같은 음악인은 모두 시인의 계승자입니다. 2011년 제이지Jay-Z는 랩을 두고 이런 말을 했습니다. "이 노래들을 가져다가 음악을 빼버리고 가사만 보여주면 사람들은 '천재적이네요!'라고 말할 겁니다."

시는 우리 존재의 일부입니다. 그러니 시는 죽지 않았죠. 인간이 존재하는 한 죽을 리가 없거든요. 그저 지금은 시에 배경음악이 들어가 있을 뿐입니다.

# 춤
우리 영혼의 움직임

인간의 감정을 날것 그대로 표현하는 데 춤보다 더 적합한 방식은 없습니다. 자기 흥에 겨워 가식이나 걱정 없이 음악에 맞춰 움직이는 사람에게서는 뭔가 순수하고 좋은 기운이 느껴지죠. 단것을 먹고 흥분해서 우스꽝스럽게 깡충깡충 뛰어다니는 어린이부터 곡을 하며 좌우로 몸을 흔들어 슬픔을 표현하는 문상객들에 이르기까지, 춤은 인류 문화에서 가장 오래된 감정 표현의 수단에 속합니다. 브라질 삼바 클럽의 땀내 나는 후끈한 공기에서 우리는 열정을 느낍니다. 이슬람 신비주의 교파인 수피교Sufi 특유의 빙글빙글 도는 춤에는 경건함이 있고요. 손녀의 결혼식에서 꼭 껴안고 천천히 스텝을 밟는 노부부에게서는 사랑이 느껴집니다.

사람이 춤추는 방식은 많은 사실을 알려줍니다. 춤에서는 그 사람의 성격, 몸 상태, 문화가 엿보이죠. 발레리나의 피루엣, 브레이크 댄서의 스핀, 민속음악과 춤이 어우러지는 스코틀랜드의 케일리ceilidh, 전통 타악기 파우와우pow wow 소리에 맞춰 뛰는 미국 원주민의 춤은 그 형태가 완전히 다릅니다. 이렇게 다양한 춤에는 삶을 대하는 태도의 차이가 드러나죠. 우리가 몸을 움직이는 방식, 그리고 이 동작을 세상에 (또는 자기가 모시는 신에게) 보여주는 방식은 인간의 삶을 구성하는 요소입니다. 적절한 의상과 성스러운 장소, 바라는 바(행운, 신의 축복, 낭만적 분위기 조성 등)가 갖춰지면 춤은 의식이 되기도 합니다.

춤은 사교적인 역할을 할 때도 많습니다. 예를 들어 그리스 문화에서 춤은 케피kefi를 자아내기 위해 존재합니다. 케피는 반감을 누그러뜨리고 모든 이를 들뜨게 하는 일종의 일체감 혹은 공동체적 에너지입니다. 춤은 축하 의식의 핵심 요소이기도 하죠. 아프리카 중부와 남부 전역에서는 공동체가 '아픈' 상태라고 판단되면 종종 응고마ngoma가 처방됩니다. 응고마는 일종의 북이자 그 북을 치는 행위, 그 소리에 맞춰 추는 춤, 여기서 생겨나는 고양감을 아우르는 말입니다. 공동체 내에 불화가 발생하면 당사자들은 응고마에 귀를 기울이고 거기 맞춰 춤을 추라고 지시받습니다. 함께 춤추는 이들은 한데 어우러지기 마련이라는 생각에서죠.

하지만 춤을 사회적·역사적 현상에만 연관 지어 생각하다 보면 한 가지 당연한 사실을 놓치게 됩니다. 춤이 몸에 매우 좋다는 것이죠. 우선 춤은 일종의 운동이므로 몸을 건강하게 하고 협응 능력을 키워줍니다. 게다가 춤이 사람을 행복하게 한다는 연구 결과도 많습니다. 여러 연구에서 춤을 추면 도파민(행복 호르몬)이 분비되며 특정 정신질환이 완화되기도 한다는 사실이 증명되었습니다.

춤은 요즘 다시 인기를 누리고 있습니다. 유행하는 텔레비전 프로그램 덕분이기도 하고, 30분간 줌바에 몰두하면 몸을 건강하게 가꿀 수 있기 때문이기도 합니다. 금욕주의가 득세하면서 점잔을 빼느라 춤을 업신여겼던 역사에 사람들이 반발하기 시작했다는 것도 무시할 수 없는 이유입니다. 요즘은 자신을 한껏 표현하거나, 모든 것을 내려놓거나, 집단의 일원이 되거나, 그저 조금 바보 같은 짓을 할 필요도 있음을 아는 사람이 많아졌다는 뜻이죠. 이걸 전부 해내는 데 춤보다 좋은 방법이 있을까요?

# 글자
## 종이 위의 끄적임

　글을 읽을 수 없는 자신을 상상할 수 있나요? 이 단어들을 보면서 글을 읽을 줄 모르는 어린아이 눈에 보이듯 무의미한 끄적임으로만 보인다고 생각해보세요. 결국 글자란 그런 겁니다. 특정한 순서와 모양으로 배치된 선과 점을 우리가 해독해서 개념으로 이해하는 것뿐이죠. 하지만 이 끄적임이 세상을 바꿨습니다. 글자가 등장하면서 비로소 인류는 자신이 축적한 지식을 퍼뜨리고 물려주는 방법을 배웠거든요. 글자가 생겨나면서 우리는 거인의 어깨 위에 올라설 수 있게 된 겁니다.

　글자는 기원전 3400년경 메소포타미아에서 처음 생겨났다고 알려졌습니다. 호모 사피엔스가 등장한 지 거의 20만 년이라는 세월이 흐른 뒤였죠. 인간이 한곳에 정착하고, 성벽을 쌓고, 복잡한 사회를 이루기 시작했을 때 글자가 처음 나타난 것은 전혀 우연이 아닙니다. 최초의 글쓰기는 무엇보다도 장부를 기록하는 상인의 기술이었기 때문이죠. 주문, 계약, 매출, 대출 등등을 잊지 않으려면 필수적인 기술이었습니다. 그래서 사실 고대 사회에서 글쓰기는 신분과 교양의 증거이기는커녕 천민의 도구라고 멸시받았을 가능성이 큽니다.

　하지만 일단 글자라는 씨앗이 뿌려지자 기록 문화라는 거대한 나무가 자라났습니다. '그림문자'로 알려진 최초의 문자 체계는 기본적으로 나타내려는 대상을 간단히 그린 낙서 같은 것이었습니다. 예컨대 밀 한 다발을 그린 그림이 밀을 나타내는 식이었죠. 고대 이집트의 상형문자도 원래는 이 유형에 속했습니다. 그러다 갑작스럽게(물론 고대 역사의 기준으로) 인류는 상형문자를 개념과 소리 양쪽으로 활용하는 '레부스 원칙rebus principle'을 만들어 냈습니다. 이를테면 새를 나타내는 문자가 실제 새뿐 아니라 '새'라는 소리(음소)까지 나타낸다는 뜻이죠. 이런 음소들을 엮음으로써 더 복잡한 단어가 생겨났고, 당연히 문자 체계는 한층 풍부하고 상징적으로 변했습니다. 레부스 원칙 덕분에 정의나 마법 같은 추상적이고 실체가 없는 개념까지 글로 쓸 수 있게 된 겁니다.

중국이나 일본 같은 일부 문화권에서는 지금도 이런 상형문자의 레부스 원칙이 적용된 문자를 사용합니다(일본어에서는 한 문자가 한 음절을 나타냅니다). 하지만 다른 문화권에서는 음소문자를 만들어 쓰기 시작했죠.

중국의 한자처럼 모든 개념에 대응하는 상징이 있는 문자 체계에서는 글자 수가 끝도 없이 늘어난다는 문제가 있습니다. 반면, 알파벳 같은 음소문자의 놀라운 점은 바로 효율성입니다. 몇 개 안 되는 자소를 끄적이는 것만으로 해당 문화권 언어에서 쓰이는 거의 모든 소리를 표현할 수 있거든요. 정확성과 효율성 양쪽을 고려한 최적의 알파벳 개수는 20개에서 30개 사이라고 합니다. 이제 쓰이지 않게 된 글자들이 사라진 이유는 너무 정확하거나(그래서 배우기가 번거로움) 너무 효율적(그래서 모호한 구석이 너무 많음)이었기 때문이죠.

글자는 세상을 바꿨습니다. 고대 중동 지역의 석공과 생선 장수 덕분에 우리는 전 세계에 걸쳐, 5000년이라는 세월도 건너뛰며 사람들의 생각을 알 수 있게 되었죠. 글자는 정보를 전달하고 우리를 가르치며, 멋지고 환상적인 상상의 세계로 데려다줍니다.

# 인쇄기
## 세상을 바꾼 기회주의자

　당신은 다섯 시간 동안 허리 한 번 못 펴고 글을 베껴 쓰는 중입니다. 촛불이 깜박거리고 눈이 침침해 죽을 지경이죠. 글을 쓰는 손에는 이미 감각이 없어진 지 오래입니다. 구약성서의 『민수기』에서 제일 재미없고 지루한 부분을 다섯 시간째 붙들고 있자니 회의가 느껴집니다. 하지만 신의 영광을 위해서는 어쩔 수 없는 거겠죠.

　예전에는 책이란 대개 이런 식으로 만들어졌습니다. 체력과 섬세함을 요구하는 중노동으로요. 수도사들이 필사 원고에 "아이고 손이야", "양피지가 까슬까슬하네"나 심지어 "아, 신이여, 제발 마실 것 좀" 같은 불경한 말을 적어넣었다는 증거도 있습니다. 그러니 인쇄기의 등장을 반긴 필경사가 적어도 몇 명은 있었음을 알 수 있죠.

　요하네스 구텐베르크는 기회주의자였습니다. 성지순례자들에게 유적에 담긴 치유의 힘을 '저장'할 수 있는 '마법 거울'을 팔면서 돈을 벌었거든요. 하지만 마을에 역병이 돌면서 일거리가 없어지자 구텐베르크는 다른 사업을 찾아보기로 했습니다. 그리고 하늘이 도왔는지 굉장한 사업 아이템을 찾아냈죠.

　굴리엘모 마르코니(224쪽 '라디오' 참조)처럼 구텐베르크도 발명가라기보다는 원래 있던 기술들을 잘 엮어낸 인물이었습니다. 구텐베르크의 인쇄기는 세 가지 핵심 기술의 조합으로 탄생했는데, 모두 한참 전부터 존재했던 기술이었죠. 첫째는 재배치해 단어를 만들 수 있도록 하나씩 깎아 만든 글자인 '활자'였습니다. 중국과 중동에서 수백 년간

이미 쓰이던 발명품이었죠. 둘째는 경지에 달한 유럽 대장장이와 광부들의 야금술이었고요. 마지막 요소는 옛날 옛적부터 쓰이던 포도주용 또는 올리브용 압착기였죠.

구텐베르크의 천재성은 이 세 가지를 합친 방식에 있었습니다. 예전에는 하나하나 힘들여 깎아야 했던 활자를 주물 공방에 맡겨 수백 개씩 대량 생산했고('폰트'라는 단어는 라틴어로 주물을 가리키는 말에서 나왔죠), 압착기를 개량해서 빠르고 고르게 잉크를 발라주는 기계를 제작했습니다.

인쇄기가 미친 영향은 일일이 말하자면 입이 아플 정도입니다. 구텐베르크가 인쇄기로 찍어낸 책은 겨우 150부가량이었고 전부 성경이었지만, 일단 세상에 나온 신기술은 들불처럼 퍼져나갔습니다. 1450년까지 인쇄된 책은 수백 권에 불과했습니다. 1500년대가 되자 수백만 권이 되었죠. 구텐베르크는 자기 인쇄기 덕분에 사람들이 로마 가톨릭 성경을 표준으로 삼게 될거라 예상했지만, 아이러니하게도 인쇄술은 마르틴 루터의 「95개조 반박문」과 종교개혁을 널리 알리는 수단이 되었습니다(루터는 누가 자기 반박문을 가져다가 인쇄할 줄 몰랐다고 하니, 의도치 않게 '바이럴'이 된 첫 사례라고 할 수 있겠습니다).

책이 대량으로 생산되면서 지식의 전파 속도는 예전과 비교할 수 없게 되었습니다. 그 덕분에 첫 번째 정보화 사회가 열렸죠. 학자들은 이제 플루타르코스와 아리스토텔레스 같은 고대인의 지혜를 쉽게 접하게 되었습니다. 신학자들은 성직자들에게 의존하지 않고 직접 성경을 구해 읽을 수 있게 되었고요. 과학자들은 각자의 연구를 서로 확인하며 한층 더 발전시켰습니다. 구텐베르크가 르네상스, 종교개혁, 과학혁명으로 이어지는 길을 열었다고 해도 과언은 아닌 셈이죠. 한때 순례자들을 등쳐먹고 살았던 사람치고는 나쁘지 않은 업적이네요.

# 교육
## 우리가 알아야 하는 것

당신이 사상 최초로 학교를 세우려는 사람이라고 상상해봅시다. 그 학교는 어떤 모습일까요? 교육과정에는 어떤 내용이 들어갈까요? 아무나 다 입학할 수 있나요? 어떤 이들이 교사를 맡을까요?

어른들이 어린이와 청소년을 적극적으로 가르쳐야 한다는 통념이 자리 잡은 것은 생각보다 오래되지 않았습니다. 재산과 성별, 지위와 상관없이 모든 사람이 배울 수 있어야 한다는 개념은 아주 최근까지 말도 안 되는 소리였죠. 일부 지역에서는 지금도 그렇고요.

학교가 생기기 전 교육은 더 비공식적인 방식으로 이루어졌고, 이 방식은 아주 옛날부터 존재했습니다. 아버지가 딸에게 창 던지는 법을 가르치는 것까지 여기 포함한다면 선사시대까지 거슬러 올라가겠죠. 하지만 교육과정이 공식적으로 정해져 있는 제도는 대도시와 복잡한 관료제(172쪽 참조)가 나타난 뒤에야 등장했습니다.

중국에서는 7세기경 공무원을 뽑는 국가시험이 시작되었고, 지원자들의 합격을 돕는 과외교사와 학교가 생겨났습니다. 유럽 전역의 궁정에서는 서기관, 시동, 수행원들이 국정 운영이라는 단 하나의 목적을 위해 교육받았고요. 문자(244쪽 참조)는 애초에 관료들의 업무를 위한 도구로 만들어졌기에 처음에는 귀족이 배울 필요 없는 천한 것으로 취급받았죠.

사실상 최초의 대학인 볼로냐대학교부터 옥스퍼드대학교나 소르본대학교 같은 유명 학교에 이르기까지 초창기 중세 대학은 법관과 신학자, 의사를 양성하는 곳으로 출발했습니다. 그러다 민법과 기독교 중심 관료주의가 점점 복잡해지면서 보편적이고 체계적인 교육의 필요성이 대두했습니다. 파도바의 의사와 밀라노의 의사가 교육받은 내용이 서로 다르다면 그건 바로잡아야 할 문제였으니까요. 대학을 가리키는 '우니베르시타universita'라는 단어 자체도 보편적universal 기준이라는 의미였고, 학위란 해당 집단에 소속되었다는 증명이었습니다.

물론 전문 기술 습득만이 교육의 전부는 아닙니다. 오히려 플라톤과 아리스토텔레스는 그래서는 안 된다고 주장했죠. 이들은 교육이 세상의 참된 모습을 발견하기 위한 수단이라고 여겼습니다. 플라톤은 수학과 천문학, 음악(어느 정도는)이 인간이 배울 수 있는 가장 고귀한 학문이라고 믿었습니다.

그리고 학생을 '진리 추구자'로 보는 이 관점은 교육에서 매우 중요한 부분이기도 합니다. 초기 대학교에서 학생은 '논쟁', 즉 현대 대학교의 논문 심사에 해당하는 과정을 거쳐야 했습니다. 일종의 토론회와도 비슷하죠. 좋은 학생이 되려면 매사에 도전적이고 비판적이며 분석적인 태도를 유지해야 한다는 신념에서 나온 방식입니다.

교육받는다는 것은 곧 의문을 제기한다는 뜻입니다. 물론 옛날에는 여기에도 규칙이 있기는 했지만(몇몇 정치, 종교 관련 주제는 논의 금지), 중세 이후로는 교육받은 이들이 사회에서 혁명가이자 혁신가 역할을 하기도 했습니다. 이런저런 지식의 학습은 유용하지만, 훨씬 더 중요한 것은 그 과정에서 얻는 비판적 사고방식이죠. 더 많이 배울수록 무턱대고 받아들이는 일이 줄어들며, 인류는 그 덕분에 발전을 거듭합니다.

# 역사
## 까마득하게 먼 옛날

　과거에 대해 당신이 아는 것이라고는 조부모가 들려준 이야기가 전부라고 생각해보세요. 일가친척이 전부 모닥불가에 둘러앉고, 옹기종기 모인 아이들은 쪼글쪼글한 할아버지가 들려주는 '옛날 옛적' 이야기에 푹 빠지죠. 할아버지는 팔을 휘두르며 극적인 목소리로 전쟁이나 전설, 인물 이야기 등을 풀어놓습니다. 승리와 영웅으로 가득한 과거 이야기는 모두 이렇게 약간의 과장이 섞인 독백을 통해 전해집니다. 흥미진진하기는 하지만, 이걸 '역사'라고 부를 수 있을까요?

　과거를 이해하려는 욕구는 인간의 본성입니다. 지금의 자기 존재에 관련된 실마리와 앞으로 가야 할 방향에 관한 조언을 제공해주기 때문이죠. 그러니 실제로 일어난 일을 정확히 기록한 자료를 손에 넣는 것은 중요한 문제입니다.

　기원전 2000년경에 쓰인 『길가메시 서사시』는 현존하는 기록물 가운데 가장 오래된 것입니다. 역사가들이 고대 문명의 정치와 사회상을 엿볼 수 있게 도와주는 자료죠. 그러나 이 이야기에는 저승의 개와 떠돌이 유령, 마법의 꽃도 등장합니다. 이후 '(서양) 역사의 아버지'로 불리기도 하는 헤로도토스는 그리스–페르시아 전쟁에 관한 귀중한 자료를 남겼습니다. 하지만 여기서도 왕의 정부가 사자를 낳았다느니, 개미가 금을 모아서 주인에게 가져다주었다느니 하는 이야기는 좀 믿기 어려운 구석이 있습니다.

　최초의 신빙성 있는 역사서는 중국에서 나왔습니다. 24종의 역사서라는 뜻인 '이십사사二十四史'는 궁정 실록과 조사를 기반으로 여러 왕조의 역사를 기록해 중국에서 정사로 인정받습니다. 서구권에서는 헤로도토스가 모든 영예를 차지하기는 했으나 실제 역사적 증거를 수집하는 데는 동시대 사람인 투키디데스가 훨씬 뛰어났습니다. 헤로도토스는 신들이 역사를 좌지우지한다고 여긴 반면, 투키디데스는 역사란 인간적이고 세속적이며 원인과 결과에 따라 움직인다고 보았습니다. 투키디데스의 기록에는 '역사적 방법론'이 적용되었으며, 이 방법론은 기본 원칙 세 가지로 구성됩니다.

첫째, 폭넓은 조사에 기반을 둡니다. 좋은 역사가는 한 가지 자료나 관점에 안주하지 않습니다.

둘째, 자료를 비판적으로 바라봅니다. 믿기 어려운 것들을 걸러내고, 편견을 염두에 두고, 자료를 상호 대조한다는 뜻입니다.

셋째, 자료와 그에 대한 비판을 신중히 저울질해서 가장 신빙성 있는 서사를 엮어냅니다.

문제는 과거가 까마득하다는 데 있습니다. '역사 연구'는 전체 그림이 어떻게 완성되어야 하는지조차 정확히 모르는 채로 조각이 꽤 많이 빠진 직소 퍼즐을 맞추는 것과 같습니다.

역사가의 연구는 판사가 하는 일과 비슷합니다. 이야기를 찾아내고 진실을 끌어내야 하는데, 그러려면 신중한 관심과 평가가 필요합니다. 이를테면 "잠깐, 마법사와 원탁의 기사 이야기는 좀 믿기지 않는데"(몬머스의 제프리Geoffrey of Monmouth)라든가 "외눈 거인과 날개 달린 사자가 유럽에 살았다는 증거가 별로 없는 것 같아"(이번에도 헤로도토스)라고 말할 수 있어야 한다는 뜻이죠. 역사가들은 우리가 어디서 왔는지에 관한 진실을 파헤칩니다. 설령 그 진실이 할아버지의 옛날이야기보다 조금 덜 매혹적일지라도요.

# 서양 클래식 음악
## 다양한 선율이 주는 즐거움

당신이 18세기 중반 이후에 태어났다면, 덧붙여 채소를 잘 섭취해서 건강한 삶을 누렸다면 모차르트, 베토벤, 슈베르트, 쇼팽, 멘델스존, 바그너의 음악을 원본 그대로 접했을 겁니다. 베토벤의 〈9번 교향곡〉이나 모차르트의 〈피가로의 결혼〉 초연을 맨 앞줄에서 감상했을지도 모를 일이죠. 사람들은 클래식 음악이 시대를 초월한다고 여깁니다. 광고나 국가 행사에서 흔히 들리는 유명한 곡들은 원래부터 늘 존재했던 것 같은 느낌이 들죠. 서구 사람들이 별 의식 없이 물려받는 배경 소음이랄까요.

하지만 클래식 음악도 한때는 한 세대의 유행가였습니다. 바그너는 열렬한 팬이 많았고(히틀러가 유명하죠), 사람들은 브람스의 끝내주는 신곡을 들으려고 몰려들었죠. 음악 역사의 새로운 장을 열어젖힌 이 위대한 인물들도 새벽 3시에 피아노를 뚱땅거리는 사람이었을 뿐입니다. 우리 시대에 비틀스나 블랙 사바스Black Sabbath, 투팍 샤커Tupac Shakur가 그랬듯 이들도 각자 자기 시대의 음악 장르를 정의하고 그 장르를 깨뜨린 음악가였죠.

음악의 역사는 인간이 목소리를 처음 냈을 때부터 시작되었을 가능성이 큽니다. 하지만 우리가 아는 과거의 음악은 사람들이(대개 수도사들이) 악보를 기록하면서 시작되었죠. 오랫동안 음악은 단선율이었습니다. 동반되는 선율 없이 멜로디가 딱 하나라는 뜻이죠. 그레고리안 성가는 합창곡이든 아니든 선율이 하나인데, 그래도 무척 아름답습니다.

9세기에 들어 음악가들은 화음을 활용하기 시작했지만, 주로 합창곡에 한정되었습니다. 르네상스 시대(1400~1600)가 되어서야 선율이 여럿인 '다성음악'이 유행했죠. 다양한 화음이 쓰이면서 훨씬 풍부한 음악적 경험이 가능해졌습니다. 인간은 누구나 어울리는 음(이를테면 곡을 끝내는 데 적합한 '완전 5도' 음정)과 그렇지 않은 음을 본능적으로 안다는 게 보편적 진실에 가깝습니다. 하지만 불협화음을 불쾌하게 여기는지 아닌지는 시대와 문화에 따라 다릅니다. 동아시아나 아랍 전통음악에서는 불협화음이 종종 의도적으로 쓰이거든요.

바로크 시대(1600~1750)에는 조성調性 체계가 한층 섬세해지면서 장조와 단조의 사용이 두드러졌습니다. 그 결과 오케스트라 음악이 대두했죠. 특정한 분위기를 내는 데 더 효과적인 악기가 따로 있다는 사실도 밝혀졌습니다. 이런 요소가 쌓여 교향곡이 대유행한 고전파 시대(1750~1820)가 도래했고, 표현과 감정에 중점을 둔 낭만파 시대(1830~1910)가 뒤를 이었습니다.

클래식 음악에 관해 아무것도 몰라도 음악을 느끼는 데는 지장이 없습니다. 적절한 곡을 딱 맞는 때에 들으면 영혼의 떨림을 느낄 수 있죠. 드보르자크의 첼로 협주곡에는 애절함이 있고, 국가 연주를 들으면 기분이 고양됩니다. 〈스타워즈〉 주제가를 들으면 전율이 일고, 〈발키리의 비행Ride of the Valkyries〉은 전문가들이 운전 중에 들으면 가장 위험한 음악으로 꼽을 정도로 사람을 흥분시킵니다. 수 세기에 걸쳐 수많은 사람이 느꼈던 대로 공간을 가득 채우는 오케스트라의 소리에는 뭔가 마음을 울리는 황홀함이 있습니다.

# 소설
## 여성의 형식

인간은 이야기를 즐기는 종입니다. 선사시대 동굴에서 아이맥스 영화관까지, 인도의 대서사시 『라마야나Ramayana』에서 〈스타워즈〉까지 인류는 항상 잘 짜인 이야기를 좋아했죠. 하지만 우리가 이야기를 들려주는 방식은 지난 300년간 크게 달라졌습니다. 중세의 학자가 현대 소설을 읽는다면 내용뿐 아니라 묘사 방식도 생소하다고 느낄 겁니다. 18세기까지의 이야기는 대부분(적어도 우리가 아는 한) 사건이 중심이었고, 복잡한 심경을 지닌 생생한 등장인물은 거의 없었으니까요. 『일리아드』에는 영웅의 심리묘사 따위는 거의 나오지 않고, 구약성서에도 내적 독백은 별로 없죠. 이야기란 단순히 일어난 사건을 나열하는 서사였던 겁니다.

소설이 등장하면서 상황은 크게 달라졌습니다.

이전의 이야기와 소설이 정확히 어떻게 다른지 콕 집어 말하기는 어렵지만, 반복해서 등장하는 세 가지 요소가 있습니다. 첫째, 소설은 등장인물, 즉 우리가 자세히 알게 되는 주인공을 중심으로 흘러갑니다. 둘째, 운문이 아니라 산문으로 쓰여야 합니다. 셋째, 전체 또는 최소한 일부분이 허구여야 합니다. 물론 이 세 가지가 '규칙'인 것은 아닙니다. 항상 그렇듯 관습을 깨부수는 실험적인 유형들이 있거든요. 하지만 지금은 이 정도로만 정리하기로 하죠.

원래는 『돈키호테』가 최초의 근대 소설로 알려졌지만, 최근에는 (더불어 유럽중심주의에서 좀 벗어나서) 훨씬 오래된 이야기들이 소설로 인정받게 되었습니다. 13세기 아랍의 의사 이븐 알 나피스가 쓴 『신학 독학자Theologus Autodidactus』가 좋은 예죠. 더 오래된 것으로는 11세기 일본의 귀족 여성 무라사키 시키부紫式部가 쓴 『겐지 이야기』가 있습니다. 천황의 서자이자 예술적 자질과 온화한 성품을 갖춘 겐지가 궁정에서 겪는 삶을 다룬 이야기죠.

현존하는 가장 오래된 소설의 작가가 여성이라는 점은 주목할 만한 사실입니다. 미국 문학 연구가 루스 페리Ruth Perry는 소설이 "남성 서사시를 감성적으로 계승한 여성의 형식"이라고 설명했습니다. 페리의 요점은 소설이 일상적인 삶의 모습에 초점을 맞춘다는 것입니다. 중요한 것은 전쟁이나 괴물 퇴치, 거대한 역사적 사건이 아닙니다. 소설의 중심은 한 개인의 삶과 내면에서 일어나는 일이죠.

초창기 소설로는 『로빈슨 크루소』 같은 '대작' 외에 '성애 소설amatory fiction'도 있었습니다. 일종의 중단편 연애물이었던 이 소설들의 가치는 간과될 때가 많습니다. 이 분야를 대표하는 작가였던 일라이저 헤이우드Eliza Haywood, 애프러 벤Aphra Behn, 델라리비어 맨리Delarivier Manley의 이름은 문학사에서 잊히고 말았죠. 그러나 제인 오스틴의 이름은 그리 쉽게 지워지지 않았습니다. 신랄한 풍자와 밝고 희극적인 분위기가 버무려진 오스틴의 원조 시대극은 소설이라는 예술 형식이 흥미와 통찰, 혁신을 담아낼 수 있음을 증명했으니까요.

여성 소설가와 여성 독자는 소설이 현재 위치, 즉 도서 시장의 왕좌에 오르도록 힘을 실어준 원동력입니다. 역대 베스트셀러 20위까지를 전부 소설이 차지하고 있죠. 세르반테스의 『돈키호테』의 판매량은 현재 종교 서적을 제외한 비소설 1위 도서(루이즈 헤이Louise Hay의 『치유』)의 10배입니다. 그러니 소설이 우리의 독서 습관을 완전히 바꿔놓았다고 해도 무방할 겁니다.

# 투시도법
## 저 멀리 사라지는 그림

솔직히 말해 르네상스 이전 시대 그림은 거의 다 엉터리입니다. 역사적 가치가 높고 보기에 예쁘다는 점에는 의심의 여지가 없지만, 딱 보면 아시잖아요. 십중팔구는 평면적인 데다 비율도 엉망이고, 인물은 무표정하죠. 몇몇 예외를 빼면 1000년 전 화가들에게는 원근과 공간 감각이 전혀 없었죠.

그렇기에 '소실점', 또는 투시도법의 도입은 그야말로 혁명적인 사건이었습니다.

중세 초기 화가들은 원근을 표현하는 방법을 몰랐다기보다는 의식적으로 거부했을 가능성이 큽니다. 원근법은 뭔가를 사실적으로 묘사하고자 할 때 중요합니다. 하지만 작품을 통해서 특정 감정이나 종교 개념을 표현하려 한다면 다른 기법을 더 중요시할 수도 있죠.

실제로 사실 표현 중심의 구상주의는 한때 몹시 사악한 것으로 취급받기도 했습니다. 플라톤은 구상주의 미술이 지성을 약화하고 인간을 이 세상에 지나치게 단단히 잡아매는 속임수에 지나지 않는다고 보았습니다. 게다가 로마제국 이후 서양 미술은 거의 다 기독교 미술이었으므로 신을 경외하는 화가들도 이런 관점을 따랐을 가능성이 큽니다. 어쨌거나 당시 예술이란 신앙과 경배의 수단이었으니까요. 우리가 눈으로 볼 수 있는 사물을 단순히 그림으로 재현하는 행위는 아무 의미가 없었죠.

이런 상황은 비교적 덜 유명한 이탈리아의 건축가인 필리포 브루넬레스코Filippo Brunellesco가 등장하면서 달라졌습니다. 1415년경 브루

넬레스코는 대중 앞에서 투시도법을 시연했습니다. 그때까지 1000년 동안 사람들은 사실주의란 피해야 할 대상이라고 믿었습니다. 하지만 15세기가 되면서 인본주의가 새롭게 떠올랐죠. 사람들은 세상을 있는 그대로 표현한 그림을 원하게 되었고요. 그래서 화가들은 소실점 개념을 도입하기 시작했습니다. 그로부터 50년 만에 길거리 예술가부터 당대 최고의 화가까지 모든 이가 자기 작품에 투시도법을 쓰게 되었죠. 마치 다른 방식은 존재한 적 없었던 것처럼요.

여기에는 커다란 종교적·지적 의미가 있습니다. 갑자기 우리 주변의 물질과 일상의 사물이 그 자체로 가치를 지니게 된 것이죠. 더불어 인간이 점점 사실적으로 묘사되면서 세속주의와 개인주의가 예술에 은근히 스며들었습니다.

하지만 투시도법으로 달라진 것은 그뿐만이 아니었습니다. 새로운 발명품의 설계도나 도해를 제작해서 복사한 다음 전 세계에 전달할 수 있게 되었죠. 예를 들어 어느 이탈리아의 천문학자(갈릴레오, 69쪽 참조)는 네덜란드에서 처음 고안된 망원경의 설계도를 보고 이를 재현해냈습니다. 나아가 공학과 지리학 분야에서는 소실점을 응용한 독자적 방식인 '정사도법orthographic projection'이 등장했습니다. 이 덕분에 더 복잡한 건축 설계뿐 아니라 구형인 지구를 더 정확히 그려내는 지도 제작이 가능해졌습니다.

그림을 입체적으로 그리는 방법을 대단한 개념으로 꼽는 것이 조금 이상하기는 해도, 이는 실제로 굉장한 발전이었습니다. 투시도법은 고대에도 존재했고 아주 가끔 활용되기는 했지만, 몇몇 이탈리아 예술가들이 유행시킨 이후에는 도면이 활용되는 모든 분야에 막대한 영향을 미친 개념이 되었으니까요.

# 연극
비극과 희극을 연기하는 이들

우리는 모두 배우입니다. 다들 입고 있는 옷으로 이미지를 전달하고, 자기 대사를 읊으며 특정 성격을 드러내고, 신호에 맞춰 사교적으로 행동하죠. 그렇지 않으면 셰익스피어의 『겨울 이야기』에 나오는 "곰에 쫓기며 퇴장"이라는 지문처럼 뜬금없이 퇴장당할지도 모르니까요. 셰익스피어는 이런 유명한 대사도 썼습니다. "온 세상은 무대이며, 모든 남녀는 배우에 지나지 않는다." 게다가 인간이 하는 모든 일에는 춤과 의식이 따릅니다. 그러니 여러 면에서 연극의 역사는 곧 인간으로서 사는 삶의 역사나 마찬가지죠. 막대기를 들고 해적 흉내를 내며 위협적으로 으르렁대는 우리 집 꼬맹이도 배우입니다. 크리스마스에 엘비스 프레슬리 모창을 하는 우리 이모님도 배우고요.

그렇다면 연극, 아니면 일종의 볼거리가 까마득한 옛날부터 이미 있었다는 건 당연한 일이겠죠. 대개 이야기의 일부를 낭독하거나 재현하는 정도였고, 그나마도 거의 종교적인 것이기는 했지만요. 보통은 그리스가 연극의 발상지로 여겨지지만, 고대 이집트에서도 이시스, 호루스, 세트 같은 신들이 등장하고 무대 지시와 하마 소품까지 갖춰진 연극이 공연되었습니다. 하지만 예술 형식인 '희곡'이 등장한 것은 아테네에서였죠. 대사와 무대 미술, 극적인 볼거리를 전부 갖추고 무대에 올릴 목적으로 설계된 이야기가 생겨난 겁니다. 해마다 돌아오는 디오니소스 축제에서는 연극 대회가 자주 열렸고, 그리스의 비극작가 에우리피데스Euripides와 희극작가 아리스토파네스Aristophanes도 여기서 데뷔했습니다.

로마 시대에 배우는 악명 높은 직업이었습니다. 사회에서 계급이 가장 낮고 평판도 나쁜 떠돌이들이었죠. 아니, 거짓말이 직업인 이들을 대체 어떻게 믿는단 말인가요? 그러니 잔인한 행적으로 악명이 높았던 네로 황제가 만찬 손님들 앞에서 직접 연기와 노래를 선보이겠다고 우겼을 때는 꽤 어색한 분위기가 흘렀을 겁니다.

전 세계 사람들은 아주 오랫동안 연극을 즐겼습니다. 극장은 현실 도피와 웃음, 감정 고조와 떠들썩한 환호의 공간이었죠. 그러니 17세기의 청교도들에게는 악의 소굴로 보였을 법합니다. 당시 청교도의 대변인 격이었던 윌리엄 프린William Prynne은 연극이란 "방종한 몸짓, 육감적 입맞춤, 추임새와 갈채, 저속한 노래와 대사, 선정적인 연기, 아름다운 얼굴, 매혹적인 음악, 설레는 유혹, 야한 농담, 미사여구, 음탕한 표현"이 펄펄 끓는 악마의 가마솥이라고 주장했습니다. 지금으로서는 빨리 극장으로 오라는 효과적인 광고로 보이네요.

물론 윌리엄 셰익스피어를 빼고는 연극을 논할 수 없습니다. 셰익스피어는 (유럽의) 연극을 술에 취해 얼렁뚱땅 즐기는 여흥에서 고급 문화로 바꿔놓았죠. 1700개에 달하는 단어를 창조했고, 오늘날에도 길거리부터 정계까지 온갖 곳에서 인용되는 대사를 썼습니다. 현대 영화는 대부분 어떻게든 셰익스피어의 희곡과 연관된다는 말은 결코 과장이 아닙니다. 셰익스피어의 작품에는 거의 모든 종류의 스토리텔링 기법이 완벽에 가까운 형태로 구현되어 있습니다.

인간은 모두 배우이며, 우리는 모두 멋진 볼거리를 즐깁니다(속으로는 셰익스피어의 〈오셀로〉보다 자기 아이의 해적 놀이를 더 좋아할지라도요).

# 패션
## 아직도 나팔바지 입어요

지금 뭘 입었나요? 지저분한 수작을 걸자는 게 아니라 자기 옷차림을 한번 검토해보자는 겁니다. 더 정확히 말하자면 왜 지금 그 옷을 입었나요? 낡고 편안한 잠옷이나 품이 넉넉한 바지를 입은 분도 있겠지요. 실용성이 떨어지고 움직이기 불편하긴 해도 끝내주게 세련되고 멋진 옷을 차려입은 분도 있고요. 대부분은 그 중간 어딘가에 있을 겁니다. 다 떨어진 목욕가운을 입었든 칵테일 드레스를 입었든, 우리가 입은 옷은 전부 패션 덕분입니다. 패션은 이 책에 나오는 대단한 개념들 중에서 특히 쉽게 간과되는 개념입니다. '업계 사람'이 아닌 이상 사람들은 자기가 왜 이 바지를 입었는지, 왜 머리를 그런 식으로 했는지 깊이 생각하지 않는 경향이 있거든요.

패션을 좌우하는 요소는 우아함과 취향, 유행입니다.

넓게 보면 패션은 특정 사회의 구성원이 무언가를 아름답거나 세련되었다고 인식하는 것을 가리키는데, 그 집단의 정체성을 드러내기도 합니다. 그러므로 부족의 특징적인 얼굴 문양이나 씨족 특유의 장신구도 패션에 포함되죠. 단순한 실용성을 넘어서는 것, 즉 색깔이나 디자인, 바느질 땀, 주름 장식 등은 전부 패션의 영역에 속합니다. 하지만 패션은 가치 판단과도 밀접한 관계가 있습니다. 우리는 자신이 누구이며 어떤 일을 하는지 사람들이 제대로 알아보기를 바라며 특정한 방식으로 옷을 차려입기도 합니다. 옷차림이 부유함, 직업, 지위, 국적, 시대, 가치관을 나타낸다는 뜻이죠. 게이샤와 고스족, 대도시의 은행가와 이슬람 극단주의자를 비교해보세요. 이들은 왜 그런 차림새를 택했을까요? 우리가 몸에 걸치는 것은 모두 자기주장입니다.

14세기까지 유럽에서는 거의 모든 사람이 비슷비슷한 옷을 입었습니다. 남자 옷과 여자 옷도 따로 없었고요. 다들 헐렁하고 실용적인 옷을 입었죠. 그러다 1350년경 둥근 단추와 막대 단추 같은 잠금장치가 생겨나면서 상황이 달라졌습니다. 갑자기 옷을 몸에 맞출 수 있게 된 겁니다. 옷이 꼭 맞게 되면서 이제 느슨한 천 아래 가려졌던 사람이 남자인지 여자인지 알 수 있게 되었죠. 새로운 패션이 등장하면(심지어 지금도) 사람들은 으레 분개합니다. 여성의 몸매나 남성의 근육 같은 게 다 드러나 보이다니…. 신께서도 얼굴을 붉힐 일이죠! 어쨌거나 그때부터 패션의 변화 속도는 기하급수적으로 빨라졌습니다.

패션은 자신을 드러내는 수단일 뿐 아니라 저항(그리고 거기에 수반하는 억압)을 표현하는 방식이기도 합니다. '사치 규제법'이라는 명목으로 특정 사람들이 특정 의복을 입지 못하게 막는 법안이 만들어지기도 했죠. 스코틀랜드 반란이 일어났을 때 잉글랜드에서는 킬트 착용이 금지되었고, 루이 13세는 평민이 레이스나 금실 자수로 장식된 옷을 입지 못하게 규제했습니다. 현재 북한에서는 최고 지도자의 스타일을 모방한 가죽 코트를 입을 수 없죠.

거대한 주름 옷깃이나 우스꽝스러운 가발 같은 과거의 패션을 비웃기는 쉬운 일입니다. 하지만 요즘 패션도 머지않아 미래의 웃음거리가 되겠죠. 파티에서 자기 사진을 찍은 다음 40년이 지난 뒤 사진을 꺼내 들여다보세요. 민망함이 가신 뒤에는 얼마나 많은 것이 변했는지 실감할 수 있을 겁니다. 그게 바로 지금껏 패션이 발전해온 방식입니다.

# 프로 스포츠

## 너희 팀 되게 못 하잖아

　　사전적 정의에 따르면 프로 스포츠는 단순히 돈을 받고 하는 스포츠입니다. 엄밀히 따지자면(그러면 어릴 적 제가 친구네 파티에서 훌라후프 대회 상금으로 5파운드를 받았을 때는 제외되겠죠) 해당 스포츠가 참가 선수의 '유일한' 수입원이어야겠죠. 프로 스포츠를 구성하는 요소로는 협회, 팬, 리그전 성적, 국제기구도 있습니다.

　　알고 보면 프로 스포츠의 기원은 아주 먼 옛날로 거슬러 올라갑니다. 현재 알려진 가장 오래된 예는 5000년 전 이집트입니다. 파라오의 감독(과 금전적 지원)하에 종교 축제에서 신들을 기릴 목적으로 다양한 스포츠 경기가 열렸죠. 궁도, 핸드볼, 하키, 투창, 수영, 체조 등의 종목이 벽화로 남아 있습니다.

　　하지만 '체계적 스포츠'를 정의한 것은 제우스에게 바치는 제전祭典 경기인 올림픽이었습니다. 기원전 8세기경 시작된 고대올림픽에는 원래 전차 경주와 나체로 하는 거친 레슬링인 판크라티온(규칙이라고는 눈 찌르기, 깨물기, 생식기 공격 금지뿐이었죠)이 포함되어 있었습니다. 올림픽은 폭넓은 훈련을 거친 뒤 능력을 겨루는 궁극적인 시험의 무대였습니다(지금도 그렇고요). 이 기회에 쩨쩨한 올림픽위원회 탓에 줄다리기, 크로케, 열기구 띄우기 같은 종목이 올림픽에서 빠지게 되어 너무 안타깝다는 말을 꼭 하고 싶네요.

　　고대 사회에서도 스포츠에 뛰어나면 큰돈을 벌 수 있었습니다. 로마 전차 경주는 고대의 축구 경기나 마찬가지였습니다. 관중으로 꽉 찬

스타디움(원래는 경주 거리를 나타내던 라틴어 단어), 바가지 가격인 기념상품, 홀리건까지 다 갖췄죠. 전차 기수였던 가이우스 아풀레이우스 디오클레스Gaius Appuleius Diocles는 현대 화폐로 치면 약 150억 달러(한화 약 20조 원)를 벌어들였다고 하니, 역사상 가장 부유했던 스포츠 선수인 셈입니다.

대규모 관중이 모이는 이벤트와 프로 스포츠는 중세 시대에 접어들면서 1000년 동안 중단되었습니다(인구가 많은 대도시가 적어진 탓도 있었죠). 대신 체스처럼 동네 술집에서 즐길 만한 게임이 그 자리를 차지했죠. 더불어 평민은 도끼 던지기를, 귀족은 마상 창 시합이나 '멜레melee'라고 불리는 모의 전투를 즐겼습니다.

오늘날 프로 스포츠는 전 세계 인구 대다수가 즐기는 중요한 오락거리로 손꼽힙니다. 수많은 사람이 매주 잠깐이라도 시간을 내서 스포츠 경기를 지켜보죠. 그게 크리켓이든, 축구든, 육상이든, 탁구든 간에요. 네덜란드의 역사학자 요한 하위징아Johan Huizinga는 자신의 저서 『호모 루덴스』에서 인간의 행위는 어떻게 보면 모두 일종의 스포츠라고 주장했습니다. 이 말은 곧 제 소셜 미디어 프로필에 '프로 훌라후프 선수' 항목을 추가해도 괜찮다는 뜻이겠네요.

# 영화
## 눈물 젖은 팝콘

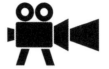

　무언가가 엄청난 성공을 거둬 큰돈을 벌고 나면, 그게 한때는 신기한 발명품에 불과했다는 사실을 상상하기 어렵습니다. 어린 시절 눈에 대고 들여다보면 세계 유명 관광지 슬라이드쇼를 보여주는 검은 상자 모양 장난감이 있었던 기억이 나네요. 말하자면 정지된 사진이 나오는 VR 헤드셋이었습니다. 요즘은 VR이 미래라고들 합니다. 한때 신기한 장난감이었던 것이 이제 기술의 미래로 바뀐 것이죠.

　영화도 이와 마찬가지입니다. 19세기 초에 처음 나온 활동사진 기기(기본적으로 빠르게 움직이는 슬라이드쇼에 가까웠죠)는 색다른 물건 취급을 받았습니다. 19세기 말 뤼미에르 형제는 최초의 영화이자 팝콘을 씹으며 즐길 만한 액션물인 〈뤼미에르 공장을 나서는 노동자들 Workers Leaving the Lumiere Factory〉을 상영했습니다. 오늘날 영화산업의 가치는 1400억 달러에 달하고, 미국인은 평일에 평균적으로 3시간을 TV 시청에 할애합니다. 그러니 활동사진은 이제 신기한 장난감이 아니라고 봐도 무방하겠죠.

　혹시 어릴 적 가장 좋아했던 영화에 대한 추억을 망치고 싶다면 그 영화를 최신형 울트라HD TV로 다시 보는 방법을 추천합니다. 그리 오래전도 아닌데 당시 영화가 얼마나 엉망이었는지 한눈에 보일 겁니다. 화질은 거칠고, 세트는 학교 저예산 연극 무대 같고, 분장은 작년 핼러윈에 당신이 썼던 가면이 나을 지경이죠. 영화는 사람들이 깨닫지 못하는 새에 조금씩 발전해왔습니다. 그런데 우리는 아주 가끔 "이러면 얘기가 달라지는데" 하는 결정적 순간들을 목격하게 됩니다.

예를 들어 1921년 찰리 채플린의 〈키드〉는 때로는 즐겁고 때로는 매우 감동적인 장면으로 영화 서사가 얼마나 깊은 감정적 울림을 줄 수 있는지 보여주었습니다. 1937년 디즈니가 내놓은 〈백설 공주와 일곱 난쟁이〉는 어린이용 애니메이션도 훌륭한 장편 영화가 될 수 있음을 증명했고요. 〈2001 스페이스 오디세이〉와 〈스타워즈〉는 상상한 것을 무엇이든 스크린으로 옮겨놓는 영화의 힘을 보여준 명작이었습니다. 뒤이어 등장한 마블 시네마틱 유니버스는 '고예산 액션 시리즈물'이라는 말에 완전히 새로운 의미를 부여했죠.

오늘날 영화는 미국의 할리우드나 인도의 발리우드, 나이지리아의 날리우드Nollywood 같은 영화산업 중심지에서만 제작되지 않습니다. 요즘은 웬만하면 스마트폰으로도 성능 좋은 모션 트래킹 소프트웨어를 써서 4K 해상도 영상을 찍을 수 있으니까요. 그러니 청소년 세대가 가까운 영화관에 가는 대신 틱톡이나 유튜브를 찾는 것도 자연스러운 일입니다. 25세 이상은 자주 즐기는 오락거리로 TV와 영화를 꼽는 반면, Z세대는 게임과 소셜 미디어, 인터넷을 선호하죠. 이는 실제로 영화계의 골칫거리입니다.

하지만 이 책을 읽는 분들은 대부분 자신만의 베스트 영화 목록이 있거나, 최소한 그걸 주제로 하는 긴 토론을 즐길 겁니다. 영화는 매우 개인적인 경험입니다. 영화를 생각하면 어릴 적 아빠와 함께 소파에 앉아서 보냈던 크리스마스, 더없이 사랑하는 연인과의 첫 데이트, 순수한 놀라움과 감탄으로 입이 떡 벌어졌던 순간 등이 떠오르거든요. 우리가 시대의 변화를 어떻게 소화하든 영화가 여전히 중요하다는 것만은 분명합니다.

# 팝 음악
그 시절 팝 스타의 향수

팝 음악은 "기성세대가 이해하지 못하는 음악"으로 정의되기도 한다는 것은 부정할 수 없는 삶의 진리입니다. 나이가 들면서 우리 귀에는 요즘 아이들 음악이 이해할 수 없고 상스러운… 그냥 소음으로 들립니다. 그렇게 우리는 역사 속 꼰대들의 기나긴 대열에 합류하게 되는 거죠.

비치 보이스, 엘비스 프레슬리, 아델, 스파이스 걸스 같은 스타가 팝 음악의 전부는 아닙니다. 팝 음악은 우리 삶의 한 단계입니다. 즉 10대 시절 그 자체죠. 학교 파티에서, 혹은 친구들과의 여행에서 자신이 속할 곳을 고민할 때 울리는 배경음악입니다. 그 시절 좋아했던 팝 스타, 벽에 붙였던 포스터를 떠올리면 온갖 호르몬과 가슴 저린 향수, 사춘기의 두려움이라는 강렬한 향신료가 듬뿍 들어간 추억이 몰려옵니다.

'팝'이란 원래 단순히 특정 시기의 '대중적popular'인 음악을 뜻합니다. 장르로서의 팝은 1950년 무렵에 처음 등장했다는 것이 전문가들의 중론이고요. 하지만 팝 음악을 정확하게 정의하는 것은 쉽지 않습니다. 팝 음악은 로큰롤, 힙합, 펑크, 댄스, 디스코 등등으로 이루어진 거대한 모자이크나 마찬가지입니다. 그렇기에 팝을 정의한다는 것은 흐르는 물을 붙잡으려 애쓰는 것과 같죠. 우리가 할 수 있는 최선은 '굵직한 이름'을 골라내는 정도가 아닐까 합니다. 비틀스, 마이클 잭슨, 리아나, 테일러 스위프트처럼 자기 시대를 정의한 이름 말이죠. 그렇게 할 때조차 누가 봐도 명확한 선택지에서 조금만 벗어나면 금세 열띤 토론이 벌어집니다. 가령 퀸이나 엘비스 프레슬리, 밥 딜런, 켄드릭 라마는 '팝'일까요? 각자 생각하시는 답을 외쳐주시길 바랍니다.

팝 음악은 양차 세계대전 사이의 어둡고 절망적인 구렁텅이에서 태어났습니다. 자유와 해방, 삶을 긍정하는 열정을 추구하는 반체제 운동과 깊은 관련이 있었죠. 그렇기에 팝은 기성세대의 딱딱하고 점잔 빼는 고리타분함의 안티테제였습니다. 그 영향으로 '팝'이라는 이름에는 일종의 달갑잖은 꼬리표가 따라붙게 되었습니다. 팝은 어린애들의 허황되고 실없고 유치한 집착일 뿐이라는 거죠. 가장 좋아하는 아티스트가 BTS라고 말하면 비웃는 사람들이 있습니다. '진짜' 음악 애호가는 팝을 좋아하지 않고, '진짜' 뮤지션은 팝 음악 산업을 싫어한다고 하면서요. 하지만 팝 음악 산업은 워낙 거대해서 미래에 외계인이 찾아와서 세계대전 이후의 지구 문화를 조사한다고 하면 아마 팝 음악을 '진짜' 음악이라고 여길 가능성이 큽니다.

요즘은 사람들이 음악을 들을 때 애플뮤직이나 스포티파이 같은 스트리밍 서비스를 이용하는 비율이 거의 90퍼센트에 달합니다. 이는 매우 흥미로운 결과를 낳았죠. 사람들은 원래 자기 시대의 팝 음악을 계속 좋아하고, 그 음악을 반복해서 듣는 경향이 있습니다. 그런데 이제 2023년에도 1977년에 나온 앨범을 쉽게 들을 수 있게 되었죠. 그 결과 미국에서는 올드 팝의 매출이 전체 음악 시장의 70퍼센트를 차지하기도 했고요. 현재 팝 음악은 향수에 젖은 이들의 끊임없는 반복 재생으로 침체 위기에 처한 셈입니다.

# 포스트식민주의 비평
## 국가적 트라우마

트라우마라는 단어에는 단순히 끔찍하다는 말 이상의 복잡한 의미가 담겨 있습니다. 트라우마의 원인이 되는 사건은 당연히 끔찍합니다. 하지만 트라우마가 생기려면 먼저 흉터가 남아야 합니다. 트라우마 생존자는 끔찍한 경험으로 돌이킬 수 없는 변화를 겪습니다. 몸과 마음이 새로운 환경에 강제로 던져지는 거죠. 플래시백이나 악몽의 형태로 트라우마를 반복해서 경험하므로 뇌의 신경망이 재배치됩니다. 그러면 세상을 다른 방식으로 보게 되고요. 트라우마를 겪으면 세상이 어둡게 칠해진 것처럼 보이기도 합니다.

식민주의는 많은 이에게 트라우마였습니다. 개인적 측면(노예로 부려졌거나, 비인간적인 취급을 받았거나, 소외당한 사람들의 경우)과 정치적 측면 양쪽에서 그랬죠. 식민주의는 국가의 영혼에 흉터를 남겼고, 그 국가들이 현재 속한 세계의 질서를 정의했습니다. 포스트식민주의 비평은 이러한 사실을 제대로 평가하자는 현대의 사조입니다.

포스트식민주의 비평은 제국주의가 세계 각국과 개인에게 미친 영향을 연구하는 이론으로, 주로 정치와 예술 두 분야에서 중요한 개념으로 다뤄집니다.

지정학적 측면에서 포스트식민주의는 제국주의 열강이 펼쳤던 주먹구구식 정책이 초래한 지속적 불평등에 대한 인식을 촉구합니다. 이 문제는 식민지였던 국가의 정치·경제 체계에 지금까지 악영향을 미치고 있죠. 가장 눈에 띄는 예시는 아프리카에서 찾을 수 있습니다.

1884년 베를린 회의에서는 유럽 열강들이 모여 '자기' 땅을 깔끔하고 질서정연하고 기하학적인 방식으로 나눴습니다. 식민주의 이전의 아프리카 국경은 모호하고 빈틈이 많았습니다. 유목 생활을 하는 부족이나 민족 단위로 이주하는 인구가 대다수였기에 서양식으로 나라의 경계를 정하기가 불가능에 가까웠던 것이죠. 그래서 프랑스와 영국이 국경을 그으면서 250개가 넘는 민족으로 이루어진 지금의 나이지리아가 생겨났습니다. 오늘날 아프리카의 불안한 정세는 멋대로 그어진 국경과 착취를 목적으로 만들어진 행정 체계 탓이 큽니다.

예술적 측면에서 포스트식민주의는 식민주의가 언어, 정체성, 문화에 끼친 영향을 이해하고자 하는 시도입니다. 토니 모리슨Toni Morrison의 장편소설 『빌러비드』는 미국 노예제가 아프리카계 미국인들에게 남긴 깊고 오래된 흉터를 생생히 보여줍니다. 제이디 스미스Zadie Smith, 린 노티지Lynn Nottage, 아룬다티 로이Arundhati Roy, 줌파 라히리Jhumpa Lahiri, 살만 루시디Salman Rushdie, 조지프 콘래드Joseph Conrad 등 수많은 작가는 제국주의 이후의 세계를 살아가는 평범한 사람들에게 남은 상처를 각자의 방식으로 탐색하는 글을 썼습니다.

세상은 복잡한 곳입니다. 역사는 복잡한 권력관계가 얽혀 생겨나고, 그 속에는 선량한 사람도 천하의 몹쓸 악당도 있습니다. 하지만 역사를 '잊힌 사건'으로 취급하는 태도는 옳지 않습니다. 식민주의는 이미 흘러간 이야기가 아닙니다. 대다수의 세상 사람들이 여전히 매일 접하는 일상이자 현실이죠. 포스트식민주의 이론은 이런 잔재와 더불어 불평등한 세상에서 자란다는 것이 어떤 의미인지 이해하기 위해 생겨났습니다. 모든 것이 그렇듯 이해해야 공감할 수 있으니까요. 포스트식민주의 비평은 너무나 많은 사람에게 트라우마를 안긴 제국주의적 서사와 이상을 해체하고 전복하려는 노력의 일환입니다.

# 컴퓨터 게임
## 콘솔 전쟁

학생 시절 저는 훗날 두고두고 후회하게 되는 실수를 저질렀습니다. 닌텐도를 두고 세가를 선택한 것이죠. 친구들이 모두 게임보이를 붙들고 거대한 식인식물을 피해 뛰어다니는 마리오를 들여다볼 때 저는 소닉과 함께 금빛 링을 모았습니다. 오해하진 마세요. 저는 소닉과 정말 즐거운 시간을 보냈으니까요. 다만 1990년대 영국 게임계의 '시대정신'에서 제가 얼마나 동떨어져 있는지 몰랐던 것일 뿐. 이제 자업자득으로 저는 알딸딸하게 취한 친구들이 3시간 내내 포켓몬 진화 형태를 줄줄 읊는 동안 멍하니 앉아 있어야 한답니다.

이 책의 독자 가운데 많은 분에게 컴퓨터 게임은 영혼에 찍힌 타임스탬프와 같을 겁니다. 게임은 과거의 향수를 상징하는 깃대입니다. 처음으로 푹 빠졌던 컴퓨터 게임을 떠올리면 그때의 방, 게임기, 함께한 사람, 감정까지 고스란히 기억나거든요. 많은 이에게 컴퓨터 게임을 떠올리는 것은 어린 시절로 돌아가는 그리운 추억 여행입니다.

오늘날 우리는 '콘솔 전쟁' 시대에 살고 있습니다. 새내기 게이머들은 플레이스테이션, 엑스박스, 닌텐도, PC 중에서 하나를 골라야 한다는 뜻이죠(물론 몇 가지를 섞어 쓰는 사람도 많지만요). 하지만 컴퓨터 게임이 등장하고 첫 10여 년간은 괜찮은 선택지가 딱 하나, 아타리 2600뿐이었습니다. 1977년 아타리가 나오기 전까지 게임은 시시했고, 제약도 많았고, 무엇보다도 컴퓨터 공학자한테나 가능한 놀이였죠. 아타리 2600이 나오면서 마침내 일반 대중이 컴퓨터 게임을 즐길 수 있게 되었고, 장르의 표준이 된 〈퐁Pong〉이 포문을 열었습니다.

컴퓨터 게임의 엄청난 시장성은 누가 봐도 명확했고, 그 이후로 무한한 상상력과 눈부신 기술 발전의 역사가 시작되었습니다. 1980년대가 되자 닌텐도와 세가는 게임 카트리지를 꽂아 쓰는 게임기를 출시했습니다. 그러면서 동키콩을 위시한 마리오 시리즈 등 게임 캐릭터들이 갑자기 주류를 차지했고요. 요즘 사람들은 대부분 라라 크로프트(툼 레이더), 피카츄, 마리오, 스콜피온(모탈 컴뱃), 팩맨 같은 걸 한 번쯤은 들어봤을 겁니다. 그리고 이런 캐릭터는 영향력이 아주 크죠. 게임 줄거리는 몰입감이 상당할 때가 많아서 사람들은 TV나 책을 볼 때보다 주인공에게 더 깊이 감정을 이입하기 때문입니다. 이렇게 브랜드 가치가 굉장한 만큼 컴퓨터 게임을 기반으로 한 영화가 점점 많아지는 것도 당연한 일입니다.

대략 2010년 이전까지 게임은 여전히 유치하거나 방구석 폐인 또는 괴짜들이 즐기는 특이하고 창피한 취미로 취급받았습니다. 지금은 회사 대표나 정치인들도 스마트폰으로 게임을 하는 모습이 종종 보이죠. 모바일 게임 시장 규모는 700억 달러에 달합니다. 게다가 기술이 발달하고 기량을 요구하는 게임이 나오면서 e스포츠라는 새롭고 신나는 분야가 현실로 자리 잡기도 했습니다.

컴퓨터 게임은 이미 주류가 되었습니다. 게임의 중독성이나 유해성(특히 폭력적인 게임의 경우)을 우려하는 이들이 많은 한편, 장점을 강조하는 목소리도 적지 않습니다. 컴퓨터 게임은 협응 능력을 향상하고, 높은 수준의 사회적 상호작용을 요구하고(특히 협력형 게임의 경우), 재미있고 경쟁적인 스포츠로도 손색이 없습니다. 그러니 이미 게임기가 있는 분이 아니라면 이제 하나 장만하실 때가 아닌가 싶네요….

# 주문형 비디오 혁명
## 블록버스터의 우화

어릴 적 크리스마스가 기다려지는 큰 이유 중 하나는 TV 편성표가 실리는 주간지 《라디오 타임스》 명절 특별호였습니다. 강력 추천 프로그램도 숙지해야 했지만, 다른 가족이 동그라미를 쳐둔 곳도 확인해야 했죠. 《라디오 타임스》는 재미있는 읽을거리인 동시에 전쟁의 서막이기도 했습니다. 크리스마스 다음 날 누나는 〈나 홀로 집에〉를 보려고 했겠지만, 저는 그게 프리미어 리그 하이라이트 〈매치 오브 더 데이〉와 겹친다는 걸 알고 있었으니까요. 피 튀기는 전쟁이 예상되었죠.

스무 살 이하인 분들은 대체 이게 무슨 소린지 어리둥절할 겁니다. 어떤 TV 프로그램을 볼지 미리 계획하거나 누가 선택한 것을 볼지 협상해야 한다는 개념이 몹시 생소할 테니까요. 오늘날 우리는 보고 싶은 영상을 보고 싶을 때 보는 걸 당연시하는 세상에서 살아갑니다. 설령 보고 싶은 영상을 구할 수 없더라도, 음, 어차피 아는 사람에게 부탁하면 수상한 웹사이트를 통해 어찌어찌 구해주더라고요.

주문형 비디오 혁명의 역사는 '블록버스터와 넷플릭스'라는 현대 우화를 들으면 이해하기 쉽습니다. 옛날 옛적 '블록버스터'라는 엔터테인먼트 산업계의 거물이 있었습니다. 전미 방방곡곡에 점포를 내고 수많은 비디오테이프를 전시해놓은 블록버스터는 비디오 대여 시장을 지배했죠. 그러던 어느 날 등장한 젊은 경쟁자 '넷플릭스'는 아직 블록버스터의 손이 닿지 않은 틈새시장을 노리기로 했습니다. 바로 인터넷이었죠. 블록버스터는 자기가 더 똑똑하다고 여겼습니다. 그래서 디지

털 사업에 신경 쓰지 않았고, 스트리밍은 금방 꺼질 불꽃이라고 생각했습니다. 이어서 나중에 땅을 치고 후회할 일이 일어났습니다. 2000년에 5000만 달러를 내고 넷플릭스 지분의 절반을 사라는 제안을 블록버스터가 거절한 것이죠. 10년이 지나자 블록버스터는 파산했고, 현재 넷플릭스는 전 세계에서 2억 2000만 가입자를 보유하고 수입 총액이 300억 달러에 달하는 기업이 되었습니다.

주문형 비디오 혁명은 우리가 매체를 소비하는 방식을 바꿔놓았습니다. 방송사나 영화제작사 같은 기존의 결정권자들은 이제 독점적 지위를 빼앗겼습니다. 무엇을 언제 볼지를 '우리'가 스스로 정하게 되었죠. 그 결과 시청자 피드백의 영향력이 훨씬 강해졌습니다. 미디어 기업들은 알고리듬을 활용해 사람들이 좋아하는 것과 싫어하는 것을 즉시 가려내고, 제작사는 구독자 시청 이력만을 기준으로 프로그램을 계속 제작할지 말지 결정하는 거죠.

아마존 프라임, 넷플릭스, 훌루 같은 서비스 덕분에 TV 시청은 훨씬 쉬워졌습니다(크리스마스에 싸울 일도 줄어들었고요). 하지면 주문형으로 바뀐 것은 TV만이 아닙니다. 이제 우리 삶의 모든 측면이 앱과 알고리듬에, 쏟아지는 비를 맞으며 값비싼 물건을 배송하는 택배 기사에 좌우됩니다. 아마존, 우버, 이베이, 저스트잇Just Eat, 엣시Etsy 등의 서비스가 등장하면서 온 세상이 클릭 한 번으로 연결되었죠. 블록버스터가 사라진 이유는 시대에 발맞추지 못했기 때문만이 아닙니다. 사람들이 직접 가야 하는, 벽돌과 시멘트로 지어진 실제 건물이었기 때문이죠. 지금은 세상이 우리를 찾아오는 시대입니다. 몇 년만 더 지나면 블록버스터처럼 잘나가던 기업들이 금세 역사의 뒤안길로 사라질지 모릅니다. 솔직히 말해 이제 가게는 필요 없습니다. 대신 언제든 쓸 수 있는 앱이 있으니까요.

# Religion & Belief

# 종교와 신앙

제가 들었던 한 사회학 강연에서 강사가 농담 삼아 한 말이
있습니다. "어느 시대의 어떤 사회에 가든 찾아낼 수 있는 것이
두 가지 있습니다. 취할 수 있는 장소나 수단, 그리고
종교적 장소죠. 그 두 가지는 밀접한 관계일 때가 많습니다."
호전적인 무신론자들은 못마땅하게 여길지 모르지만
종교, 또는 영성은 매우 보편적인 문화입니다. 선사시대를
살았던 소년은 별을 바라보며 그것이 하늘나라로 통하는
입구라고 생각했겠죠. 아이를 잃고 슬픔에 잠긴 어머니는
사후세계가 있다고 믿으며 위안을 얻었을 테고요.
몇 시간이고 꼼짝 않고 명상에 잠긴 수도승은 우주와의
합일을 꿈꿨을 겁니다.
종교와 신앙은 갈피를 잡기 어려운 이 세상에서 의미를 찾기
위한 수단입니다.

# 창세 신화

태초에

시간이 시작되기 전 대지는 잠들어 있었습니다. 세상은 끝없는 밤이었고, 모든 것은 어둠에 물들어 있었습니다. 그러다 영원의 바람이 실어 온 아름다운 노랫소리가 들려왔습니다. 빛과 생명이 담긴 노랫가락이 첫 새벽을 열었죠. 첫째 날의 어슴푸레한 회색빛 속에서 선조들이 나타났습니다. 엄청난 힘과 지혜를 지닌 존재인 이들은 노래에 자신의 목소리를 담았습니다.

선조들이 걸음을 내디딜 때마다 세상이 숨을 쉬며 살아났습니다. 나무는 꽃을 피우고 땅에서는 강물이 힘차게 솟아났죠. 천상의 노래가 커질수록 더 많은 존재가 합창에 합류했습니다. 무수히 많은 영혼이 나타났고, 이 영혼들은 식물과 동물, 기타 자연물로 변했습니다.

노래를 마친 선조들은 다시 휴식에 들어갔습니다. 이들은 하늘과 바다, 땅으로 변했죠. 오늘날 이들의 후손은 여전히 '노랫길songline'로 불리는 옛길을 따라 대지를 누빈답니다.

오스트레일리아 원주민들에게는 세상이 이렇게 생겨났다는 이야기가 전해집니다.

모든 종교에는 일종의 창세 신화가 있습니다. 그게 여러 개가 있는 종교도 있죠. 어쨌건 인간은 이 모든 것이 도대체 왜 생겨났는지 알고 싶어 하거든요. 누가 태양을, 달을, 별을 만들었는지를요. 과학이 발달하기 전의 시대에 여기 답할 수 있는 것은 종교뿐이었습니다.

창세 신화는 모태가 된 문화를 반영할 때가 많습니다. 이를테면 오스트레일리아 원주민은 대부분 유목 생활을 했기에 '노랫길'의 중요성이 강조되었죠. 일본의 민족종교인 신도神道에는 바다를 중시했던 역사가 반영된 신화가 있습니다. 두 남매 신이 신성한 창으로 천계의 바다를 휘저어 세상이 생겨났다는 이야기죠. 바다에 담갔던 창에서 떨어진 물이 일본의 섬으로 변했다고 합니다. 유혈을 즐겼던 바이킹의 경우는 어떨까요? 북유럽 신화에서 오딘과 형제들은 거인 이미르를 살해합니다. 이미르의 피는 바다가 되었고 살은 대지, 두개골은 하늘, 부러진 뼈는 산이 되었습니다. 참 아름답죠.

창세 신화는 자연에서 관찰되는 생명의 탄생 과정을 본뜬 것이 많습니다. 예컨대 중국의 창조신 반고盤古와 인도의 주신 브라흐마Brahma는 둘 다 일종의 거대한 알에서 태어났다고 합니다. 그리고 물론 성스러운 성교 얘기도 많죠. 마오리 신화에서 남신 랑기Rangi와 여신 파파Papa는 왕성하게 교합을 즐깁니다. 바빌론 신화에서 담수의 신 아프수Apsu와 바닷물의 신 티아마트Tiamat는 '서로의 물을 섞었다'고도 하고요. 아스텍 신화의 여신 코아틀리쿠에Cōātlīcue는 놀랍게도 거대한 깃털 뭉치에 의해 임신했습니다.

신이 엿새 만에 세상을 창조했다는 유일신 신화는 '엑스 니힐로ex nihilo', 즉 무無에서의 창조를 내세운다는 점이 특이합니다. 다른 신화에서 신들은 원래 있던 천상의 물질로 세상을 빚어냈거든요. 아브라함 계통의 종교에서는 그저 신이 말하는 대로 사물이 생겨났죠. 전능한 신이라면 그 정도는 해야 하는 모양입니다.

창세 신화는 세상의 기원을 알고자 하는 인간의 욕구와 깊은 관계가 있습니다. 빅뱅 이론에도 그 나름의 마법은 있지만, 그 덕분에 수많은 창조 신화가 힘을 잃었다는 점에서는 안타까움을 금할 수 없네요. 시골길을 산책하며 거인의 갈비뼈를 볼 수 있다면 참 멋졌을 텐데요.

# 조상 숭배
## 앞서가신 분들을 기리며

뭔가를 숭배한다는 것은 고마움을 표한다는 것입니다. 그 무언가를 제단에 모시고, 성스러운 이름으로 부르며 다른 것보다 중요하게 여기는 거죠. 누군가를 숭배하는 행위는 이 사람이 중요하며 헌신할 가치가 있는 사람이라고 세상에 알리는 것입니다. 그렇다면 역사에 기록된 최초의 종교적 숭배 중에 죽은 친족을 기리는 행위가 있다는 것은 아주 당연한 일일 것입니다. 부모와 가족은 우리 삶의 중심축이나 마찬가지니까요. 그래서 가족을 잃으면 넘어질 것 같은 느낌이 듭니다. 세상이 갑자기 훨씬 두렵고, 불확실하고, 외로운 곳으로 변하는 기분이죠.

고대 이집트와 메소포타미아까지 거슬러 올라가는 먼 옛날부터 조상을 숭배하는 문화가 있었다는 증거가 있습니다. 거의 인류의 역사 자체만큼이나 오래된 풍습이죠. 19세기 영국의 인류학자 허버트 스펜서Herbert Spencer는 조상 숭배가 나중에 더 정교한 형태로 등장한 모든 종교의 원형 격이라고 주장했습니다.

조상 숭배는 죽은 뒤에도 계속 살아남는 영혼이나 정신이 있다는 가정에 기반을 둡니다. 덧붙여 이 영혼들은 원래 있던 곳에서 멀리 떠나지 않죠. 아이가 빨리 생기지 않거나, 흉년이 들거나, 접질린 다리가 얼른 낫지 않거나 하면 우리는 조상의 영혼에 도움을 청합니다. 물론 이승에 있던 때와 똑같이 변덕스러운 존재인 영혼은 복수심에 불타거나 앙심을 품기도 합니다. 일본의 고전소설 『겐지 이야기』(255쪽 참조)에는 겐지의 옛 연인이자 질투심 많은(그리고 세상을 떠난) 여인이 겐지의 임신한 아내를 죽이려고 찾아오는 이야기가 나옵니다.

대다수의 문화권에는 어떤 형태로든 조상 숭배가 존재합니다. 일부 문화권에서는 사망한 지 얼마 안 된 조상이나 직계가족만이 예우의 대상이 되었습니다. 부족장이나 건국 공신이 열렬한 숭배를 받은 곳도 있고요. 그리스인, 바이킹, 켈트족, 튜턴족, 슬라브족에게 조상 숭배는 영웅 숭배와 상당 부분 겹치는 개념이었습니다. 전설적인 인물들의 이야기와 영웅담이 입에서 입으로 전해지며 점점 미화되기도 했죠.

시간이 지나며 세계 곳곳의 조상 숭배는 주요 종교, 특히 유일신교에 밀려났습니다. 하지만 원초적이고 오래된 관습이 대개 그렇듯 완전히 사라지지는 않았죠. 오늘날 전체 인구 중 대략 15퍼센트가 죽은 가족의 형상을 보거나 그들의 목소리를 들었다고 주장한다고 합니다. 아프리카 사하라 이남 지역과 인도 시골 지역에서는 여전히 조상 숭배가 건재합니다. 동북아시아에는 죽은 친족에게 존중과 예의를 표하며 추모하는(숭배라고까지 하기는 어려울지라도) 문화가 있고요. 중국에서는 유교적 미덕인 '효'가 새롭게 주목받는 상황입니다.

사랑하는 가족과 가까이 있고 싶은 욕구는 가족이 죽어도 사라지지 않습니다. 삶에서 가족이 주는 안정감이나 지지, 행복은 다른 것으로 대체하기가 극히 어렵기 때문입니다. 그렇기에 조상 숭배는 인간의 기본적인 욕망이죠. 냉정하고 무관심하며 팍팍한 세상을 살아가는 사람들이 자연스럽게 보이는 반응이고요. 종교도 처음에는 이렇게 시작되었을 겁니다.

# 범신론
## 모든 것은 하나

　〈매트릭스〉의 마지막 부분에는 인상 깊은 장면이 나옵니다. 주인 공 네오가 세상을 있는 그대로 보는 능력을 얻어 숫자로 이루어진 세 계를 목격하는 장면이죠. 네오는 벽이며 문, 사람 등이 전부 똑같은 컴 퓨터 코드로 구현된 허상일 뿐이라는 것을 알게 됩니다. 훌륭한 SF 작 품답게 이 장면은 과학적으로 그리 허황된 것이라 말할 수는 없습니다. 네오가 보는 장면이 현실 세계와 그리 동떨어지지 않았다는 뜻이죠. 녹 색 숫자 대신 우리 세계는 원자(또는 90쪽에 나오는 끈)로 이루어져 있 을 뿐입니다. 여러분, 이 책, 태양, 머나먼 별에서 우리를 관찰하며 웃는 외계인은 모두 같은 요소로 만들어졌죠. 그러니 우리는 하나입니다.

　과학과 종교가 이렇게 맞물리는 순간은 참 짜릿합니다. 어쨌거나 '모든 것은 하나'라는 건 나온 지 매우 오래된 개념입니다.

　18세기 아일랜드의 철학자 존 톨런드John Toland는 "모든 것에 신 이 있다"라는 뜻의 '범신론汎心論'이라는 단어를 처음 내놓았습니다. 넓 은 의미로 해석하면 이는 신, 우주, 인간의 의식이 한 가지 질료로 이루 어졌다는 개념입니다. 우리가 신이고 신이 곧 우리라는 말이죠. 하지만 좀 더 자세히 들여다보면 범신론도 여러 갈래임을 알 수 있습니다.

　'범심론'은 세상 전체와 그 안의 모든 것에 일종의 의식이 있다는 주장입니다. 우리가 성스러운 의식체 안에서 살아간다는 개념이죠. 한 편 동양 종교, 특히 힌두교의 베다 경전과 거기서 파생된 불교에서 두 드러지는 '무세계론적 범신론'도 있습니다. 우리가 보는 세상은 그저 수많은 허상 중 하나로서 존재하는 모습(즉 '마야maya')일 뿐이라는 믿음입니다. 우리가 마주하는 세상은 가짜이며, 진짜 세상은 환상에 불과한 이 장막 뒤에 숨은 신성한 질서라는 것이죠. 마지막으로는 대다수 주요 종교(그리고 기타 군소 종교)의 주변부에서 흔히 보이는 신비주의가 있습니다. 유일신론자들은 범신론이라는 딱지를 격렬히 거부하지만, "우리는 모두 신의 일부"라는 광범위한 개념은 유일신교 신학의 핵심과도 상당 부분 일치합니다.

철학계에서 범신론 연구로 잘 알려진 이름으로는 17세기의 유대계 네덜란드인 철학자 바뤼흐 스피노자Baruch Spinoza를 꼽습니다. 스피노자는 모든 것을 이루는 근본 질료는 하나뿐이며, 그렇기에 '나'와 '신'이라는 단어는 같은 것을 부르는 두 가지 이름이라고 주장했습니다. 나아가 인간은 근시안적이기에 진정한 현실을 보지 못하고 세상이 서로무관한 별개의 사물로 이루어졌다고 착각한다고 여겼죠.

범신론은 매우 기묘한 동시에 꽤나 상식적입니다. 인간이 '우주적 의식체'의 일부라고 말하는 사람들은 대개 머리에 반다나를 두르고 환각제를 즐긴다는 점에서 기묘하죠. 그런가 하면 과학을 연구하면 할수록 통합성이 두드러지게 발견된다는 점에서 상식적입니다. 어쩌면 우리 모두 기본 질료로 이루어진 일시적 형상일지도 모를 일입니다.

# 유령
## 아주 오래된 두려움

올리브는 과학적으로 생각할 줄 아는 합리적 무신론자입니다. 종교에는 관심이 없고, 형이상학이 헛소리라고 생각하고, 사후세계라는 말에는 코웃음을 치죠. 과학적으로 설명할 수 있는 물리적 세계 이외에는 아무것도 믿지 않습니다.

그런데도 올리브는 유령을 무서워합니다. 유령이라는 단어를 입밖에 내지는 않지만, 밤에 삐걱대는 소리가 들리면 기겁하죠. 그리고 어둠 속에서 누군가가 자기를 지켜본다는 생각이 자꾸 듭니다.

유령을 믿는 사람은 생각보다 많습니다. 유령은 안식에 들지 못하고 불만을 품은 채 경계 공간을 떠도는 영혼이자 다른 모든 인간처럼 그저 쉴 곳을 찾는 존재입니다.

유령, 또는 유령 이야기는 어둡고 폭풍우 치는 밤과 그 역사를 함께해왔습니다. 모닥불 너머 캄캄한 어둠을 들여다보노라면 온갖 허깨비가 보이는 것 같았겠지요. 고대 이집트 시대에는 이미 영혼이라는 개념(카Ka라고 불렸죠)이 존재했으므로 이 영혼들이 떠돌거나 길을 잃는다고 믿는 것도 그리 난데없는 생각은 아니었을 겁니다. 거의 모든 문화에는 '영혼의 인도자'라는 개념이 있습니다. 서양 문화권에서의 낫을 든 사신처럼 갓 죽은 사람을 마중 나와 어둑어둑한 경계 지대를 건너서 최종 목적지에 데려다주는 존재죠. 하지만 잽싸게 도망치는 말썽꾸러기 영혼도 있기 마련입니다.

유령은 이루지 못한 목표의 상징입니다. 영혼은 원래 이승을 떠돌면 안 되는 존재이므로 세상에 머무르는 데는 이유가 있는 게 틀림없거든요. 혼란을 일으키는 게 목적일 때도 많습니다. 물건을 감추는 장난스러운 폴터가이스트처럼 그리 해롭지 않은 유령이 있는가 하면 복수심을 품고 사람을 죽이려는 영혼도 있죠. 유령은 질병, 불운, 죽음을 불러오는 존재이며, 그래서 여전히 사람들은 나쁜 귀신을 쫓는 온갖 미신적 행위를 합니다. 유령이 나오는 신화나 설화에서 불만을 품고 떠도는 원인이 해결되면 그 영혼은 천당이나 저승 등등 가야 할 곳으로 가게 되죠.

물론 유일신교(284쪽 참조)인 이슬람교와 기독교에는 유령이 등장할 여지가 별로 없습니다. 하지만 그렇게 깊이 뿌리박힌 원초적 믿음을 쉽사리 몰아낼 수는 없는 법이죠. 공식적으로 기독교 신학에 유령은 없습니다. 하지만 사람 몸에 씌는 악마나 여차하면 상황에 개입하려고 대기하는 천사는 상당히… 유령과 비슷한 개념이죠. 마찬가지로 이슬람교에서는 선하기도 하고 악하기도 한 정령인 진jinn이 쿠란에 명시되어 있으며, 이는 해석에 따라 은유로 볼 수도 있고 진짜라고 볼 수도 있습니다.

지금까지도 유령은 민족 단위의 집단 심리에 영향을 미칩니다. 영혼과 이야기할 수 있다고 주장하는 영매나 심령술사가 무대에 서면 넓은 행사장의 좌석이 매진되기도 하죠. 공포 영화는 엄청난 돈을 벌어들이고, 핼러윈은 연중 최대의 사교 행사가 되었습니다. 런던탑에 출몰한다는 앤 불린Anne Boleyn의 유령, 우물에서 그릇 세는 소리가 들린다는 일본의 오키쿠お菊 괴담, 테네시주에서 출몰했다는 벨 가문의 마녀 이야기 등 문화권별로 유명한 유령 이야기도 많습니다. 이성적인 사람이라도 어둠 속에서는 아무래도 좀 거북해지기 마련입니다. 어둠은 혼백과 유령, 귀신이 떠도는 곳이니까요.

# 유일신론
## 단 하나뿐인 진정한 신

이 세상에는 경이로운 일들이 넘쳐납니다. 초저녁에 뜬 달을 바라보고, 바람에 흔들리는 숲을 느끼고, 철썩이는 파도에 귀 기울일 때 우리는 경외감에 휩싸입니다. 인간은 이 모든 자연의 힘을 정확히 파악하지 못하면서도 본능적으로 거기에 이끌립니다. 이런 이끌림을 느끼는 인간이 영적 존재들을 상상하게 된 것은 무리도 아니죠. 세상에 수많은 신이 존재한다는 다신론이 인류에게 자연스러운 개념이었다는 뜻입니다. 고대 문헌을 보면 사람들이 엄청나게 많은 신을 섬겼음을 알 수 있습니다. 이집트, 바빌론, 그리스, 로마, 중국, 메소포타미아 사람들은 모두 온갖 종류의 신을 모셨죠.

그렇기에 유일신론의 등장은 매우 흥미로울 수밖에 없습니다. 21세기를 사는 우리는 대부분 유일신교를 표준으로 생각하죠. 하지만 인류 역사 전체로 따지면 이건 아주 오랜 기간 동안 생각지도 못할 만큼 말도 안 되는 소리였거든요.

인류 역사에서 유일신론이란 개념은 아주 이례적입니다. 별다른 전조도 없이 갑자기 튀어나왔기 때문이죠. 힌두교에는 모든 생명과 하위 신들을 만들어낸 창조신 브라흐마가 있고, 고대 이집트 신화에서도 한 신이 창조를 도맡았다는 얘기가 있기는 했습니다. 하지만 이들은 우두머리 신이거나 창조신이었지, 그 자체로 유일신은 아니었습니다. 우리가 아는 유일신, 그러니까 하나뿐이고 전능하며 다른 신의 존재를 허용하지 않는 신(맨 앞 글자를 대문자로 쓰는)은 기원전 1세기 중반이 되어서야 유대인과 함께 무대에 등장했습니다.

유일신교가 등장하기 이전의 신들은 시간의 시련을 견디려면 어느 정도 효험을 보여야 했습니다. 다산의 신에게 기도를 했는데 아이가 생기지 않거나, 생선의 신을 모셨는데 빈 그물로 집에 돌아가는 날이 이어지면 그런 신은 충전 안 되는 스마트폰처럼 후딱 버려졌죠.

유대인의 신은 부족 간 전쟁에서 자기 사제와 신도들에게 승리를 약속했습니다. 그런데 효험이 형편없었죠. 구약성서에는 장마다 유대인들의 패배, 절망, 굴욕이 빼곡히 기록되어 있습니다. 하지만 이상한 일은 유대인들이 여호와를 버리지 않았다는 것입니다. 오히려 신앙심은 한층 굳건해졌죠. 추방당해 망명 생활을 이어가고 온갖 고난을 겪으면서도 유대인들은 고집스럽게, 단호하게, 꿋꿋하게 자기들의 신을 믿었습니다. 실제로 자기들 신이야말로 유일한 신이라고 계속 말하고 다녔죠. 지금껏 일어난 갖가지 나쁜 일은 신의 잘못이 아니라 자기네 잘못이라고 주장하면서요.

유대인이 유일신론이라는 개념을 도입하고 유지했다면, 기독교인은 이를 주류로 끌어올렸습니다. 유대인들은 자기네 종교에 방어적인 태도를 보였고, 입문하는 데 식습관(과 성기)에 관련된 까다로운 조건을 요구했습니다. 하지만 기독교는 모든 사람에게 열려 있었죠. 로마군인들 사이에서도 큰 인기를 끌었기에 기독교는 로마제국 전체에, 뒤이어 유럽 전역에 빠르게 전파되었습니다.

오늘날에는 전 세계의 종교인 중 압도적 다수가 유일신교를 믿습니다. 세계 곳곳에서 모스크(이슬람), 시너고그(유대교), 교회(기독교)가 쉽게 눈에 띌 정도죠. 한때 짓밟히고 노예가 되고 나라를 뺏긴 채 70년간 떠돌아다녔던 소수민족만이 믿었던 종교치고는 나쁘지 않은 성과를 거뒀네요.

# 지옥
## 가학적인 엿보기

지옥에는 섬뜩한 매력이 있습니다. 할리우드 영화에서 CG에 돈을 잔뜩 들여 만든 지옥의 모습, 밀턴의 『실낙원』에 나오는 선과 악의 장대한 싸움, 단테의 『신곡』에서 악인들이 받는 고통 모두 왠지 모르게 매혹적이죠. 우리는 타오르는 불길과 유황, 이 갈리는 소리, 삼지창과 뿔, 배경으로 깔리는 롤링스톤스 음악 등에 열광합니다. 하지만 오랜 인류 역사에 비해 이 개념은 신기할 만큼 최근에, 기독교 문헌과 사상가들의 종말론(298쪽 참조)에 영향받아 등장한 것입니다.

사후에 영원히 머무르는 장소인 지옥이라는 개념은 비극을 즐기던 그리스에서 먼저 나왔습니다. 고대 그리스의 지옥에서 죽은 자들은 대체로 칙칙하고 지루한 나날을 보내야 했죠. 호메로스의 이야기에서 오디세우스가 지옥을 방문했을 때 만난 아킬레우스와 아가멤논은 지루하다는 불평만 늘어놓았습니다. 어떻게 보면 지옥을 상당히 정확히 묘사했다고 하겠지만, 어쨌든 끔찍하지는 않습니다.

어떤 면에서 이는 유대교의 지옥과도 비슷합니다. '무덤'이라는 뜻인 스올Sheol이라 불리는 이 장소는 '벌레와 흙'이 있는 땅 밑입니다.

지옥이 흥미로워진 것은 기독교가 등장하면서부터입니다. 서기 3세기경부터 많은 이들이 기독교로 개종하기 시작했습니다. 기독교 전도사들은 선교 활동에 박차를 가했고, 그 과정에서 강력한 무기인 두려움을 동원했습니다. 지옥의 이미지는 믿음이 부족한 이들에게 영혼을 돌보는 것의 중요성을 설득하는 데 효과가 좋은 도구였죠. 그리고 이 지옥이라는 개념은 단테 알리기에리Dante Alighieri에 이르러 정점을 찍었습니다.

단테의 「지옥편」은 로마의 시인 베르길리우스Vergilius를 가이드 삼아 남이 고통받는 모습을 구경하는 일종의 지옥 관광입니다. 한 층씩 내려갈 때마다 점점 죄질이 나쁜 악인이 나와서 더 잔인한 형벌을 받죠. 아홉 층에 달하는 지옥은 지구 중심까지 연결되고, 중심부에서는 머리 셋 달린 사탄이 카이사르를 살해한 브루투스와 카시우스, 예수를 배신한 유다를 잘근잘근 씹어먹고 있습니다(흥미롭게도 사탄은 불길이 아니라 얼음에 파묻혀 있고요). 다양한 죄인들은 각자 받아 마땅한 형벌에 시달립니다. 도둑은 뱀으로 변하고, 잘못된 조언으로 파멸을 부른 이는 불꽃 혀로 채찍질을 당합니다. 아첨꾼은 배설물을 뒤집어쓰고, 타락한 정치가는 부글부글 끓는 역청에 던져집니다.

단테 이후 존 밀턴 같은 작가부터 히로니뮈스 보스Hieronymus Bosch 같은 화가까지 수많은 예술가가 지옥을 전례 없이 끔찍하게 묘사했습니다. 하지만 세월이 지나면서 지옥은 끝없는 고문이 이어지는 구체적 공간에서 엄청난 고통에 대한 심리적 은유로 바뀌었죠. 예컨대 영국의 시인 윌리엄 블레이크William Blake는 밀턴이 묘사한 지옥이 신의 영적 부재不在를 가리키는 상징이라는 새로운 해석을 내놓았습니다. 그런가 하면 오늘날 자유주의 기독교인 중에도 지옥을 은유적이거나 정신분석학적인 개념으로 보는 사람이 많습니다. 프랑스의 철학자 장 폴 사르트르는 "지옥은 곧 타인이다"라는 말을 하기도 했죠.

지옥은 매우 강력한 개념입니다. 수많은 신자를 공포에 떨게 했고, 수천 년간 문학과 예술에 커다란 영향을 미쳤죠. 더불어 지옥을 상상할 때 사람들이 두려움 섞인 흥미를 느낀다는 점만 봐도 지옥이 천국보다 매력적일 때가 많다는 데는 의심의 여지가 없습니다.

# 도교
## 흐름에 몸을 맡기기

뭔가 잘못됐다는 느낌을 받은 적 있나요? 이 느낌의 대상은 배우자일 수도, 직장일 수도, 영 책장이 넘어가지 않는 책일 수도 있습니다. 모든 게 힘에 부치는 그런 느낌이죠. 그냥 앞으로 나아가는 데만도 엄청난 노력이 듭니다. 이런 느낌을 받을 때 싸우고 발버둥 치는 것이 현대의 미덕입니다. 우리는 장애물이란 마땅히 극복해야 하는 것이라고 배우죠. 우리가 걷는 길이 옳은 길이며, 역사상의 위인들은 뒤를 돌아보지 않은 이들이기 때문입니다.

하지만 가끔은 우리가 가는 길이 옳은 길과는 거리가 멀 때도 있습니다. 이럴 때 도교에서는 전혀 다른 지혜를 제시하죠. 이 힘겨운 느낌은 우리가 도道에서 멀어졌다는 신호라고요.

도교의 창시자인 노자老子는 반쯤은 전설 속의 인물입니다. 노자는 '나이 든 어른'이라는 뜻인데, '노자'가 실존했던 개인이었는지 아니면 기원전 5세기경 여러 현자의 가르침을 모은 책에 붙인 제목이었는지는 확실치 않습니다. 하지만 중요한 것은 노자가 미친 영향력이죠. 오늘날 세계 전역(주로 아시아 지역)에는 2000만 명에 달하는 도교 신자가 있고, 역사 전체로 따지자면 이 숫자는 훨씬 늘어납니다.

도는 '길'이라는 뜻이며, 흐르는 강물에 비유될 때가 많습니다. 강물과 비슷하게 도는 한 방향으로 흐르면서 온갖 것을 실어 나르는데, 우리는 그 위를 떠가는 조각배와 같죠. 흐름을 거슬러 노를 젓기는 어려우므로 도교에서는 우주 만물의 '흐름에 몸을 맡겨야 한다'라고 가르칩니다.

도는 삶에서 조화를 추구하는 것이며, 그러려면 컵을 채우는 물처럼 자신을 세상의 형상에 맞춰야 합니다. 즉 유연하게 굽히고 맞추며 삶을 있는 그대로 받아들여야지, 스스로 나서서 삶을 바꾸려 하면 안 된다는 뜻이죠. 인생이 숲이라면 도는 넓은 포장도로입니다. 다른 길도 있을지는 모르지만, 왜 즐겁고 편한 길을 두고 가시덤불을 헤쳐나가는 고생을 무릅쓴단 말인가요? 도교의 핵심 경전인 『도덕경』은 도를 따르는 사람이 이 길을 찾을 수 있도록 인도하는 속담, 격언, 우화가 꽉꽉 들어찬 지혜의 보고입니다.

도교의 핵심 사상은 무위無爲, 즉 '하지 않음'입니다. 그런데 이 무위란 것은 종일 이불 밖으로 나오지 않고 넷플릭스 삼매경에 빠질 핑계 같은 게 아니라, 오히려 그 반대에 가깝습니다. 무위는 인간의 영역을 넘어서는 훨씬 커다란 힘을 인식하고 거기 따른다는 뜻이기 때문입니다. 자기 앞에 열리는 길을 따라 걷는 것이죠. '이슬람'이 알라의 힘에 복종한다는 뜻인 것처럼, 무위는 도라는 거대한 흐름에 복종하는 것입니다. 따라서 행동을 취하되 자기 멋대로 하지는 않아야 합니다.

도교가 말하는 단순한 진리는 무언가 잘못된 느낌이 들면 실제로 잘못되었을 가능성이 크다는 것입니다. 노자는 삶에서 걸림돌을 만났을 때 강물처럼 그저 돌 위로 흘러 지나가라고 가르칩니다. 진정한 행복인 도의 핵심은 삶의 길, 딱 알맞게 느껴지는 그 길을 찾아내는 데 있습니다.

# 기도
## 신과의 의사소통

헝가리 출신의 미국인 정신의학자 토머스 사스Thomas Szasz는 이런 말을 했습니다. "당신이 신에게 말을 걸고 있다면, 그건 기도다. 신이 당신에게 말을 걸고 있다면, 그건 조현병 증세다." 심각한 문제를 재치 있게 풀어낸 이 말에는 진심 어린 의문이 따라붙습니다. 기도가 인간과 신의 의사소통이라고 합시다. 한쪽은 세속적이고 물리적이며 답답할 만큼 유한한 인간이고, 다른 한쪽은 어떤 의미에서든 신성한 존재죠. 이렇게 극단적으로 다른 상대방과의 '의사소통'을 대체 어떻게 정의할 수 있을까요?

어쩌면 인간의 관점으로만 기도라는 개념을 바라보는 편이 나을지도(그리고 신학적으로 덜 복잡할지도) 모르겠네요. 어쨌거나 기도, 다시 말해 초자연적 존재를 향한 탄원은 고대 인류 문화에서 보편적으로 나타났으므로 이 책에서 한 자리를 차지할 자격이 있습니다.

기도의 효능은 크게 세 가지, 즉 마법, 숭배, 위안으로 나눌 수 있습니다.

역사에 기록된 거의 모든 기도에는 마법적인 요소가 포함됩니다. 오늘날에도 로마의 가톨릭 교인부터 에티오피아 오모강 근처에 사는 정령 숭배자에 이르기까지 종교인이 하는 기도는 거의 다 마법적인 데가 있기 마련이죠. 신의 개입이 일어날 가능성을 아주 조금이라도 열어놓지 않으면 기도는 생명력도 의미도 없는 행위가 되고 마니까요. 기도해도 아무 일이 일어나지 않는다고 여기면 허공에 대고 말하는 거나 다를 바가 없어집니다. 사제들이 그런 게 아니라고 아무리 훈계하고 조언해도 신자들은 신성한 존재가 자신을 위해 실제로 나서주리라고 기대합니다. 치유의 기적이나 신의 응징, 초자연적인 개입 등을 바라는 것이죠.

하지만 기도가 단지 마법에 관한 것이라고만 본다면 신앙의 한층 더 신비로운 요소를 놓치는 셈입니다. 궁정 마법사와 부족 주술사는 유용하고 중요할지언정 숭배의 대상은 아니었죠. 그렇기에 신에게 드리는 기도는 숭배와 겸손, 의존이라는 요소도 갖춰야 합니다. 추수감사절이 좋은 예죠. 일본 아이누족은 식사 때마다 신 또는 신들(카무이kamuy라 불리는)에게 감사를 드립니다. 반투족 문화에서나 중국 일부 지역의 제사(279쪽 참조) 의식에서 기도는 단순히 경의와 존중을 표하는 수단이기도 합니다. 찬송가나 감사 의식과 더불어 신의 존재를 매순간 긍정하는 태도는 모두 숭배로서의 기도에서 핵심적 역할을 하죠.

그리고 세 번째 요소인 위안이 있습니다. 인류 역사에서 속내를 털어놓는 것이 정신건강에 좋다는 사실을 깨달은 사람은 지크문트 프로이트 이전에도 있었습니다. 자기 고민거리를 밖으로 꺼내서 누군가에게 털어놓으면 부담이 한결 줄어드는 느낌이 들기 마련이죠. 삶의 고뇌에서 벗어나게 해줄 마법적인 요소를 제쳐두고 생각하더라도 기도라는 행위에는 과학적으로 근거 있는 정신 치료 효과가 있습니다.

기도는 오늘날에도 여전히 옛날만큼 대중적입니다. 하고 나면 기분이 나아지기 때문이죠. 비현실적인 사고에서 나온 행위일지는 몰라도 그 효과만큼은 지극히 현실적이거든요.

# 명상
## 자신의 중심 찾기

잠깐 짬을 내서 한번 바른 자세로 앉아보기로 하죠.

적당한 장소를 찾아 자리를 잡습니다. 머리와 척추를 곧게 세우되 긴장은 풀어주세요. 턱은 가볍게 당깁니다. 구부정해지거나 가슴이 불쑥 튀어나오지 않게 골반 위치를 조정하세요. 다 되셨나요? 조금 불편하더라도 잠시 그대로 자세를 유지하세요. 그리고 길게 심호흡합니다. 생각이 자유롭게 흘러가도록 놓아두세요. 앉은 자세와 호흡에만 집중합니다.

이것이 바로 선불교의 좌선, 즉 '앉아서 명상하기'입니다. 마음을 가라앉히고, 현재를 만끽하고, 지친 마음에 휴식을 주기 위해 인류가 개발한 여러 탁월한 방법 가운데 하나죠.

'선禪'이라고 하면 왠지 신비하고 뉴에이지 같은 느낌이 들지만, 그 자체로는 단순히 명상을 가리키는 한자일 뿐입니다. 거의 모든 불교 종파에는 일종의 명상법이 있는데, 선불교는 유달리(심지어는 전적으로) 명상에 초점을 두는 종파입니다.

선 명상법은 크게 세 가지로 나뉩니다. 첫째는 차분히 호흡하며 마음을 다스리는 것입니다. 둘째는 '공안公案'이라 불리는, 알쏭달쏭하기로 유명한 화두("한 손으로 손뼉을 치면 어떤 소리가 나는가?" 같은 질문)를 곱씹는 방법입니다. 셋째가 바로 좌선이죠.

힌두교에서 명상은 곧 요가입니다. 요가는 주로 명상이나 사색을 통해 마음을 가다듬는 다양한 수행을 아우르는 명칭입니다. 온갖 잡념을 떨쳐낸 뒤의 고요함과 수용적 자각, 차분함에 이르려는 의식적 노력을 가리키죠. 요가의 방법은 어느 계파에 속하느냐에 따라 다릅니다. 요즘 서구에서 생각하는 요가, 즉 건강을 위해 체육관에 가서 배우거나 비싼 돈을 내고 섬에 가서 수련하는 그런 요가는 사실 비교적 최근에 생겨난 유형이죠. 마치 체조와 비슷하게 육체적인 수련에 중점을 둔 이러한 요가는 15~16세기에 스바트마라마Swatmarama가 집대성한 하타요가hatha yoga입니다.

명상이란 수염이 덥수룩한 수도승들이나 하는 것이라거나 요가란 온몸이 유연한 곡예사들이 소일거리로나 하는 것이라고 막연히 생각하는 사람이 많습니다. 하지만 따지고 보면 생각의 방향을 전환하거나 마음을 가라앉히려는 의식적 노력은 다 명상에 속합니다. 숨을 깊이 들이마셨다가 천천히 내뱉는 호흡도 선입니다. 퇴근 후 땀을 빼며 달리는 것도 명상이고요. 일과를 마친 뒤 모니터 앞에서 끙 소리를 내며 기지개를 켜는 것도 요가입니다.

오랜 세월 동안 다양한 문화권에서 마음을 비우는 데 효과적인 여러 방법이 개발된 것은 우연이 아닙니다. 인간의 마음은 대단히 강력하지만, 때로는 어지러워지고 지치기도 하죠. 그렇기에 가끔은 잠시 무음 버튼을 눌러놓고 재충전을 하거나 재조정을 할 필요가 있습니다. 명상은 마음을 다스리고자 했던 수많은 사람의 조언이 축적된 지혜입니다.

# 현신
## 신에게로 이어지는 다리

당신은 사실 신인데, 어느 날 일어나보니 인간의 몸에 들어와 있다고 상상해봅시다. 원래 당신이라는 존재는 성스러운 형이상학적 에테르 비슷한 곳에서 유유자적했을 테고, 거의 뭐든지 뜻대로 했을 겁니다. 하지만 이제는 화장실에 가야 하고, 버스를 기다려야 하고, 어리석은 인간들을 상대해야 하죠. 그래도 당신은 해야 할 일이 있고, 인류도 구원해야 합니다. 대의를 위해서는 참아야겠죠.

인류 역사를 통틀어 전 세계 거의 모든 종교에는 일종의 '현신', 즉 신성한 존재가 육신을 갖추어 사람들 앞에 나타나는 일화가 있습니다. 종교적으로 볼 때 이는 궁극적인 희생입니다. 신이 인간의 수준으로 내려오는 거니까요.

아주 오래된 이야기인 『길가메시 서사시』나 『일리아드』, 구약성서에서는 모두 인간계에 내려온 신이 나옵니다. 『일리아드』에서 신들은 아무 대목에서나 스스럼없이 등장해서 '데우스 엑스 마키나'라는 클리셰는 신경도 쓰지 않고 제멋대로 굴죠. 성경의 『창세기』에서 인간의 모습을 한 천사는 '동이 틀 때까지' 야곱과 씨름을 합니다. 기독교에서 신을 대리하는 천사는 이런저런 모습으로 종종 나타나 선택받은 이들에게 가르침을 주죠. 가시덤불에서 불타는 모습으로 나타난 이야기가 가장 유명합니다.

힌두교에서 현신은 신앙의 핵심 요소입니다. 비슈누 신은 라마, 크리슈나 등 10가지 '아바타'로 나타난다고 합니다. 이 신성한 아바타는 각각 특정한 임무를 맡습니다. 대개 우주의 불균형을 바로잡거나 지난번 전투의 패배를 되갚아주는 일이죠. 불교에는 모든 생명체가 윤회의 수레바퀴에 갇혀 계속 환생한다는 교리가 있습니다. 이 과정에서 생명체의 의식은 죽음 뒤에 새로운 몸으로 옮겨집니다. 이타심을 지향하는 대승불교에서 보살은 깨달음을 얻고 해탈하여 열반에 들 수 있는데도 영적 지도자 또는 안내자로 환생하기로 마음먹은 존재입니다. 중생 구제를 위해 열반을 포기하는 것이죠.

한편 서구에서 현신이라는 개념은 주로 신약성서를 기반으로 한 기독교와 연결됩니다. 기독교에서 나사렛 예수는 신이 인간으로 화한, 즉 '성육신成肉身'한 존재입니다. 하나님 아버지가 에덴에서 추방당한 인류의 원죄를 대속할 희생양으로 독생자(이자 자기 자신인데, 이게 그 유명한 삼위일체죠)를 보냈다는 것이 기본 교리죠. 서기 451년에 열린 칼케돈 공의회Council of Chalcedon 이전까지는 기독교인 사이에서도 예수의 본질에 관한 논쟁이 많았습니다. 당시 유행했던 종파인 아리우스파(이후 이단으로 단죄되었죠)에서는 예수의 신성을 정면으로 부정했습니다. 예수는 신의 현신이 아니라 신을 닮은 존재일 뿐이라는 주장이었죠. 오늘날 정통 기독교에서는 예수가 온전한 신인 동시에 온전한 인간이라고 믿습니다. 엄청나게 강한 신앙심을 요구하는 동시에 끝없는 논쟁을 부르는 역설이죠.

현신은 종교에서 매우 중요한 개념입니다. 인간으로 사는 삶이 어떤 것인지 신이 이해하는 순간이기 때문입니다. 신성한 존재가 인간의 편협하면서도 아름다울 만큼 독특한 시각을 직접 경험하게 되는 거죠. 그럼으로써 신은 자신의 종교를 더욱 인간적으로 만듭니다. 현신은 평범한 인간의 삶과 무한한 존재의 장엄함을 이어주는 가교이자 중개자입니다.

# 무신론
## 신은 취급하지 않습니다

　　무신론은 은근히 까다로운 개념입니다. 어떻게 보면 그 어원만큼이나 간단하기도 합니다. '무'는 '없다'는 뜻이고, '신'은 신이며 '론'은 주장이나 이론이죠. 그러니 무신론자는 신이 없다고 믿는 사람입니다. 하지만 이것만으로 모든 무신론자가 설명된다고 결론짓는 것은 지나치게 단순한 해석입니다. 인류 역사를 살펴보면 더욱 그렇죠. 근대 이전 유럽의 문헌을 살펴보면 무신론자란 단순히 비기독교인을 비난조로 일컫는 말이었습니다. 힌두교도, 불교도, 일본 신도 신자, 세계 각국의 토착 종교 신자는 전부 무신론자로 불렸을 테죠. 그러니 무신론을 제대로 이해하려면 조금 더 깊이 파헤쳐야 합니다.

　　시작점으로 좋은 장소는 중국입니다. 언뜻 보면 중국은 명백히 비종교적인 국가로 보입니다. 중국 성인 중 90퍼센트 이상이 무신론자를 자처한다고 합니다. 하지만 자세히 들여다보면 상황은 훨씬 복잡합니다. 같은 모집단에서 70퍼센트가 어떤 형태로든 조상 숭배 의식(278쪽 참조)을 행하거든요. 마찬가지로 중국인 중 상당수가 유사종교와도 같은 전통 중의학(98쪽 참조)을 신봉합니다. 그러니 중국에서 무신론은 '주요 종교 신자가 아님' 정도로 해석된다고 봐야 하겠죠.

　　오늘날 사람들은 무신론자라고 하면 대체로 리처드 도킨스Richard Dawkins 같은 사람을 떠올립니다. "예수님이 병든 자를 치유한다", "알라가 세상을 창조하셨다", "일부 요가 수행자는 공중 부양을 한다" 같은 신앙 관련 진술을 전적으로 부정하는 사람이죠. 이런 무신론자는 유일신을 포함한 모든 신의 존재를 부정합니다. 하지만 이런 유형의 무신론은 매우 현대적이며, 소수파에 해당하는 세계관입니다. 역사적 관점에서 보면 그 비율은 더욱 줄어들죠.

계몽주의 이후 급격히 발전한 세상에 사는 현대인들은 대부분 역사적으로 종교가 사람들의 삶에서 얼마나 핵심적인 역할을 했는지 잘 이해하지 못합니다. 사람들이 갖가지 미신(영국 사람들이 부정 타지 말라고 나무를 만지는 행위 등)을 지켰던 것은 케케묵은 습관 탓이 아니라 실제로 그렇게 해야 악령을 쫓을 수 있다고 믿었기 때문입니다. 동네 교회, 예배당, 모스크는 공동체의 맥박 치는 심장이었습니다. 덧붙여 종교 지도자는 권위자, 조력자, 상담가를 하나로 합친 존재였고요. 17세기까지 모든 것은 종교를 중심으로 굴러갔습니다.

그러다 계몽주의와 과학혁명에 발맞춰 신의 존재를 부정하는 유형의 무신론이 등장했습니다. 유럽 철학자들은 인간과 인간의 이성을 세상에서 가장 중요한 자리에 올려놓았으니 신은 자연스럽게 조금 밀려날 수밖에 없었죠. 인본주의는 종교가 아니라 인간이 세상의 중심이라는 사상이었으니까요. 볼테르, 데이비드 흄, 프리드리히 니체 같은 철학자들은 기존의 종교를 비웃었습니다. 프랑스 혁명과 마르크스주의에서 종교는 걸림돌 취급을 받았고요.

종교 면에서는 우리 현대인도 조상들만큼 복잡한 존재입니다. 표면적으로는 무신론이 상승세에 있지만, 종교의 영향력 또한 줄어들지는 않고 있습니다. 무신론자를 자칭하는 사람 중에도 유령이나 업보, 사후세계, 운명, 징조, 천사 등을 믿는 사람이 많고요. 이는 '무신론자'라는 말이 실제로 얼마나 정의하기 까다로운지 보여주는 증거입니다.

# 종말
### 세상의 끝이 다가왔노라

　신약성서에서 『요한계시록』은 일종의 골칫덩어리입니다. 성격이 꽤 괄괄했던 사도 바울의 예도 있기는 하지만, 기독교는 전반적으로 사랑과 용서, 자비를 내세우는 종교입니다. 그렇다면 성경에서 바빌론의 탕녀가 성자들의 피를 마시고, 바다 괴물이 대천사들과 싸우고, 천사들이 대접을 쏟자 인류에게 고약한 종기와 불타는 고통이라는 재앙이 일어나고, 그 유명한 묵시록의 4기사가 나오는 이유는 뭘까요? 다정하고 자비로우며 상냥한 목수의 아들이자 세상을 구원할 메시아와는 어울리지 않는 이야기 같은데요.

　하지만 『요한계시록』과 종말이라는 개념은 성경의 다른 어떤 책보다 기독교와 대중문화에서 중요한 요소로 자리매김했습니다. 심지어 인류가 우주를 바라보는 방식에도 지대한 영향을 미쳤죠.

　서양 학문의 전통에 영향을 받는 문화권에서 사람들은 시간을 일직선으로 인식할 수밖에 없습니다. 시작하는 지점과 끝나는 지점이 있고, 우리는 그 가운데 어딘가에 있다는 뜻이죠. 그런데 이런 인식은 『계시록』의 영향으로 생겨난 것입니다. 인류 역사에 마침표를 찍을, 불과 유황이 쏟아지는 종말이 예정되었다는 사실은 삶 전체에 커다란 의미를 부여합니다. 시간에 끝이 있다면 우리 삶이라는 여정이 지니는 의미도 달라지겠죠.

　그리고 이건 모두 종말이라는 개념에서 나온 것입니다. 복수가 이루어지는 '심판의 날'에는 "악인은 대가를 치르리라"라는 은근한 위협이 담겨 있으면서도 상상력을 자극하는 흥미로운 구석이 있습니다. 구약성경에서 종말에 관련된 기록은 유대인들이 예루살렘에서 바빌론으로 쫓겨났을 무렵부터 나타났습니다. 패배 이후 포로 생활이 금방 끝나지 않으리라는 사실이 분명해지자 이사야Isiah와 에스겔Ezekiel 같은 유대인 선지자는 종말에 관한 글을 쓰기 시작했습니다. 이런 글은 신에게 선택받았다고 자부하는 유대인에게 커다란 카타르시스를 주었죠.

그 이후로 줄곧 '신의 마지막 심판'이라는 개념은 억압받은 자들을 위안하는 역할을 했습니다. 『요한계시록』은 사람에 따라 잉크 얼룩이 다르게 보이는 로르샤흐 테스트와 비슷하게 작용합니다. 현재 자신의 적을 아마겟돈에서 무릎 꿇을 악마에 대입하는 거죠. 실제로 공동체가 박해받을수록 사람들이 종말론에 더욱 매달린다는 것은 거의 사회학적 법칙에 가깝습니다. 바빌론의 유대인, 로마에서 핍박받던 초기 기독교도, 구교가 득세하던 시절의 신교도, 신교 세력이 강할 때의 구교도, 박해를 피해 미국으로 건너간 필그림pilgrim이 그랬고, 역병이 도는 시기에는 거의 모든 사람이 그랬죠(네, 코로나19가 사실은 종말의 징조인 '창백한 말Pale Horse'이었을지도 모를 일입니다). 심지어 『요한계시록』 자체도 사도 요한이 로마 황제에게 유배당한 데 불만을 품고 소아시아(현재의 튀르키예) 교회에 화풀이하기 위해 쓴 것이라는 말이 있습니다.

물론 종말이라는 개념이 우리 문화에 그렇게 큰 영향을 미친 원인으로 그저 천사들의 전투나 용, 뿔 달린 짐승이 나오는 이야기가 굉장히 흥미롭기 때문이라는 점을 들 수도 있습니다. 성경 공부를 하다 지루해진 학생들은 항상 40년 동안 사막을 헤매는 부분을 건너뛰고는 『요한계시록』으로 넘어가거든요.

# 감사의 말

자신의 안전지대 바깥으로 나갈 작정이면 미리 도움을 구해놓는 편이 좋습니다. 어쨌거나 너덜너덜한 운동화를 직직 끌며 10년 묵은 주머니칼 하나 달랑 들고 산을 오르거나 정글을 탐험하겠다고 나서는 건 어리석으니까요. 다행히도 저는 엄청나게 많은 도움을 받을 수 있었습니다. 제게 '안전지대'는 제 전작 『필로소피 랩』이었고, 거기서 벗어나 물리학, 생물학, 화학이라는 이해하기 어려운 과학의 영역에 발 들이는 것은 위험한 시도였죠. 이 과학이라는 영역이 본진인 사람들이 제게는 꼭 필요했기에 아낌없고 한없는 감사의 마음은 이분들 몫입니다.

데이브 로치는 친절하고 진실할 뿐 아니라 똑똑한 사람입니다. 달라이 라마와 마리 퀴리가 '물을 섞었다'면 데이브가 태어났겠죠. 데이브는 이 책의 과학 파트를 전부 편집하며 제 실수를 바로잡아주었습니다. 열심히 노력은 하는데 머리가 좋지 않은 학생을 타이르는 선생님처럼 부드럽고 참을성 있는 말투로요.

페이비언 룰은 아마 제가 아는 사람 중에 가장 지적인 사람일 겁니다. 저한테 있는 짝이 맞는 양말 개수보다 페이비언의 학위 개수가 더 많죠. 마블이 미스터 판타스틱(마블 세계관에서 가장 머리가 좋다고 알려진 캐릭터) 역을 캐스팅하려 한다면 그에게 먼저 연락해봐야 할 겁니다. 답을 아는 사람이 거의 없는 난해한 물리학의 심연에 거침없이 뛰어드는 페이비언에게 감사의 말을 전합니다.

베스 와츠는 최근에 엄마가 되었습니다. 그런 상황에서 이 책의 생물학과 화학 파트 검토를 도와줄 시간을 냈다는 사실에서 베스가 어처구니없이 관대하고 말도 안 되게 똑똑한 데다가 초합금 척추의 소유자라는 것을 알 수 있었습니다. 기저귀 갈기로는 무언가 부족하다고 느낄 때 조니 톰슨이 '원소'와 '화학물질'을 헷갈려가며 쓴 글을 읽어보세요. 어떤 마조히스트라도 단번에 만족할 만한 고통이 느껴질 겁니다.

끝으로 아예 생물학 교과서를 새로 쓴 앤드루 데이비스가 있습니다. 해당 분야에서 국제적으로 명성이 높은 전문가죠. 이분이 이 책의 생물학 파트를 검토해주겠다고 제안했을 때 저는 크리스마스 파티에서 술에 취해 춤추는 제 모습을 찍은 비디오를 스티븐 스필버그에게 보여주는 것 같은 기분이 들었습니다. 그런데 앤드루의 논평은 완벽했습니다. 자세하고, 상냥하고, 고무적이었죠.

하지만 이 뛰어난 조력자들은 어쨌거나 제 원고를 한 장 또는 두세 장만 참아내면 되었지만, 제 담당 편집자 린지 데이비스는 훨씬 무거운 부담을 짊어져야 했죠. 늘 그랬든 린지는 참을성 있고 친절하고 성실했으며, 편집에는 선의와 통찰이 넘쳤습니다. 린지가 실수를 잡아낼 때마다 제가 동전을 하나씩 모았으면 지금쯤 휴가가 절실히 필요한 린지를 인도 요가 여행에 보내줄 만큼 돈이 쌓였을 겁니다.

언제나 변함없이 마음 든든하게 뒤를 받쳐주는 제 에이전트 찰리에게도 감사를 표합니다. 『필로소피 랩』의 후속작을 내자고 제안해준 와일드파이어 출판사에도 감사의 말을 전합니다. 이 책 덕분에 우리 모두 부자가 될 거라는 기대를 품어봅니다.

늘 그렇듯이 마지막으로는 이 책을 쓰는 동안, 그리고 항상 나를 지지해준 수많은 친구와 가족 여러분에게 마음 깊이 감사드린다고 말하고 싶습니다. 우리 아들들 프레디와 찰리는 이 책을 쓰는 데는 전혀 도움이 되지 않았지만, 매일 제게 살아갈 이유와 행복을 줍니다. 어머니, 아버지, 제이미, 제임스, 해기, 조니, 벡스, 어맨다, 로먼, 앤은 모두 함께 아이디어를 짜내고 찰리를 데리고 놀아주었죠. 하지만 모든 건 타냐가 없었다면 불가능했을 겁니다. 타냐는 제가 서재에서 자판을 두드리는 동안 육아에서 지저분한 부분(문자 그대로도, 은유적으로도)을 떠맡아주었을 뿐 아니라 언제나 삶 자체를 풍성하게 해주는 사람이죠. 타냐 덕분에 집은 안식처가 되고 일상은 추억이 됩니다. 삶을 삶답게 해주는 아내에게 크나큰 사랑을 전합니다.

## 지은이 **조니 톰슨** Jonny Thomson

조니 톰슨은 10년 이상 옥스퍼드 지역의 학생들에게 철학을 가르쳤고
현재 전업 작가로 활동하고 있다. 멀티미디어 포털사이트 '빅 싱크 Big Think'
전속 작가인 그는 주로 철학, 신학, 심리학에 관한 글을 쓰며 가끔은 자기
영역에서 벗어나 다른 주제의 글쓰기에 도전하기도 한다.
우수도서로 상을 받은 첫 책 『필로소피 랩』은 국제 베스트셀러 반열에
올라 20개 국어로 번역되었다. 그는 'Mini Philosophy'라는 이름의 철학
커뮤니티 웹사이트와 인스타그램 계정 (@philosophyminis)을 운영하며
글쓰기에 많은 도움을 주는 아내, 큰 도움은 되지 않는 두 아들과
옥스퍼드셔에 살고 있다.


## 옮긴이 **최다인**

연세대학교 영문학과를 졸업하고 7년간 UI 디자이너로 일하다 글밥
아카데미를 수료한 후 바른번역 소속 번역가로 활동 중이다.
옮긴 책으로는 『필로소피 랩』『최소한 그러나 더 나은』『세계의 기호와
상징 사전』『나는 왜 사랑할수록 불안해질까』『애착 워크북』『부모의 말,
아이의 뇌』『관계 면역력을 키우는 어른의 소통법』등이 있다.

# 인텔리전스 랩

내 삶을 바꾸는 오늘의 지식 연구소

펴낸날 초판 1쇄 2025년 5월 8일

지은이 조니 톰슨

옮긴이 최다인

펴낸이 이주애, 홍영완

편집장 최혜리

편집2팀 송현근, 박효주, 홍은비

편집 김하영, 강민우, 한수정, 안형욱, 김혜원, 이소연, 최서영, 이은일

디자인 박정원, 김주연, 기조숙, 윤소정, 박소현

홍보마케팅 김준영, 김태윤, 백지혜, 박영채

콘텐츠 양혜영, 이태은, 조유진

해외기획 정미현, 정수림

경영지원 박소현

펴낸곳 (주)윌북 출판등록 제 2006-000017호

주소 10881 경기도 파주시 광인사길 217

전화 031-955-3777 팩스 031-955-3778 홈페이지 willbookspub.com

블로그 blog.naver.com/willbooks 트위터 @onwillbooks 인스타그램 @willbooks_pub

ISBN 979-11-5581-813-8 (03030)